KB183120

놀라운

**환대**

All rights reserved  including the right of reproduction in whole or in part in any form.
This edition published by arrangement with Portfolio, an imprint of Penguin Publishing
Group, a division of Penguin Random House LLC.

이 책의 한국어판 저작권은 알렉스리 에이전시 ALA를 통해서
Portfolio, an imprint of Penguin Publishing Group, a division of Penguin Random House
LLC 사와 독점계약한 주식회사 더 토브에 있습니다.
저작권법에 의하여 한국 내에서 보호를 받는 저작물이므로 무단전재와 복제를 금합니다.

UN
REASON
ABLE

결국 무엇이든 이루어내는 95:5의 법칙

# 놀라운 환대

HOSPI
TALITY

**윌 구이다라** 지음 | **우혜림** 옮김

일러두기

1. ●표시는 모두 역자 주다.
2. 단행본과 정기간행물은 겹낫표(『 』), 기사는 홑낫표(「 」); 영화나 드라마는 홑화살괄호(〈 〉)로 표기했다.
3. 맞춤법과 외래어 표기는 국립국어원의 용례를 따랐다.
   다만 국내에서 이미 굳어진 명사의 경우에는 통용되는 표기를 사용했다.

,

CONTENTS

●

’

# 놀라운
# 환대의 세계로
# 초대합니다

　　　　이상적인 세계관에서는 사람들이 매일 아침 영감을 받으며 일어나고, 어디에서나 안정감을 느끼며, 자신이 하는 일에 만족해하면서 하루를 마무리하는 세상을 꿈꾼다. 그리고 그런 세상은 모두가 함께할 때 가능하다.

　　예전에는 다 같이 교회에 가고, 볼링장이나 문화센터에서 친구와 이웃, 새로운 사람들을 만나 많은 것들을 함께했다. 그러나 지난 수십 년간 우리는 서로에게서 점점 멀어졌다. 교회에 가는 횟수도 줄어들고, 문을 닫는 볼링장과 문화센터도 많아졌다. 여기에 온라인으로 소통하는 디지털 커뮤니케이션의 급증과 원격근무까지 더해지면서 근래 역사상 그 어느 때보다 외롭고 고립된 시간을 보내고 있다.

　　하지만 이러한 현실에도 불구하고 우리는 여전히 특별한 존재로서의 소속감을 느끼고 싶어 하는 욕망을 가지고 있다. 이는 인간의 본능적인 욕구라 할 수 있다. 이것이 바로 '놀라운 환대Unreasonable Hospitality'가 필요한 이유다.

표면적으로만 보면, 이 책은 뉴욕의 평범한 브라세리를 세계 최고의 레스토랑으로 성장시킨 유능한 미국 사업가의 이야기처럼 보일지도 모른다. 그러나 사실 이 책에는 그보다 훨씬 더 중요한 메시지가 담겨 있다. 바로 사람을 대하는 방식을 비롯해 다른 사람의 이야기에 귀 기울이고 깊이 이해하려는 마음가짐 그리고 다른 사람을 진심으로 대접하며 그 속에서 기쁨을 얻는 방법 등에 관해 이야기하고 있다. 이를 통해 사람들에게 특별한 존재로서의 소속감을 느끼게 하는 일이 얼마나 중요한지 설명하고 있다.

대부분의 사람들은 환대를 '해야 하는 일', 즉 특정한 행동으로 여긴다. 하지만 저자는 환대가 그 이상의 의미를 갖는다고 보고, 자신이 행한 환대가 다른 이에게 어떤 감정을 불러일으키는지를 중요하게 생각했다. 무엇보다 경영자가 마음을 다해 직원을 환대하면 직원 역시 고객에게 관심과 에너지를 쏟아 환대한다는 걸 깨달았다. 훌륭한 리더십 없이 최고의 서비스란 있을 수 없으며, 이 둘은 떼려야 뗄 수 없는 관계라는 걸 저자는 몸소 깨우쳤다.

저자는 단순히 한 레스토랑을 변화시킨 것이 아니라 서비스에 대한 우리의 고정관념에 도전장을 내밀었다. '놀라운 환대'가 주는 교훈은 레스토랑과 호텔 종사자뿐만 아니라 부동산 중개인, 보험 설계사, 심지어 정부 기관 종사자에게도 필요하다. 리더십에 대한 그의 생각은 기업 대 소비자 관계뿐만 아니라 기업 대 기업 간의 관계에도 적용된다. 따라서 어느 조직이든 그의 리더십을 통해 기대 이상의 성과를 얻을 수 있을 것이다.

저자는 놀라운 환대를 통해 사람들에게 특별한 존재로서의 소속감을 제공하는 것이 그들의 삶에 얼마나 큰 영향을 미치는지, 그리고 사람들에게 놀라운 환대를 제공하기 위해 팀이 하나 되어 노력할 때 얼마나 큰 힘이 발휘되는지를 생생하게 보여 준다. 이것은 충분히 나눌 만한 가치 있는 이야기다.

다른 사람이 기대하는 것, 그 이상을 선사하라!

베스트셀러『나는 왜 이 일을 하는가』저자

사이먼 시넥 Simon Sinek

프롤로그

• ,

성공으로
이끌
환대의 힘

그때까지 우리는 최정상이었다. '일
레븐 매디슨 파크Eleven Madison Park : EMP'는 『뉴욕 타임스The New York Times』로부
터 별 4개 만점을 받았고, '제임스 비어드 상James Beard Awards'•도 여러 번
수상했다. 하지만 파트너인 대니얼 험Daniel Humm 셰프와 함께 2010년 '세
계 최고 레스토랑 50The world's 50 best restaurants' 시상식 전날 밤 개최된 칵테
일 리셉션에 도착했을 때, 판이 완전히 달라져 있다는 것을 깨달았다.

　한 번쯤 들어본 유명 셰프들과 레스토랑 경영진들이 샴페인을 마
시며 이야기를 나누고 있었다. 하지만 그 누구도 우리에게 말을 걸지

•
'요식업계의 아카데미상'으로 불리는 미국의 요리상

않았다. 새로 전학 간 학교 식당에서 앉을 자리를 찾아 홀로 서성이는 듯한 기분이었다.

대니얼과 나는 잔뜩 주눅이 든 채 자리에 앉았고, 작년 상위 10위 안에 들었던 영국 '팻 덕Fat Duck'의 헤스턴 블루먼솔Heston Blumenthal과 '퍼 세Per Se'의 토머스 켈러Thomas Keller 같은 셰프들이 앉아 있는 자리를 기준으로 우리의 순위를 추측해 보기도 했다. 나는 40등, 언제나 나보다 더 낙관적인 대니얼은 35등일 거라고 예상했다.

조명이 어두워지고 음악이 흘러나왔다.

"내빈 여러분, 이 자리에 참석해 주셔서 감사합니다!"

사회자의 형식적인 인사와 소개말로 행사가 시작되었다. 사회자가 다음 말을 하기 전, 짧은 서문도 있었던 듯하다.

"50위부터 소개하겠습니다. 뉴욕의 새로운 등장! EMP!"

숨이 멎는 것 같았다. 어깨가 축 늘어진 채로 고개를 떨구고 발밑을 쳐다봤다. 이 행사에 처음 참석했고, 가장 먼저 이름이 불린 탓에, 수상자의 이름이 불릴 때마다 모든 사람이 그 감격스러운 장면을 볼 수 있도록 대형 스크린에 얼굴이 생중계된다는 걸 미처 알지 못했다.

꼴찌라니! 자축할 수 없었다. 30피트 높이의 대형 스크린에 우리의 낙심한 얼굴이 드러나는 순간, 너무 창피해서 쥐구멍이라도 찾고 싶었다. 나는 팔꿈치로 대니얼을 툭툭 쳤고, 경직된 미소를 지으며 손을 흔들었지만 이미 때는 늦었다. 세계적으로 유명한 셰프들과 레스토랑 관계자들로 가득 찬 강당에서, 우리의 영웅들은 이 처참한 광경을 지켜보고 있었다. 행사가 채 시작하기도 전, 우리는 이미 끝나 버렸다.

세계 최고 레스토랑 50곳 중 하나로 선정된 것만으로도 영광스러운 일이었지만, 어쨌든 우리는 꼴찌였다. 공정한 결과였지만 대니얼과 나는 웃을 수 없었다. 일찍 행사장을 빠져나와 호텔로 향했다. 바에서 버번위스키 한 병을 들고나와 문 앞 계단에 앉아 술이나 진탕 마시면서 오늘의 치욕스러운 순간을 잊고 싶었다. 몇 시간 동안 분노의 5단계를 거쳤다. 처음에는 결과를 부정했다. 이 상황 실화야? 그다음에는 분노했다. 자기들이 뭔데? 타협했다가 우울해하다가 결국 수용의 상태에 이르렀다.

물론 어떤 레스토랑을 '세계 최고'라고 부르는 것 자체가 우스운 일일지 모른다. 하지만 세계 최고 레스토랑 50에 선정된다는 것은 특정 시점에 업계에서 큰 영향력을 갖는 중대한 일이다.

예를 들어, 스페인 출신 셰프 페란 아드리아[Ferran Adrià]는 '엘 불리[El Bulli]'에서 자신이 직접 개척한 기법으로 분자 요리를 선보였다. 르네 레드제피[René Redzepi]는 코펜하겐 레스토랑 '노마[Noma]' 인근의 육지와 바다에서 채집한 현지 식재료를 사용하여 지역 먹거리 운동을 탄생시켰다. 그들은 용기 내어 아무도 시도하지 않은 일들을 해냈고, 결국 요식업계를 넘어 시대의 흐름까지 바꿔놓았다.

우리는 아직 그렇지 못했다. 목록에 이름을 올리기 위해 최선을 다했지만, 과연 우리는 획기적인 일을 시도했나? 대니얼과 대화를 나눌수록 답은 선명해졌다. 우리는 직업 정신, 경험, 재능, 최고의 팀 등 필요한 것들을 모두 갖추었지만, 정작 다른 훌륭한 레스토랑들의 장점을 따라 하기에 급급했던 미화된 큐레이터에 불과했다. 분명 우리 레스토랑은 뛰어났고 많은 이들의 사랑을 받았지만, 획기적이지는 않았다.

어릴 적 아버지께서 주신 문진에 이런 문구가 적혀 있었다.

"만약 당신이 실패하지 않을 것을 알고 있다면, 어떤 위대한 일을 시도할 것인가요?"

나는 대니얼과 칵테일 냅킨에 "우리는 세계 1위가 될 거야"라고 쓰며 이 질문을 다시 떠올렸다.

술병이 거의 바닥을 보일 때쯤 우리는 비틀거리며 각자의 방으로 돌아갔다. 기진맥진한 상태였지만 내 머릿속은 자꾸만 냅킨에 적힌 말을 되새기고 있었다. '세계 최고 레스토랑 50'에 오른 레스토랑들은 혁신과 변화에 초점을 맞췄고, 그 결과 엄청난 영향력을 선보였다. 그렇다면 내가 주고 싶은 영향력은 무엇일까? 절대 변하지 않는 한 가지에 초점이 맞춰졌다. **바로 유행은 돌고 돌지만, 보살핌을 받고 싶은 인간의 욕구는 절대 사라지지 않는다는 것이다.**

대니얼은 세계 최고라 할 만큼 훌륭한 셰프로 그의 요리는 완벽했다. 그렇다면 열정적이고 의도적으로 사람들과 감정적인 소통을 하고 진심 어린 친절을 전할 수 있다면, 그리고 함께 일하는 구성원과 고객을 최고로 대접할 수 있다면 진정한 일등으로 거듭날 수 있지 않을까.

수상을 떠나 일등이 되고 싶었고, 그것을 해내는 팀의 일원이 되고 싶었다. 잠들기 전, 냅킨을 펴서 두 단어를 더 적었다.

"놀라운 환대."

내가 25년 동안 레스토랑 일을 하면서 깨달은 성공 법칙과 그와 관련된 크고 작은 깨달음을 이 책에 모두 담았다. 설거지하던 시절부터 오너가 되기까지, 그리고 그사이 모든 직책에서 겪은 사람, 서비스, 리더십에 관한 모든 게 담겨 있다.

놀라운 환대의 세계에 오신 여러분을 진심으로 환영한다!

서비스란 고객이 만족할 때까지 하는 것이 아니라,
감동할 때까지 하는 것이다.

스콧 맥케인 Scott McKain

## CHAPTER 01

# 마법 같은
# 기적이
## 필요한
## 세상。

,

## 인생 첫 번째 환대

열두 번째 내 생일날, 아버지와 단둘이 포시즌스 호텔에서 저녁을 먹었다. 그때까지만 해도 어렸던 나는 포시즌스가 미국식 파인 다이닝 레스토랑의 시초이자, 그곳을 둘러싼 중세 모던 스타일의 우아한 실내 장식이 훗날 뉴욕의 명소가 될 만큼 상징적이었다는 걸 전혀 알지 못했다. 미국 요리의 아버지라 불리는 제임스 비어드James Beard와 미국의 유명 요리연구가 줄리아 차일드Julia Child가 이곳의 메뉴 컨설팅을 맡았으며, 마릴린 먼로가 'Happy Birthday, Mr. President'라는 생일 축하 노래를 부르기 한 시간 전, 이곳에서 존 F. 케네디 대통령의 생일 파티가 열렸다. 연예인이나 기업의 거물 그리고 국가 지도자들은 자신의 테이블이 레스토랑 중앙에 있는 카라라 대리석 수영장에서 얼마나 가까이 있느냐에 따라 권력 순위에서 자신의 명성이 어느 정도인지 가늠할 수 있었다. 당시에는 이 모든 걸 하나도 알지 못했다. 하지만 포시즌스 호텔이 내가 지금껏 가본 곳 중 가장 화려하고 아름다운 곳인 것만은 확실했다.

그곳은 격식을 갖춰야 하는 곳으로, 그날을 위해 아버지에게 금장 단추가 달린 클래식한 브룩스 브러더스 남색 블레이저를 사달라고 하길 참 다행이었다. 정장을 차려입은 서빙 직원이 우리 테이블 바로 옆에 카트를 놓고 전문가다운 솜씨로 오리구이를 썰어주었다. 그 모습이 지금도 생생히 기억난다. 눈이 휘둥그레지고 입이 떡 벌어질 정도로 인상적이었다.

식사 도중 냅킨이 바닥으로 떨어지자, 정장을 차려입은 웨이터가 다가와 나를 "선생님"이라고 부르며 새하얀 냅킨으로 바꿔주었다. 그 순간 누군가 내게 행복의 마법을 부린 듯했다. 세상이 멈추고, 다른 모든 게 사라진 듯했다. 두 시간 반이라는 시간 동안 그 공간과 그 시간 속의 우리만이 존재했다.

그날 밤, 나는 레스토랑이 마법을 만들어내는 곳이라는 걸 깨달았고 완전히 매혹되었다. 그리고 레스토랑을 떠날 때쯤 나의 꿈은 뚜렷해졌다.

"사람들은 당신의 말과 행동을 잊을 수 있지만, 당신이 그들에게 어떤 느낌을 주었는지는 절대 잊지 못할 것이다."

마야 안젤루의 이 유명한 말은 환대를 가장 잘 설명하는 말일지도 모른다. 왜냐하면 30년이 지난 지금도 나는 포시즌스 호텔에서 느꼈던 그 진한 감동을 잊지 못하기 때문이다.

## 진정으로
## 환영받는다는 것

부모님 두 분 다 서비스업에 종사하셨다. 두 분은 1968년 아버지가 피닉스에서 아메리칸 항공의 케이터링 부서 스카이 셰프로 일할 때 만났다. 아버지의 독특한 보스턴 억양은 애리조나에서 더 도드라졌는데, 어느 날 동료가 "프랭크! 비행기 안에 너랑 같은 언어를 쓰는 여자가 있어"라고 알려 주었다. 짙은 보스턴 억양을 쓰던 나의 어머니였다. 당시 어머니는 승무원이었는데, 아버지는 어머니를 한눈에 알아봤다. 두 사람은 초등학교 동창이었고, 아버지는 4학년 때 어머니를 짝사랑했었다. 어머니는 기억 못 하지만 말이다.

두 사람은 금세 사랑에 빠졌고, 1973년에 결혼했다. 행복한 가정을 꾸렸고, 일에 대한 가치관과 자부심이 남달랐다. 어머니는 야간 학교에 다니며 대학을 마쳤고, 비행기 조종사 면허까지 취득했다. 자동차 운전조차 서툴렀던 어머니가 어떻게 비행기 조종까지 할 수 있었는지 지금도 의문이다.

그러던 어느 날, 어머니는 일등석에서 일하던 중 커피를 쏟고 말았다. 나도 레스토랑에서 일하면서 많은 것을 쏟았지만, 실수를 잘 하지 않는 어머니에게는 큰일이 아닐 수 없었다. 몇 주 후, 어머니가 같은 실수를 반복했을 때 상황이 심각하다는 걸 느꼈고, 그제야 병원을 찾았다.

몇 달 동안 수차례의 진료와 검사 끝에 어머니는 뇌암 진단을 받았다. 암이 전이된 상태여서 종양을 완벽하게 제거할 수 없었고, 제거하지 못한 부분은 방사선 치료를 받아야 했다. 당시 나는 네 살이었다.

방사선 치료에도 불구하고 상태는 점점 더 나빠졌지만, 어머니는 늘 내 곁을 지켰다. 나와 조금이라도 더 많은 시간을 보내기 위해 기회가 될 때마다 나를 테니스 연습장에 데려다주셨다. 차를 타고 내리는 것조차 힘들어지자, 나만 내려주고 차 안에서 한 시간 반 동안 끝날 때까지 기다리셨다. 바람이 휘몰아치는 겨울에도 묵묵히 내 곁을 지켜주셨다. 그렇게 어머니는 이 세상에서 나를 가장 사랑해 주신 분이다.

그러던 어느 날 밤, 어머니는 계단을 내려오다 그만 넘어지고 말았다. 어머니를 일으켜 드리기엔 내가 너무 어렸지만, 베개와 담요 정도는 가져다 드릴 수 있었다. 레스토랑 업무를 마치고 밤 11시쯤 집에 도착한 아버지가 계단 밑에서 잠든 어머니와 나를 발견했다.

어머니는 결국 사지 마비 판정을 받았고, 그 후로 의사소통 능력마저 상실했다. 그러나 어머니는 그 누구보다 삶의 의지가 강했다.

이런 상황에서 내가 좀 더 독립적으로 크길 바랐던 아버지는 학교 근처로 이사를 했다. 그 후에는 더 이상 다른 사람에게 차 좀 태워달라고 손 내밀 필요가 없었고, 친구들도 자연스레 우리 집으로 모이기 시작했다. 나는 중학교 때 처음 드럼을 쳤다. 펑크punk 밴드, 스카ska 밴드, 펑크funk 밴드에서 활동했는데, 연습은 주로 어머니가 낮에 시간을 보내시는 주방 위쪽에 있는 내 방에서 했다. 남자 고등학생들이 너바나의 'Come As You Are'의 인트로 부분을 어설프게 연주하며 부르는 노랫소리를 들어야 한다는 건 보통 사람에게는 악몽 같은 일이다. 하지만 어머니는 마냥 좋아하셨다.

어머니는 휠체어를 탄 채 매일 나를 마중 나오셨다. 더 이상 말도

하지 못하고 일어나서 나를 안아줄 힘도 없었지만, 학교에 다녀온 나를 세상에서 가장 환한 미소로 반겨주셨다. **어머니의 미소는 내게 전부였고, 진정으로 환영받는다는 느낌이 어떤 것인지 가르쳐주었다. 그때의 감정은 절대 잊을 수 없다.**

## 최악의 날을 위한
## 와인

내가 대학교 4학년 때 부모님은 보스턴에 살고 계셨다. 그 시기 어머니는 복잡한 의료 장비에 의지해야 했는데, 이동할 때는 특수 장비와 의료용 밴이 필요했다. 당시 나는 '빌 구이다라 쿼텟 Bill Guidara Quartet'이라는 16인조 펑크 밴드의 일원이었다. 수년간 내 공연을 보지 못한 어머니를 위해 아버지는 이타카 공연에 어머니를 모시고 오기로 했다. 이 여행은 다가오는 나의 졸업식을 위한 예행연습이기도 했다.

당시에는 술집에서 흡연할 수 있었는데, 치료 중인 어머니를 그런 곳에 모실 순 없었다. 그래서 나는 코넬대학교 학생회관 커뮤니티 센터인 윌라드 스트레이트 홀Willard Straight Hall에서 공연할 수 있게 해달라고 공연 책임자를 설득했다. 우리가 평소에 하던 공연은 아니었지만, 관중석 속 휠체어에 앉은 어머니 앞에서 스티비 원더의 'Superstition'를 연주하는 모습을 보여 드릴 수 있어 행복했다. 어머니의 미소가 어두운 공연장을 환하게 밝혔다.

코넬대학교 마지막 학기, 고대하던 '게스트 셰프' 수업을 듣게 되었다. 바로 이 대학교의 전설, 주세페 페조티 교수님의 수업이었다. 학교가 점차 발전하면서 요식업이나 호텔 경영 수업보다는 부동산이나 컨설팅 학과들이 더 주목을 받았지만, 여전히 전통적인 레스토랑이나 호텔의 지배인을 꿈꾸는 이들이 있었다. 교수님은 그런 꿈나무들의 영웅이었다.

'게스트 셰프' 수업은 코넬대에서 가장 멋진 수업이었다. 실제 레스토랑을 운영하듯 실전 연습을 할 수 있었는데, 학기마다 셰프를 초청해 요리를 하고, 학생들이 직접 레스토랑을 운영하는 방식이었다. 주로 셰프 경영팀, 주방 직원팀, 홀 운영팀으로 나누었는데, 나는 운 좋게도 다니엘 불뤼Daniel Boulud 셰프의 경영팀에 들어갔다. 그는 이미 업계에서 모르는 사람이 없을 정도로 유명했으며, 그의 이름 자체가 브랜드였다. 다니엘은 '르 서크Le Cirque'의 유명 셰프로 수년간 근무한 후, 1993년 뉴욕에 자신의 이름을 따 '다니엘'이라는 미슐랭 레스토랑을 열었다. 이후 런던, 팜 비치, 두바이, 싱가포르까지 영역을 확장했다. 이렇게 대단한 사람이 뉴욕 북부에 있는 어느 대학 수업에 와서 직접 요리를 하다니 그저 놀라울 따름이었다. 나중에 알았지만, 그는 우리 업계를 지망하는 젊은이들에게 관대하기로 유명했다.

나는 저녁 식사의 마케팅 감독을 맡았다. 사실 다니엘처럼 세계적인 셰프와 함께하는 식사에는 별다른 마케팅이 필요하지 않았다. 어차피 그가 등장한다는 소식만으로도 매진이 예상되었기 때문이다. 그래도 새롭고 기발한 무언가를 하고 싶었다. 학생들은 다니엘이 직접 요리하는 모습을 가까이서 보고 싶어 할 테니, 게스트 셰프 역사상 처음으로 주방 안에 셰프 테이블을 놓기로 했다. 하지만 낡은 호텔 학교 주방 한가운데에 잘 세팅된 테이블이 덩그러니 놓여 있는 모습이 영 이상해서 테이블 주변에 붉은색 벨벳 줄을 둘러 화려해 보이게 만들었다.

이후 셰프 테이블을 자선 경매에 내놓아 몇천 달러를 모금했다. 몇 주 뒤, 모금액 전달을 위한 자선 만찬 행사가 있었고, 다니엘 셰프와 그의 팀을 초대했다. 내가 가진 자원은 많지 않았지만, 그분들이 좋은 시간을 보낼 수 있도록 최선을 다했다.

만족스러웠던 만찬이 끝난 후 다니엘과 몇몇 학생들은 캠퍼스 근처에 있는 허름한 술집으로 향했다. 밤이 깊어지자 점점 더 많은 이들이 모였고, 자연스럽게 우리 집에서 2차를 했다. 우리 집에는 맥주 한 통 정도는 늘 준비되어 있었다. 그런데 다들 출출했는지 부엌 찬장들이 금방 비어버렸다. 새벽 한 시, 술에 만취한 상태로 다니엘 셰프님과 나는 스타틀러 호텔 주방으로 향했다. 프런트 데스크에서 다니엘은 매력적인 프랑스 억양으로 이렇게 말했다. "제가 오늘 밤 행사의 주인공입니다. 주방 문 좀 열어주시겠어요?" 주방에서 프라이팬, 버터, 달걀, 트러플, 캐비어를 챙겨 집으로 돌아갔다. 다니엘 셰프님은 빨간 플라스틱 컵에 싸구려 맥주를 마시면서 만취한 학생들을 위해 트러플 스크램블드에그를 만들어주었다. 세계적인 셰프가 내 당구대 위에서 거꾸로 선 채 통에 든 맥주를 마셨을까, 안 마셨을까? 비밀을 지켜드리겠다. 파티는 새벽 3시쯤 끝났고, 우리는 아쉬운 마음을 뒤로 한 채 헤어졌다.

게스트 셰프 저녁 식사가 끝나고 한 달쯤 지났을 무렵, 졸업식 이틀 전날 어머니가 혼수상태에 빠졌다. 사촌 리즈가 친척들과 함께 와 축하해 주었지만, 마음 한편이 불편했다. 행사가 끝난 후 곧바로 어머니에게 달려갔다. 늦은 시간, 보스턴에 있는 병실에 도착했다. 아버지는 이미 집으로 들어가셨고, 나는 어머니 침대에서 그대로 잠이 들었다. 새벽에 잠깐 눈을 떴을 때 어머니는 깨어 계셨다. 그리고 기적 같은 일이 일어났다. 어머니가 6년 만에 처음으로 제대로 말씀을 하셨다.

"아들, 졸업했어?"

나는 고개를 끄덕였다. 우리는 아주 오랜만에 편안하고 긴 대화를 나누었다. 나는 어머니의 말을 이해하기 위해 애쓸 필요가 없었고, 어머니도 큰 불편 없이 이야기를 하셨다.

하지만 행복도 잠시, 어머니는 다시 의식을 잃었다. 의사 선생님을 불러 어머니가 깨어났었다고 외쳤지만, 아무 소용이 없었다. 다시 혼수상태에 빠진 어머니는 결국 다음 날 세상을 떠났다.

나는 어머니의 장례식 추모사를 준비했지만, 막상 읽으려고 하니 글이 마음에 들지 않았다. 결국 준비한 글 대신 어머니와 함께했던 추억을 이야기했다. 어머니가 의사소통에 어려움을 겪으면서도 전화로 물건을 구매할 때만큼은 아버지의 신용카드 번호를 한 치의 오차도 없이 읊었다는 이야기 같은 재미난 추억들이 많았다. 그러고선 댄스파티를 크게 열었다. 어머니의 죽음을 애도하는 대신 어머니의 삶을 기념했다.

언젠가 EMP의 한 손님이 이런 말을 남겼다. 대부분은 축하할 날을 위해 가장 좋은 와인을 아껴두지만, 자신은 최악의 날을 위해 아껴둔다고. 그 순간 어머니의 장례식이 떠올랐다. 그날 밤이 그랬다. 그날의 파티는 완벽했고, 어머니도 하늘에서 기뻐하셨으리라 믿는다.

## 슬픔을 잊게 해준 기적의 네 시간

소중한 사람을 잃은 적이 있다면 잘 알겠지만, 큰 상실을 겪은 직후에는 견딜 수 없는 슬픔이 밀려온다. 마지막까지 곁을 지켜준 친척들과 친구들이 각자 집으로 돌아가고, 사랑하는 사람을 잃은 가족만이 남는다.

사실 어머니가 돌아가신 그다음 주에 인턴십을 위해 스페인으로 떠날 예정이었다. 그곳에 대학 선배가 운영하는 호텔 학교가 있는데 그곳에서 먹고 자며 실습 요리사로 일할 계획이었다. 하지만 어머니가 돌아가신 지 일주일 만에 스페인으로 떠나는 게 영 내키지 않았다. 특히 아버지를 혼자 두고 떠나고 싶지 않았다.

아버지는 인턴십을 미루지 말라며 나를 격려해 주셨다.

“여기 남아서 뭐 할 거니? 그냥 앉아서 슬퍼만 하고 있을 거야? 다녀와라. 생각이 바뀌면 그때 돌아와도 늦지 않아.”

결국 암울한 마음으로 스페인으로 떠날 준비를 서둘렀다. 당시 보스턴에 있었는데, 스페인으로 가는 항공편이 뉴욕 JFK 공항에서 출발하는 것만 남아 있어서 아버지가 데려다주시기로 했다. 그때 문득, 게

스트 셰프 때 만나 밤늦게까지 우리 집에서 함께 술을 마셨던 다니엘 불뤼 셰프님에게 연락을 해봐야겠다는 생각이 들었다. 밑져야 본전인 마음으로 "다음 주 토요일에 아버지를 모시고 레스토랑으로 가도 될까요?"라고 이메일을 써서 보냈다.

그의 레스토랑에서 식사하려면 몇 달을 기다려야 하는데, 예상 밖의 너무도 따뜻한 답장이 돌아왔다.

"대환영이지! 네가 전에 나를 집으로 초대했으니, 이번에는 내가 대접할게."

그동안은 아버지가 나를 데리고 레스토랑에 갔었는데, 그때 처음으로 내가 아버지를 모시고 레스토랑에 가게 되었다. 더구나 세계 최고의 레스토랑에 가는 것이어서 무척 설레고 떨렸다.

도착하자 총지배인이 문 앞에서 우리를 맞이했다.

"셰프님께서 오늘 저녁 식사에 두 분을 모시게 되어서 무척 기쁘다고 하셨어요. 테이블로 안내해 드리겠습니다."

그는 정중히 인사한 뒤 앞장서서 길을 안내했다. 바와 식사 공간을 지나 주방을 거쳐, 스카이박스라 불리는 위층 공간으로 올라갔다. 스카이박스는 유리로 둘러싸인 아주 고급스럽고 프라이빗한 식사 공간으로, 셰프님과 그 외 40명의 셰프들이 최첨단 시설에서 일하는 모습을 내려다볼 수 있었다.

꿈만 같은 테이블을 보고 감격한 나머지 할 말을 잃었다. 그 순간 인터폰으로 들려오는 셰프님의 목소리에 정신이 번뜩 들었다.

"윌!"

코스 요리가 하나둘씩 나오고, 음식이 서빙될 때마다 셰프님은 인

터폰을 통해 하나하나 설명해 주셨다. 맛있는 음식을 먹고 최고급 와
인을 마시며 따뜻한 환대를 받는 순간, 아버지의 얼굴에서 수년간의
고통과 지쳤던 마음이 사라지는 것을 느낄 수 있었다.

　어머니가 돌아가신 날 밤은 아버지와 나에게 평생에 두 번은 겪고
싶지 않은 슬픈 날이었다. 하지만 슬픔에 잠겨 있던 우리에게 셰프님
과 그의 직원들은 우리 인생 최고의 네 시간을 선물해 주었다. 세계적
인 셰프가 꼭두새벽까지 남아 우리에게 레스토랑 투어를 해준 것도
신기하고 놀라운 일이었다. 완벽한 식사에 매혹되어 시간 가는 줄 몰
랐다. 셰프님이 우리에게 작별 인사를 했을 때 비로소 아버지와 내가
레스토랑에 남아 있던 마지막, 아니 '유일한' 손님이었다는 걸 깨달았
다. 심지어 계산서도 없었다.

　오래전 기쁜 마음으로 레스토랑 업계에 뛰어들었지만, 그날 밤 서
비스업에 종사한다는 것이 얼마나 소중하고 고귀한 일인지 새삼 깨달
았다.

　암울했던 시기에 다니엘 셰프님과 그의 직원들은 한 끼의 식사로
우리에게 평생 잊지 못할 순간을 선사해 주었다. 우리의 슬픔이 완전
히 사라지지는 않았지만, 적어도 그 식사 덕분에 몇 시간 동안은 슬픔
을 잊을 수 있었다. 그날 저녁 식사는 우리에게 사막에서 만난 오아시
스 같은 편안함과 위로를 선사해 주었고, 애통함이란 바다에서 즐겁고
배려심 넘치는 섬이 되어주었다.

　**환대 산업에 종사하는 사람뿐 아니라 어느 산업이든 마음만 먹으
면 언제 어디서나 환대 경영을 실천할 수 있다.** 당신은 누군가의 인생
에서 가장 행복한 순간을 함께 축하해 줄 수 있는 특권을 갖고 있으며,

가장 슬픈 순간에는 잠시나마 위로와 안락을 제공해 줄 수 있는 능력을 갖추고 있다.

중요한 것은 마법 같은 기적이 절실히 필요한 이 세상에서 우리는 그것을 만들어낼 기회와 책임을 모두 가지고 있다는 사실이다.


## 반드시 의도적일 것

어렸을 때 나는 매주 토요일마다 아버지를 따라 일을 하러 갔다. 당시 아버지는 대규모 레스토랑 회사인 '레스토랑 어소시에이츠Restaurant Associates : RA'를 경영하셨다. 이 회사는 점차 사업을 확장하여 코너 커피숍과 기업 구내식당, 록펠러 센터의 레인보우 룸, 포시즌스 같은 파인 다이닝까지 운영했다.

록펠러 센터의 브라세리와 레스토랑, 링컨 센터의 식음료 프로그램 등 아버지가 담당했던 식당들은 언제나 붐비고 바빴다. 아버지는 종종 나를 요리사나 서빙 직원 중 한 명에게 한 시간 정도 맡겨 두었는데, 그들은 나에게 바쁘게 지낼 수 있는 일을 주었다. 어린 나이에도 우리만 볼 수 있는 백스테이지 현장이 무척이나 짜릿했고, 레스토랑을 걸을 때마다 온몸에 전율을 느꼈다.

아버지와 포시즌스 호텔에서 저녁을 먹은 지 일 년이 지나 내가 열

세 살이 되었을 때, 아버지는 내게 앞으로 어떤 일을 하고 싶은지 진지하게 물으셨다. 열세 살 아이에게는 어려운 질문일 수 있지만, 아버지의 양육 방식은 그의 삶의 방식처럼 아주 의도적이었다. 아버지는 매일 아침 어머니를 침대에서 일으켜서 휠체어에 태우고, 씻기고, 아침을 차려준 다음 출근하셨다. 15시간 후 집에 돌아와서 모든 걸 거꾸로 반복하면서도 내가 새롭게 배워온 드럼 연주를 들어주시고 숙제도 도와주셨다.

아버지의 체력과 이타심을 지켜보면서 늘 놀라웠다. 그가 사업가로서, 남편으로서, 아버지로서 완벽할 수 있었던 것은 그 철저한 성격 덕분이라는 걸 이제 깨달았다. 아버지는 앞날에 대한 목적과 우선순위가 명확했고, 타협할 수 없는 것들에 대한 원칙도 분명했다. 아버지에게 '의도'는 사치나 비즈니스 철학이 아닌 삶의 필수 요소였다.

의도가 얼마나 중요한 것인지 아버지를 통해 배웠다. 이 책에도 의도라는 단어가 자주 등장할 것이다. **의도란 중요한 것부터 보편적인 것에 이르기까지 크고 작은 모든 결정을 의미한다. 의도를 갖는다는 것은 그 일을 수행하기 위해 명확한 목적을 세우고 원하는 결과를 얻기 위해 신중히 처리한다는 뜻이다.**

이러한 배경을 고려했을 때, 열세 살인 내가 인생의 꿈을 정확히 알고 있었다는 것이 그다지 이상한 일도 아니다. 첫째, 나는 코넬대학교의 호텔경영학부에서 레스토랑 경영을 공부하고 싶었다. 둘째, 뉴욕에 내 레스토랑을 차리고 싶었다. 셋째, 신디 크로퍼드와 결혼하고 싶었다.

이후로 내가 한 모든 일은 이 꿈들을 염두에 두고 한 것이었고, 세

가지 중 둘은 달성했으며, 그중 세 번째 목표는 기대 이상으로 성공적

이었다.(크로퍼드 여사에게 무례하게 굴려는 것은 아니다. 내 아내는 진심으로 멋진 사람이

다!)

## CHAPTER 02

깨어
있는
**환대의**
**발견**。

## 깨어 있는 환대를 맛보다

열네 살 때 처음 취직한 곳은 태리타운에 있는 '배스킨라빈스'였다. 아이스크림케이크 위에 '생일 축하합니다'를 쓰는 것이 생각보다 어려워서 케이크를 많이 망쳤다. 고등학교 때는 '루스 크리스 스테이크 하우스Ruth's Chris Steak House' 웨스트체스터 지점에서 설거지를 하거나 호스트로 일했고, 여름방학 때는 볼프강 퍽Wolfgang Puck 의 할리우드 레스토랑 '스파고Spago'에서 테이블 치우는 일을 했다. 이후에는 드루 니포렌트Drew Nieporent의 '트라이베카 그릴Tribeca Grill'에서 서빙 일을 했고, 또 어느 여름에는 볼프강 퍽의 또 다른 레스토랑인 '오바친 ObaChine'에서 요리사로 일했다. 그리고 4학년 때 코넬대 호텔행정학과 에 지원해서 합격했다.

아버지는 내가 레스토랑에서의 삶을 선택하는 것에 이견은 없으셨 지만, 너무 이른 나이에 이 업계에 뛰어드는 것은 아닌지 걱정하셨다. 호텔경영학 학위를 취득한다는 것은 내 커리어가 이미 정해져 있는 것 이나 다름없었다.

나는 코넬대를 너무 좋아했고 그곳에서 최고의 친구들도 만났다. 졸업이 가까워질 때쯤, 친구 브라이언 캔리스와 함께 맨해튼으로 내려갔다. 우리는 트라이베카에서 시작하여 최고의 레스토랑들을 찾아다니며 간식이나 와인을 즐기며 뉴욕 시내까지 올라왔다.

수많은 레스토랑 중 타블라<sup>Tabla</sup>와 EMP가 가장 인상적이었다. 두 곳 모두 레스토랑 경영자인 대니 마이어<sup>Danny Meyer</sup>가 운영하던 곳으로, 어딘지 모르게 편안하고 친숙했다. 그곳들에 대한 흥미와 관심을 가득 품은 채 학교로 돌아왔다. 그로부터 몇 달 뒤 대니 마이어의 파트너 중 한 명인 리처드 코레인<sup>Richard Coraine</sup>이 내가 듣던 수업에서 강연했고, 나는 그들의 회사인 '유니언 스퀘어 호스피탈리티 그룹<sup>Union Square Hospitality Group: USHG</sup>'에 완전히 매료되었다.

당시 대니가 운영하던 레스토랑은 '유니언 스퀘어 카페, 그래머시 태번<sup>Gramercy Tavern</sup>, EMP 그리고 타블라' 네 곳뿐이었다. 그래머시 태번과 유니언 스퀘어 카페는 뉴욕에서 가장 사랑받는 레스토랑으로, 매년 발간되는 레스토랑 안내서인 『저갯 서베이<sup>The Zagat Survey</sup>』에서 1, 2위를 차지했다. EMP는 아주 특별한 공간에 만들어졌다. 이곳은 아치형 대리석으로 장식된 아르 데코 양식의 건물로, 임원 회의실로 사용된 명소였다. 타블라는 더 작고 고객 친화적인 공간으로 꾸며진, 미국에서 가장 흥미로운 인도 레스토랑이었다. 대니는 독특한 중서부식 외식을 선보이며 뉴욕의 파인 다이닝 문화에 혁신을 일으켰다. 그의 레스토랑은 친근하고 격식 없는 식사 경험을 제공했고, 그 배후에는 훌륭한 직원들이 있었다.

그 회사 문화의 핵심에는 대니 마이어가 '깨어 있는 환대<sup>Enlightened</sup>

Hospitality'라고 부르는 철학이 있었다. 이 철학은 고객과 투자자를 포함해 그 누구보다 그곳에서 일하는 사람들을 우선시하는 것이었다. 이는 전통적인 계급 질서를 뒤집는 것이었지만, 그렇다고 해서 손님이 뒷전이 되는 건 아니었다. 오히려 정반대로, 대니는 더 멀리 내다봤다. **훌륭한 인재를 고용하고 그들을 잘 대우하고 그들의 개인적인 성장과 직업적 성장에 깊이 투자하면, 그들이 받은 그대로 고객을 정성스럽게 대할 것이라고 믿었고, 그 믿음은 현실이 되었다.**

코넬대를 졸업할 무렵, 내 마음은 확고했다. 대니 마이어 밑에서 일하고 싶었다. 마침 스페인에서 뉴욕으로 돌아왔을 때, 리처드 코레인과 면접할 기회를 얻었다. EMP에서 면접을 봤는데, 아이러니하게도 그는 내게 타블라의 매니저 자리를 제안했다. EMP나 타블라는 내가 상상했던 것보다 훨씬 더 고급스러운 곳이었다. 나는 푸아그라보다는 치즈버거가 더 어울리는 사람이어서 제안을 받아들이기 전, 잠시 망설여졌다.

언제나 그랬듯 아버지에게 조언을 구했다. 아버지는 내 고민을 이렇게 정리해 주셨다.

"최정상에서 제대로 일을 배우는 것은 나쁜 습관을 고치는 것보다 쉬운 일이야. 나중에 얼마든지 한 단계 낮출 수 있어. 하지만 그 반대로 가는 것은 어렵단다."

한 달 뒤, 나는 타블라의 매니저가 되어 최전방에서 직원들을 이끌었다. 그렇게 나의 여정은 시작되었다.

# 50센트로 실천한
# 환대의 마법

'깨어 있는 환대'에 관한 대니 마이어의 저서 『세팅 더 테이블*Setting the Table*』에서 그는 자신의 레스토랑에서 결혼기념일을 맞은 한 부부에 대해 이야기했다. 식사 도중, 부부는 집 냉동실에 샴페인을 넣고 왔다는 것을 깨닫는다. 그들은 소믈리에에게 집에 도착하기 전에 샴페인이 터질 가능성이 있는지 물었다. (물론이다. 안 터지는 게 더 이상하다.) 소믈리에는 부부에게 집 열쇠를 받아 직접 그들의 집에 가서 병을 꺼냈고, 그 덕에 부부는 무사히 행복한 기념일을 보낼 수 있었다. 그들이 식사를 마치고 집으로 돌아갔을 때 냉장고 안에는 샴페인은 물론이고, 레스토랑에서 직접 준비한 캐비어 통, 초콜릿 상자 그리고 축하 카드까지 함께 들어 있었다.

이와 비슷한 사례들이 조직 내에 퍼지기 시작했다. 회사는 직원들이 고객에게 좀 더 편안하고 즐거운 경험을 제공할 수 있는 새로운 방법을 찾도록 격려했다. 그래서 한 손님이 식사 도중 몇 미터 떨어진 곳에 있는 주차 미터기를 충전하러 가야 한다고 했을 때, 직원이 대신해 드리겠다고 제안한 것은 어쩌면 당연한 일이었다.

이러한 행동은 자연스럽게 하나의 서비스가 되었다. "오늘 저녁 어떻게 오셨어요?"라는 호스트의 질문에 손님이 "운전해서 왔어요"라고 대답하면 "그렇군요! 어디에 주차하셨어요?"라고 되물었다. 인근에 주차했다면, 어떤 차량인지 물은 뒤 손님이 식사하는 틈을 타 직원 한 명이 뛰어나가 주차 요금기에 동전을 대신 넣어주었다. 이는 필수사항은 아니지만, 손님에게 따뜻함을 전하는 작은 배려였다. 심지어 레스토랑 밖에서 이루어진 환대였지만, **단 50센트로 실천한 작은 배려가 사람의 마음을 움직이는 마법을 일으킨 것이다.**

이런 행동을 체계화하면 영웅적인 행위에서 일상적인 일이 된다. 마치 외투를 건네받거나 디저트 메뉴를 제공하는 것처럼 말이다. 그리고 이런 작은 배려가 일상화될수록 선물을 받는 사람에게는 더욱 특별한 느낌을 줄 수 있다.

## 서비스는 무채색, 환대는 유채색

어렸을 때는 상대와 대화하면서 질문을 잘하는 것에 자부심을 느꼈다. 하지만 최고의 대화란 특별한 기술이 아니라 대화를 통해 진심으로 상대를 이해하고 알아가는 과정임을 깨달았다.

나는 직원을 채용할 때마다 이렇게 묻는다.

"우리가 하려는 일에 호기심과 열정이 있나요?", "진실한 사람인가요?", "존경할 만한 사람인가요?", "우리 팀과 오랫동안 함께 지낼 만한 사람인가요?" 그리고 빠지지 않는 질문이 바로 "서비스와 환대의 차이가 무엇인지 아나요?"이다.

내가 들은 가장 인상적인 대답은 "서비스는 무채색, 환대는 유채색"이라는 말이었다. **'무채색'은 능수능란하게 효율적으로 일한다는 뜻**

**이고, '유채색'은 일을 통해 사람들에게 기쁨을 준다는 뜻이다.** 식탁에 음식을 제대로 가져다 놓는 것은 서비스다. 하지만 **고객과 진정성 있는 관계를 맺기 위해 마음을 다하는 것, 그것이 바로 환대다.**

대니얼과 나는 해산물과 수플레를 파는 별 2개짜리 평범한 레스토랑이었던 EMP를 11년 만에 세계 최고의 레스토랑으로 만들었다. 세부 사항에 주의를 기울이며 완벽을 추구하는 '무채색'의 자세로 '세계 최고 레스토랑 50' 목록에 오를 수 있었다.

하지만 우리를 1위로 만든 건 특별하고 독창적인, 기대 이상의 놀라운 환대를 제공한 '유채색'의 힘 덕분이었다.

고객 경험을 최우선으로 하는 급진적인 비전을 세웠고, 이는 다른 곳들과 차별화되는 전략이었다. 이런 생각을 내비칠 때마다 주위에서는 말도 안 되는 소리라며 비웃었다. 하지만 우리는 포기하지 않았다. 무리수를 두지 않고서는 혁신을 이룰 수 없다. 세리나 윌리엄스, 월트 디즈니, 스티브 잡스, 마틴 스코세이지, 프린스를 비롯해 스포츠, 엔터테인먼트, 디자인, 기술, 금융 등 분야를 막론하고 새로운 세상을 만들기 위해서는 말이 안 되는 것을 해내야 한다.

세계 최고급 레스토랑의 셰프들은 늘 기대 이상의 요리를 선보이며 오랫동안 칭송받았다. EMP에서 우리는 손님들이 느끼는 경험에 대해 높은 기준을 가지고 있었고, 이것이 놀라운 힘을 발휘한다는 것을 깨달았다. 이 책을 쓰는 이유도 이제는 모두가 놀라운 환대를 실천해야 할 때라고 믿기 때문이다.

# 환대는
# 선택인가, 필수인가

환대에 대한 나의 생각이 요식업계를 넘어 더 널리 퍼진다면 엄청난 파급력을 일으킬 것이다. 미국 역사상 제조업은 경제적으로 핵심적인 역할을 해왔다. 하지만 이제는 서비스 산업 중심으로 변화했고, 그 변화는 상당하다. GDP의 4분의 3 이상이 서비스 산업에서 비롯된다. 따라서 소매업, 금융업, 부동산, 교육, 의료, 컴퓨터 서비스, 운송과 통신 등 어떤 업계든지 의도적이고 독창적이며 상상도 못 한 방법으로 우리와 함께 일하는 사람들을 환대할 수 있다. 결국 한 회사가 팀과 고객을 우선순위에 두는지 그렇지 않은지가 훌륭한 회사와 그저 그런 회사를 구분 짓는 기준이 될 것이다.

안타깝게도 과도하게 이성적이고 효율성만을 따지는 현재의 업무 환경에서는 이와 같은 방법이 이전보다 가치를 잃었다. 지금 우리는 디지털 전환의 시대 한가운데에 있다. 이러한 전환은 삶의 질을 향상시켰지만, 너무 많은 기업이 사람을 잊어가고 있다. 상품에만 집중하느라 사람은 뒷전이다. **누군가의 기분을 좋게 하는 것은 경제적인 수치로 계산할 수 없기에 중요하지 않다고 말할 수 없다. 아니, 실제로는 이것이 훨씬 더 중요하다.**

환대 문화를 만드는 것은 간단한 것 같지만 무척 어려운 일이다. 어떻게 하면 구성원과 고객이 존중받고 가치 있다고 느끼게 할 수 있을까? 어떻게 하면 그들에게 특별한 존재로서의 소속감을 줄 수 있을까? 어떻게 해야 그들이 더 큰 무언가의 일원이 되었다고 느낄 수 있을까? 어떻게 해야 그들이 환영받고 있다고 느낄 수 있을까? 이는 내가 이 일을 해오면서 끊임없이 가졌던 질문들이다.

우리 업계에서는 환대를 가르칠 수 있는지에 대한 오랜 논쟁이 있었다. 내가 존경하는 대다수 리더들은 환대란 가르칠 수 없는 것이라고 말하지만, 나는 그 의견에 반대한다.

2014년 당시 퍼 세의 총지배인이었던 앤서니 루돌프와 함께 레스토랑 관계자들을 위한 콘퍼런스를 설립했다. 셰프들은 세계 각지에서 열리는 여러 콘퍼런스에 참석하지만, 정작 레스토랑 직원들을 위한 콘퍼런스는 단 하나도 없었다. 그래서 뜻이 맞는 사람들과 커뮤니티를 만들어 아이디어를 나누고 서로 영감을 주고받을 수 있는 기회를 마련했다. 그렇게 함으로써 우리의 능력을 발전시키고 싶었다. 이를 '웰컴 콘퍼런스Welcome Conference'라고 불렀고, 레스토랑 종사자들 사이에서 큰 호응을 얻었다. 전국 각지의 레스토랑 관계자들이 참석해 강연을 듣고, 간단하게 한잔하면서 인맥을 쌓아 나갔다.

콘퍼런스가 3년째로 접어들자, 대기업 거물, 중소기업 경영자, 거대 부동산 회사의 CEO 등 레스토랑과는 무관한 분야의 사람들이 참석하기 시작했다. 이들도 나처럼 고객을 '어떻게' 대할지가 고객에게 '무엇을' 제공할지만큼이나 중요하다는 것을 알고 있었다. 또한 이들은 우리 업계의 리더들에게서 배운 것들이 자신의 사업 운영에도 막대한 영향을 줄 수 있다는 것을 알고 있었다.

환대 중심의 문화를 만들면 사업은 자연스럽게 개선된다. 훌륭한 인재를 찾고 정착하게 만드는 것이든, 일반 고객을 열성 팬으로 만드는 것이든, 아니면 수익성을 높이는 것이든 간에 말이다.

나는 이 책이 새로운 시대를 이끄는 움직임의 일부가 되기를 바란다. 하지만 나의 동기가 여러분 모두에게 정답이 되진 못할 것이다. 물론 이것이 나의 유일한 동기도 아니다. 내가 정말 나누고 싶은 이야기는 우리 업계의 최고 전문가라면 모두 알고 있을 바로 그 비밀이다.

환대란, 행위 자체는 이타적이지만 동시에 자신에게 이익이 되는 이기적인 쾌락이다. 즉 다른 사람의 기분을 좋게 해주면 자신도 덩달아 행복해진다. 이보다 더 좋은 쾌락이 있을까.

진정한 환대는
상대방을 위한 공간을 만들어주는 것에서부터 시작된다.

필립 로진스키 Philippe Rosinski

CHAPTER 03

환대를
위한
**변화의**
**파도.**

,

## 최고의 리더를 만나면 일어나는 일

타블라는 미국의 현대 인도 요리에 변화를 가져 왔다. 그 변화의 중심에 고아<sup>Goa</sup> 출신의 플로이드 카르도즈<sup>Floyd Cardoz</sup> 셰 프가 있었는데, 그는 고아의 유산에서 받은 영감을 요리에 접목했다.

EMP와 타블라는 동시에 오픈했지만, EMP는『뉴욕 타임스』로부터 별 2개를 받았고, 타블라는 모두의 부러움을 사는 별 3개를 받았다. 이것은 고급 인도 요리의 엄청난 승리이자, 고집스러운 열정으로 최고 의 요리를 만들어낸 플로이드에 대한 엄청난 찬사였다.

큰 성공에도 불구하고 타블라는 회사 내 다른 레스토랑처럼 별도 의 사업을 운영하지 않았다. 플로이드는 이방인의 신분을 명예 훈장처 럼 간직해야 한다고 주장하며, 최고의 요리를 만드는 데에만 전념했다.

플로이드는 새로 들어온 매니저들이 주방에서 일어나는 일들을 존 중하길 바랐다. 그래서 본격적으로 일을 시작하기에 앞서 간단한 주 방 실습 시간이 있었다. 주방에서 요리사들이 어떻게 일하는지 보기 위한 시간인 줄 알았는데, 이는 큰 착각이었다. 주방에 들어가자마자 허드렛일을 시켰다. 큰 통을 하나씩 받아 들고 새우 내장이 손목까지 파묻힐 정도로 많은 새우를 손질했다.

다음 날이 되자 플로이드가 양파를 썰어보라고 했다. 대학에서 요리도 조금 해봤고 요리 수업도 몇 번 들었지만, 그의 기준에 미치지 못할 것이라는 내 예상은 빗나가지 않았다. 비록 그가 소리를 지르진 않았지만, 내가 썬 양파를 그대로 쓰레기통에 탈탈 털어버렸고, 내 손에서 칼을 빼앗은 다음 직접 시범을 보여 주었다. 보잘것없어 보이는 주방 업무에 대한 그의 집중력과 존중, 열정은 훗날 일어날 일들에 대한 좋은 본보기였다.

거칠긴 했지만, 플로이드의 환한 미소를 사랑하지 않을 수 없었다. 야심 차게 만든 요리를 처음 맛볼 때 그의 얼굴에 비췄던 어린아이 같은 모습은, 그의 음식만큼이나 소중했다.

**최고의 리더를 만나면 두 가지 일이 일어난다. 구성원들은 완벽을 향해 노력한다. 그리고 그들은 미소 짓게 된다.** 플로이드와 일할 때 우리의 모습이 그랬다. 타블라는 플로이드의 큰 꿈이었고, 그를 위해 일하는 구성원들 역시 성공을 위해 최선을 다했다.

훗날 쉐이크쉑Shake Shack의 CEO가 된 랜디 거루티Randy Garutti는 내가 타블라에서 일을 시작했을 당시 그곳 총지배인이었다. 랜디는 엄청 긍정적이었으며, 함께 일하는 사람들을 아낌없이 격려하는 응원단장 같았다. 강인한 성격의 플로이드와는 정반대였는데, 이 둘의 상반된 성격이 묘하게 조화를 이루었다. 그는 USHG의 특징인 긍정적인 에너지와 진정성을 완벽하게 보여 주었다.

대니 마이어의 파트너인 리처드 코레인은 종종 우리에게 "특별한 일이 일어나기 위해서는 열정 있는 한 사람이면 된다"고 말하곤 했다. 랜디가 바로 그런 사람이었다. 랜디는 평생 경쟁적인 스포츠를 해온 사람답게 운동선수의 근면함, 코치의 멘토십, 팀 정신을 강조했다. 영업 시작 전 회의 시간은 영화의 한 장면 같았다. 큰 경기 전 라커룸에서 하는 연설처럼 말했고, 마지막은 언제나 주먹을 불끈 쥐며 "모두 잘할 수 있어!"라는 격려의 말로 끝냈다.

랜디의 활기는 헤어 나올 수 없는 파도 같았다. 덕분에 집중력이 흐트러진 사람부터 배고픈 사람, 숙취에 시달리는 사람까지도 모두 그의 통솔을 따르게 되었다. 그에게서 배운 교훈은 **"나의 긍정적인 에너지를 상대방에게 그대로 전달하자. 그 반대가 아니라!"**, 바로 이것이다.

랜디의 낙천적인 성격은 사회 초년생이었던 나의 고정관념을 깨부수었다. 그에게 오늘 하루 어떻게 지내고 있는지 물으면, 항상 "늘 그렇듯 오늘을 최고의 하루로 만들고 있지!"라는 답이 돌아왔다. 랜디는 말하는 대로 이루어진다는 믿음이 있었고, 그런 그의 긍정적인 모습에는 힘이 있었다. 결국 얼마 지나지 않아 직원들도 그의 말이면 무조건 신뢰하게 되었다.

또한 랜디는 직원들에 대한 신뢰를 다양한 방법들로 보여 주며 직원들에게 주인의식을 심어주었다. 어느 날 레스토랑 현관문 열쇠를 내게 던지며 "내가 오늘 조금 일찍 퇴근해도 괜찮겠어?"라고 물었다. 당시 스물두 살이었던 나는 책임자가 된다는 생각에 너무나 기뻤다. 대장이 없으니 내가 그 역할을 해야 했고, 그래서 랜디가 있을 때보다 훨씬 더 열심히 일했다.

이처럼 신뢰는 큰 의미를 지닌다. 그래서 훗날 내가 열쇠를 건네는 위치가 되었을 때, 직원들이 주인의식을 가질 수 있도록 더욱 신경 썼다.

## 언어가
## 강력한 문화를 만든다

대니는 언어를 통해 중요한 개념을 쉽게 전달하고 가르칠 수 있으며, 나아가 하나의 문화를 만들 수 있다고 믿었다. 그는 일상적인 경험, 잠재적인 위험 요소 그리고 긍정적인 결과에 관한 생각들을 문구로 만드는 데 소질이 있었다.

이런 문구들은 이메일이나 레스토랑 영업 시작 전 회의 시간, USHG 직원들과의 소통에 반복적으로 사용되었다. '지속적이고 부드러운 압박'은 함께 일하는 사람들이 항상 조금씩 개선되고 더 나아져야 한다는 의미다. '운동선수 같은 환대'는 공격수든(이미 좋은 경험을 더 좋게 만드는 것) 수비수든(실수를 사과하고 바로잡는 것) 언제나 승리를 추구한다는 것을 의미한다. '백조가 되자'는 고객이 보아야 할 것은 오직 우아하게 구부러진 목과 세심하게 정돈된 흰색 깃털뿐이며, 물 밑에서 바쁘게 움직이는 모습을 보여서는 안 된다는 의미다.

그 밖에도 비슷한 문구들이 많았다. 주로 실제 경험에서 비롯된 것들로 냉동실에서 구한 샴페인 이야기 같은 것들이었다. 직원들도 이런 경험이 있다면 얼마든지 새로운 문구를 만드는 데 참여할 수 있었다.

대니의 『세팅 더 테이블』 덕분에 이러한 개념과 표현들이 널리 알려지게 되었다.

**그중 내가 가장 좋아하는 문구는 '좋은 쪽으로 생각하라'이다. 다른 사람이 자신의 기대에 미치지 못할 때도(특히 그러지 못할 때), 그 사람의 최고 모습을 상상하는 것이다.** 지각한 직원에게 바로 지적하고 훈계하는 대신, "늦었네요. 무슨 일 있어요?"라고 먼저 물어보는 것이다.

대니는 한발 더 나아가 자비로운 가정을 고객에게 적용하라고 했다. 힘든 사람을 상대하게 되면 우리는 본능적으로 그들이 최고의 서비스를 받을 자격이 없다고 판단하게 된다. 그러나 달리 생각하면 '배우자가 이혼하자고 했나? 사랑하는 사람이 아픈가? 그렇다면 기분이 안 좋을 수도 있겠다. 이런 사람들이야말로 우리의 애정과 환대가 더 많이 필요할 거야.' 이런 식으로 접근하는 것이다.

레스토랑이라는 빠르게 움직이는 업무 환경 속에서 이렇게 확립된 간결한 표현들은 큰 힘이 되었다. **함께 일하는 사람들과 우리만의 언어를 공유함으로써 고객에게 그리고 서로에게 더 나은 환대를 실천할 수 있었다. 왜냐하면 주변 사람들을 좋게 생각하기 시작하면 스스로에게도 더 너그러워지기 때문이다.**

USHG에서는 첫 신입사원 회의 때 이런 문화에 대해 배운다. 사실 다른 큰 레스토랑 회사에는 이런 회의가 없다. 이런 회의 자체가 이례적인 것으로, USHG의 조직 문화에서는 매우 중요한 역할을 했다.

"이곳에서는 우리만의 일하는 방식이 있어요. 단순히 식당 동선을 알려 주고 메뉴를 제대로 설명할 수 있도록 가르치는 것보다 훨씬 중요한 일이죠."

회의에 앞서 대니는 직원들에게 한두 문장으로 자기소개를 해보라고 했다. 이를 통해 서로에 대해 더 자세히 알게 되었고, 필요할 때 누구에게 도움이나 조언을 구할지도 알 수 있었다. 특히 회사 최고 경영자가 회의 시간의 절반을 할애해 직원 개개인의 이야기를 경청하는 모습이 무척 인상적이었는데, 여기에는 중요한 의미가 담겨 있었다. 바로 서로를 보살피는 것이 최우선이라는 '깨어 있는 환대'의 핵심 개념을 실천하는 첫 번째 본보기였다.

회의의 나머지 시간 동안 대니는 회사에서 사용하는 문구들의 의미와 역할에 대해 하나씩 설명하며 언어의 중요성을 강조했다. 그는 '무엇'이 아닌 '왜'에 초점을 맞췄다. 그 결과, 이 회의는 신입사원에게 회사 절차를 소개하는 시간이라기보다는 대학교 오리엔테이션에 더 가까웠다.

그 자리에 있는 것만으로도 어떤 중요한 운동에 참여하거나 임무를 수행하는 것 같았다. 나 자신보다 더 중요하고 활기차고 흥미로운 공동체에 속한 것 같은 기분이었다.


## 벗어날 수 없는
## 환대의 매력


다른 대형 호스피탈리티 회사에서 일하던 친구

들은 USHG 조직 문화를 믿지 않았다. 심지어 "무슨 사이비 집단에서 일하냐?"며 비꼬기도 했다.

내부의 공유 언어, 상사에 대한 헌신, 서로를 돌보는 문화 등 USHG에는 과하게 헌신적인 느낌이 있었다. 다른 회사에서 보면 우스워 보일지 몰라도, 대니의 경영 방식은 돌봄을 멋진 일이라고 여기게 해주었다. 사람들을 기분 좋게 해주기 위해 설계된 USHG 조직 문화를 직접 체험한 직원들은 이 긍정적인 영향에서 벗어날 수 없었다.

나는 출근하는 것이 즐거웠고, 동료들도 마찬가지였다. 대니가 볼 때면 우리는 조금 더 열심히 일했는데, 그가 두려워서가 아니라 완벽하게 일하는 모습을 그에게 보여 주기 위해서였다. 손님들 역시 재충전한 모습으로 즐겁게 식당 문을 나섰다. 다시 이곳을 찾아오고 싶어 했고, 직원들은 출근을 기대했다.

이 문화는 강력했고, 실제로 효과적이었다. 사이비라고 불러도 상관없었다. 나는 이 문화의 일부가 된 것이 자랑스러웠고, 그 어떤 모욕에도 흔들리지 않았다.

대니가 뉴욕 플랫아이언에 '블루 스모크Blue Smoke'라는 레스토랑 겸 재즈 클럽을 개업한다며, 나에게 그곳 부총지배인 자리를 제안했을 때 너무 좋아 날아갈 것 같았다. 음악 애호가로서 스물두 해를 살아온 내게는 정말 좋은 기회였다.

그런데 왜 미쳤다고 거절했을까?

## 무엇을 더
## 우선하는가

타블라에서 일을 마치고 집으로 돌아가는 길에 아버지에게 전화해서 블루 스모크에서 꿈에 그리던 일자리를 제안받 았다고 말씀드렸다. 아버지도 나만큼 기뻐하실 줄 알았는데, 오히려 차분하고 진중한 목소리로 과연 그 일이 최선인지 물으셨고, 그렇지 않 을 수도 있는 이유를 나열하셨다. 아버지는 늘 단순히 조언만 해주시 는 게 아니라 '왜'를 설명해 주셨다. 그래서 아버지의 말을 경청할 수밖 에 없었는데, 이런 모습은 내가 본받고 싶은 리더의 자질이기도 하다.

아버지는 내가 대니 마이어 밑에서 일하는 것을 얼마나 좋아하는 지, 다른 곳에서는 배울 수 없는 것들을 그곳에서 배웠다는 걸 잘 알 고 계셨다. 당시 대니의 회사에서 운영하던 네 곳의 레스토랑이 미국 최고의 레스토랑일지라도, 아버지는 내가 USHG가 아직 구현하지 못 한 절차와 시스템을 경험할 수 있는 더 큰 규모의 레스토랑 그룹에서 일하기를 바라셨다.

아버지와의 통화에서 '현명한 레스토랑'과 '현명한 기업'이라는 개 념을 처음 들었다. 아버지는 두 개의 차이점에 대해 자세히 알려 주셨 다. 간단하게 말하면, 회사에서 가장 높은 연봉을 받는 사람들은 어디 에서 일하는가? 레스토랑 현장에서 일하는 사람들인가? 아니면 레스 토랑에서 사무직으로 일하는 사람들인가? 이는 회사 운영 방식에 대 해 많은 것을 말해 준다.

현명한 레스토랑에서는 구성원들이 자율성과 창의성을 많이 부여

받는 만큼 주인의식을 갖고 헌신적으로 일한다. 빠르게 대응할 수 있기에 종종 더 나은 환대를 제공하기도 한다. 이러한 레스토랑에는 관계를 방해하는 규칙이나 시스템이 많지 않지만, 훌륭한 비즈니스를 만드는 시스템과 기업의 지원 및 관리 감독이 부족한 경우가 대부분이다.

반면 현명한 기업은 회계, 구매, 인적 자원 등의 영역에서 훌륭한 비즈니스를 만드는 데 필요한 시스템을 갖추고 있다. 결과적으로 수익성이 더 높은 경우가 많다. 하지만 시스템은 정의상 통제이다. 현장 직원들의 통제권을 빼앗을수록 그들의 창의력은 떨어지고, 고객도 이를 느끼게 된다.

**물론 현명한 레스토랑도 훌륭한 비즈니스를 할 수 있고, 현명한 기업도 최고의 환대를 제공할 수 있다. 하지만 그들의 우선순위는 각기 다르고, 이는 고객 경험에 근본적인 영향을 미친다.**

대니는 레스토랑에 대해 잘 알고 있었지만, 그의 회사는 유기적으로 성장했기에 대기업 인프라가 거의 없었다. 당시 USHG에는 회사 사무실도 없었는데, 대니의 사무실도 그래머시 태번의 지하 방에 있었다.

대니 회사의 직원들은 자유롭고 창의력을 발휘하는 데 최적화된 환경에서 일했다. 셰프가 특별하고 값비싼 식재료를 사면서 눈치를 보거나 수천 개의 서류를 작성할 필요도 없었다. 하지만 이런 자율성은 때로는 수익을 포기해야 한다는 뜻이기도 했다. 만약 셰프들이 서로 다른 공급업체에서 주방용 세제를 산다면(실제로도 그랬듯), 회사는 손님에게 별로 영향을 미치지 않는 상품을 좀 더 좋은 가격에 사들일 소중한 기회를 놓치게 되는 것이다.

아버지는 내가 대니의 회사에서 현명한 레스토랑에 대한 최고의 교육을 받았다는 걸 알고 계셨지만, 언젠가 내가 현명한 레스토랑과 더불어 현명한 기업을 모두 갖춘 회사를 운영하길 바라셨다.

한 가지 방식에 전념하기 전에 다른 방식도 있다는 걸 알아야 한다. 이제 나머지 절반을 배울 차례였다.


## 자유로움을 위한
## 통제

타블라를 그만둘 당시 그곳은 뉴욕에서 가장 유명한 장소였지만, 나는 아버지의 옛 회사인 RA로 이직했다. 그곳에서 매트라이프 빌딩 내 레스토랑들의 구매 및 회계 보조 업무를 맡았다. 당시 뉴욕에서 제일 잘나가는 레스토랑에서 가장 보잘것없는 지하실로 이직한 셈이었다.

그곳의 구매 담당자인 켄 야스코트는 보조 정규직원이 필요하지 않았고, 회계 담당자인 하니 이흐칸 역시 마찬가지였다. 그래서 나는 그들 사이에서 시간을 나누어 보냈다. 오전 6시부터 12시까지는 냉동 창고의 재고를 확인하는 방법, 배달받는 방법, 판매 상품 매출 계산하는 방법, 식품과 소모품 주문하는 방법 등을 배웠다. 점심 이후에는 요리복을 벗고 블레이저와 넥타이를 착용한 채 위층 회계 부서에서 숫자 작업을 시작했다.

두 가지 일을 동시에 한다는 것이 얼마나 중요한지 이루 다 설명할 수 없다. 식음료 비용은 레스토랑이 벌어들이는 수익 중 약 30퍼센트를 차지하며, 냉동창고에 있는 식재료 대부분은 며칠을 넘기지 못한다. 굴은 나에게 고급품이나 스프레드시트의 셀 같은 이론적인 개념이 아니었다. 일일이 손으로 세고 얼음으로 포장해서 용기에 살포시 넣어야 하는 아주 가치 있고 못생긴 작은 돌멩이들이었다.

하니는 미지급금, 미수금, 급여, 식품 비용 및 재고 등 회사 업무와 관련된 행정보고서를 매일 관리하도록 했다. 그래서 오전에는 현장에서 결정을 내리고, 나머지 시간에는 그 결정들이 회사에 끼치는 영향을 추적했다. 마치 신병훈련소와 경영학교가 하나로 합쳐진 것 같은 느낌이었다. 더 놀라운 것은 그 일이 너무 좋았다!

하니는 워낙 구식이라서 그때까지 가죽 장부를 사용하고 있었다. 그의 사무실에서 '적자 상태in the red'라는 말은 단순히 하나의 표현이 아닌 실제 붉은 잉크를 의미했다. 그가 보고서를 훑어보는 모습에서 플로이드가 타블라에서 향신료를 실험하는 모습이 겹쳐 보였다. 처음으로, 재정적인 일을 하는 사람에게서 대니가 '깨어 있는 환대'에 쏟는 엄청난 열정과 독창성을 발견했다. 가능성을 보게 되어 정말 기뻤다.

어느 날, 내가 분석한 보고서를 검토하던 하니는 특정 레스토랑의 식자재 비용이 두 달 연속 크게 증가했다는 걸 발견했다. 하니는 내 보고서 더미에서 또 다른 걸 꺼냈고, 그 레스토랑에서 랍스터가 유독 많이 판매되고 있다는 걸 알게 되었다. 또 다른 보고서를 확인해 보니 랍스터 가격이 급등한 상태였다. 켄에게 급히 확인해 보니, 수요가 공급을 초과해 가격이 천정부지로 치솟았던 것이다. 당시 상황에서는 랍스터 가격이 내려갈 때까지 메뉴에서 제외할 수밖에 없었다. 천만다행히도 랍스터를 대체할 만한 가리비 요리가 개발 중이었다.

"윌! 회사 내에서 또 누가 랍스터를 팔고 있는지 빨리 알아봐!"

지시에 따라 빠르게 움직였고, RA의 랍스터 시즌은 다행히 아무 일 없이 끝났다.

우리의 분석으로 이뤄낸 이 과정은 짜릿하고 긴장감이 넘쳤다. 이 일은 하니가 구축한 시스템의 힘을 완벽히 보여 주었다. 그는 식자재 비용 수치를 보자마자 문제를 파악하고 해결하는 데 필요한 모든 자원과 권한을 동원했다. 그리고 20분 만에 앉은 자리에서 상당한 비용을 절감했다. 지루하기만 하던 하위 보고서들이 갑자기 흥미롭게 느껴졌다.

현명한 레스토랑에서는 애초에 그런 전화를 걸지도 않았을 것이다. 그리고 만약 회계 담당자가 이상한 점을 발견한 후 (회사에 회계 담당자가 있기나 하다면!) 셰프에게 연락을 취했다면, 아마도 선 넘지 말라는 답변이 돌아왔을 것이다.

이 일을 통해 기업에서 하니와 같은 통제권을 행사하는 사람이 있다는 것이 나쁘지만은 않다는 것을 알게 되었다. 셰프의 보너스는 식자재 비용에 연동되어 있으며, 만약 수치가 계속 기준에 미치지 못하면 그는 일자리를 잃을 수도 있다. 하니가 셰프에게 어디서 비용 손실이 발생하는지 알려 주었을 때, 셰프의 목소리에서 느껴진 안도감은 이런 이유에서였다. 효율적인 보조 업무 덕에 셰프는 더 이상 숫자에 연연하지 않고 요리에만 집중할 수 있었다. 즉 셰프의 창의성을 빼앗는 게 아니라 오히려 그를 다시 창의적인 상태로 되돌려 놓은 것이다.

사람들이 말하는 것처럼 레스토랑 일은 정말 힘들다. 레스토랑 경영자들은 특이한 변수와 적은 이윤율에 직면한다. 많은 레스토랑이 첫해에 실패하는 이유는 사업에 대한 이해 없이 뛰어들기 때문이다.

타블라를 떠나 RA에 가기 전에는 대니처럼 되고 싶다고 생각했는데, 랍스터 사건 이후 하니처럼 되고 싶어졌다.

## 발전을 위한
## 기다림의 시간

하니에게 많은 걸 배울 수 있었지만 그렇다고 다 좋았던 건 아니다. 코넬대 회계 수업에서 모든 건 손익 계산서로 시작되고 끝난다고 배웠다. 손익 계산서는 전체적인 상황을 통찰력 있게 살펴봄으로써 우리가 잘하고 있는 부분과 개선이 필요한 부분을 파악할 수 있도록 해준다. 하니 밑에서 일하는 내내 나는 그가 감독하는 레스토랑 중 한 곳의 손익 계산서라도 손에 쥐고 싶었다. 하지만 그는 손익 계산서들을 용처럼 지켰고, 나는 그 근처에 얼씬도 못 했다. 그렇다고 포기할 내가 아니었다.

"손익 계산서 좀 볼 수 있을까요? 지금쯤은 봐도 되겠죠? 이제 보여줄 때가 된 것 같은데요! 그냥 좀 보여 주세요!"

하지만 그는 매일 나에게 보고서 작성이나 하라고 말했다.

6개월이 지난 어느 날, 하니가 내 앞에 손익 계산서를 툭 내려놓았다. 내가 열어보기도 전에 그의 질문 폭격이 시작되었지만, 그동안 잘 준비해 온 덕에 문제없었다. 끝없는 하위 보고서들을 관리하면서 생길 수 있는 모든 문제에 대응할 준비가 되어 있었다.

그동안 위층과 아래층을 오가며 일한 덕분에 스프레드시트의 내용을 한눈에 알아볼 수 있었다. 아니나 다를까, 일회용품 사용량이 너무 많았다. 하지만 낭비나 과다 주문 때문이 아닌, 본사에서 맞춤 제작한 테이크아웃용 쇼핑백을 너무 많이 보냈던 것이다. 실수를 알아차릴 새도 없이, 아래층 직원들이 쇼핑백을 창고에 넣었고, 주문한 물건을 풀기 전에 영수증을 재확인해야 했는데 그러지 못했던 것이다. 다행히 맞지 않는 수치를 금방 알아챘고, 해결 방안을 찾을 수 있었다.

그 시기 하니 같은 리더를 만난 것에 감사함을 느낀다. 단계를 건너뛰었더라면 많은 것을 놓치고 갔을 것이다. 이후, 더 많은 책임과 더 높은 직책을 갖고 싶어 하는 젊은 친구들을 볼 때마다 하니가 떠올랐다. 하니가 나에게 기다림의 시간을 준 것은 탁월한 판단이었다. 그는 내가 기초를 잘 쌓을 수 있도록 연습시켰고, 그때 쌓은 기초가 훗날 내게 탄탄한 기반이 되어주었다. **기다림의 시간은 열정을 없애거나 발전을 막지 못했다. 오히려 그 경험은 과정을 신뢰하는 법을 가르쳐주었다.** 어떤 일이든 제대로 하려면 와인 잔을 닦는 일처럼 작은 것부터 올바르게 해야 한다는 교훈을 직원들에게 전할 때마다, 이 지혜를 다시금 되새기곤 한다. 시스템이나 과정을 제대로 이해하려면 기본부터 차근차근 배워야 한다.

# 04

사소하지
않은
**사소한
차이**。

## 깨어 있는 환대에 대한 오해

RA에서 일한 지 9개월쯤 되었을 때, 나는 구매 및 회계 보조직에서 '매디슨 스퀘어 가든<sup>Madison Square Garden : MSG</sup>'에 있는 '닉 앤 스테프 스테이크하우스'의 부총지배인이자 회계 관리사로 이동 배치되었다.

그곳은 조금 독특했다. 평소에는 파리 날리는 곳인데, MSG에서 경기가 있는 날이면 뉴욕에서 가장 번화한 장소로 변했다. 경기 시작 두 시간 전, 사람들은 메뚜기 떼처럼 몰려들어 스테이크와 와인을 즐겼다. 그리고 경기 시작 십 분 전, 마치 약속이라도 한 듯 떠나갔다. 그곳의 불규칙성 때문에 직원들은 다양한 직책을 맡아야 했는데, 내게는 더없이 완벽한 곳이었다.

부총지배인으로서 경기 시작 전이면 홀을 뛰어다니며 문제를 해결하고 서빙 직원들을 도왔다. 손님과 대화하고 그들의 경험을 세밀하게 조정할 수 있어서 좋았다. 업무 외 시간에는 회계 업무를 수행하며 하니에게서 배운 것을 실천했다. 두 달 후, 내가 만든 변화들로 수익성이 2점이나 향상했다. 타블라에서 손님 차의 주차 미터기를 충전하라고 직원을 보냈을 때만큼이나 기뻤다.

　그러던 어느 날, 바 뒤편에서 일을 돕다가 꽃장식이 바텐더의 시야를 가려서 바 끝에 앉은 손님과 눈을 마주치기 어렵겠다는 생각이 들었다. 그래서 꽃병을 바의 반대편으로 옮겼다. 그렇다고 해서 크게 달라진 것은 없었지만, 덕분에 서버들이 음료를 픽업하는 바 테이블이 손님들의 시야에서 가려져 더 깔끔한 분위기를 유지할 수 있었다.

　이틀 뒤, 꽃병이 다시 제자리에 놓여 있었다. 총지배인에게 그 이유를 물었더니, "디자인 팀에서 물어보지도 않고 물건을 마음대로 옮겼다고 불만이 많았어요. 그건 우리의 일이 아니라 그들의 일이에요"라는 답이 돌아왔다.

　잠깐만, 뭐라고? 꽃병 하나 마음대로 옮기지 못한다고? 레스토랑이 여러 개 있는 경우 통제가 필요하기에 한편으론 이해가 됐다. 그래도 그렇지. 현장에 와본 적도 없는 사무직 직원이 어떻게 꽃병의 위치를 현장에서 일하는 사람보다 더 잘 안다는 거지? 나는 그 꽃병을 볼 때마다 이해할 수 없었고, 바텐더가 손님을 보기 위해 목을 빼는 걸 볼 때마다 짜증이 났다. 하니가 보여 준 현명한 기업은 창의성을 억압하지 않았다. 그 꽃병을 보면서 이대로 뒀다가는 억압되겠다는 생각이 들었다. 하지만 이 문제를 제외하곤 다 좋았기에 크게 문제 삼지 않았다. 경기가 있는 밤이면 현장에서 재밌게 지내면서 사무실 일도 잘 처리했다.

　한두 달 뒤, 결국 서버랑 한바탕하고 말았다. 그의 이름을 '필릭스'라고 치자. 필릭스는 서비스업에서 흔히 볼 수 있는 유형이다. 동료에게 무례하기 짝이 없어 함께 일하기 힘든 최악의 유형이지만, 고객에게는 잘하기 때문에 막상 회사에서 이들을 해고하지는 못한다.

나는 전 세계 필릭스들을 혐오한다. **몇몇 단골손님이 좋아한다고 해서 우리가 구축하려는 기반을 무너뜨려도 된다는 뜻은 아니다.** 곁에서 볼 때는 카리스마 있고 매력 넘치며, 고객과 소중한 관계를 맺는 것처럼 보일지 모르나, 이놈의 필릭스들은 조직 문화에 심각한 손해를 끼치고 있었다.

어느 날, 필릭스는 저녁 영업이 한창일 때 나타났다. 정확히 두 시간이나 늦었다. 경기 전 저녁 영업은 황금 시간대여서 인력을 총동원해도 턱없이 부족한 상황이었기에, 지각은 큰 문제였다. 그래도 그가 문을 열고 들어왔을 때, 나는 최대한 너그러운 마음으로 그를 대하려고 애썼다.

"왔어요? 전화했는데 안 받아서 걱정했어요. 괜찮은 거죠?"

그러자 사과는커녕 "시간을 잘못 봤어요"라는 말이 돌아왔다. 그 순간 걱정이 분노로 바뀌었다.

"우리 모두 당신의 뒤처리를 하느라 정신없었다고요. 도대체 어디에 있었던 거죠?!"

"그걸 제가 왜 설명해야 하죠?"

그는 비웃듯 말하고선 나를 밀치고 라커룸으로 들어가 버렸다.

"옷 갈아입을 필요 없어요!"

나는 그를 뒤따라가며 소리쳤다.

"당신 해고야!"

다음 날 인사팀에서 전화가 왔다.

"필릭스한테 얘기 들었어요. 그가 조금 까다로운 면이 있기는 해도, 단골손님들이 워낙 좋아하잖아요. 그가 가져오는 평균 수익이 높은 편이라서 우리 선에서 그를 다시 고용하기로 했어요. 내일 다시 출근할 거고요. 만나면 사과 부탁드릴게요."

다시 한번 말하지만, 한편으론 진심으로 이해한다. 큰 회사에서 스물두 살짜리 지배인이 마음에 들지 않는 사람을 해고하겠다고 한다고 해서 일일이 신경 쓰긴 어려울 것이다. 그리고 사무실 컴퓨터 앞에 앉아서 필릭스가 판매한 음식과 와인 양만 계산하는 사람은 그가 팀 전체에 미치는 파괴적인 영향에 대해 알 수 없을 것이다. 하지만 나는 너무도 잘 알고 있었고 분노가 머리끝까지 차올랐다. 현명한 기업은 다 좋은데, 도대체 언제쯤 현장에서 일하는 사람들, 실시간으로 손님과 교류하는 이들을 신뢰할 수 있을까?

전 해군 대위 데이비드 마르케는, 많은 조직에서 최고위층은 의사결정 권한을 갖고 있지만 실제로 필요한 정보는 없고, 일선의 직원들은 필요한 정보를 갖고 있지만 그 정보를 기반으로 결정을 내릴 권한이 없다고 말했다. 이것이 지나치면 현명한 기업도 '멍청한 레스토랑'이 될 수 있다는 것을 깨달았다.

필릭스를 해고하기로 한 내 결정은 변함이 없었다. 인사팀이 내 입장을 묻거나 나와 상의 없이 결정을 번복한 것은 말도 안 되는 일이었다.

나는 직원들 간의 분쟁을 중재할 때 이 사건을 자주 떠올린다. "우리는 직원을 최우선으로 생각합니다"라는 것은 '모든' 직원을 최우선으로 생각한다는 뜻이다. 많은 이들이 대니 마이어의 '깨어 있는 환대'의 첫 번째 원칙에 대해 오해하고 있다.

'서로에 대한 배려'는 관리자만
아래 직원을 챙겨야 한다는 말이 아니라,
모든 구성원이 서로를 돌봐야 한다는 의미다.

관리자도 고용된 직원이다. 그렇다고 관리자가 무조건 옳다거나 오래 근무한 직원을 마음대로 해고해도 된다는 뜻은 아니다. **그렇지만 관리자 자리에 있는 사람에게 조금 더 신경 쓰고 그들에게 필요한 것을 제공하면, 그들이 팀을 더 잘 챙길 수 있으리라 생각한다.**

불만은 있었지만 얼른 털어내고, 필릭스와 협력할 방법을 찾았다. 하지만 그 일로 인해 일에 대한 나의 태도가 조금 달라지긴 했다. 솔직히 무력했다. 그런 마음가짐으로 누군가의 비전을 위해 하루에 12~14시간 동안 나의 모든 걸 쏟아부어야 한다는 건 실로 힘든 일이었다.


## 새로운 시도의
## 여정에 서다

몇 달 후, 쉬는 날이라 점심을 먹으러 유니언 스퀘어 카페에 갔다가 우연히 대니 마이어와 마주쳤다. 그는 나를 잘 알지 못했지만, 타블라에서 일할 때 좋은 관계를 맺었었고, 우리는 잠시 이야기를 나누었다.

대니는 내가 존경하는 사람이었고, 계속해서 관계를 잘 이어 나가고 싶었다. 그래서 내가 타블라를 떠난 이후 해온 일들과 회계 및 구매에서 배운 것들까지 모두 써서 그에게 이메일을 보냈다.

다음 날 바로 답장이 왔다. 그가 기밀 사항이라면서 이번에 새로 개조한 '뉴욕 현대 미술관<sup>Museum of Modern Art : MoMA</sup>'에서 레스토랑을 개업할 예정이라고 말했다.

"언제 한번 만나서 얘기해요."

2004년 MoMA는 4억 5천만 달러를 들여 2년간 개조 및 확장 작업을 마치고 재오픈했다. 대니는 미술관 1층에 '더 모던<sup>The Modern</sup>'이라는 이름의 파인 다이닝을 오픈할 예정이었다. 이곳에서는 MoMA의 전설적인 조각 정원을 내다볼 수 있었으며, 전체적으로 현대적이며 평온한 분위기로 디자인되었다. 셰프는 알자스 출신의 떠오르는 스타 셰프 가브리엘 크루더<sup>Gabriel Kreuther</sup>였다. 그는 2003년 『푸드 앤 와인<sup>Food & Wine</sup>』에서 최고의 신인 셰프로 선정되었다. 앞쪽에는 좀 더 캐주얼한 느낌의 '바 룸<sup>Bar Room</sup>'이 들어가는데, 고급스러운 바에서 간단한 음식과 칵테일을 제공할 예정이었다.

대니는 내게 박물관의 캐주얼 푸드 서비스 운영 총지배인 자리를 제안했다. 박물관 방문객들이 점심때 주로 사 먹는 샐러드나 테이크아웃 커피를 파는 두 개의 카페, 직원 구내식당 그리고 회의 및 소규모 모임에 서비스를 제공하는 사내 케이터링 팀이 포함되어 있었다. 즉 레스토랑을 제외한 나머지를 모두 담당한다는 뜻이었다.

모든 게 완벽했다. RA에서의 시간은 소중했고, 그곳에서 배운 덕분에 많이 성장할 수 있었다. 그곳에 남아 함께 큰일을 해낼 수도 있었지만, 대니의 제안은 내가 원하던 분야의 일이었다. 세계에서 가장 '현명한 레스토랑'에 '현명한 기업'을 도입할 기회였다.

# 미운 오리의
# 창의적 날갯짓

USHG의 관계자들은 '더 모던'과 '바 룸'에서 일어
나는 일들에 세심하게 신경을 썼다. 두 곳 모두 시작과 동시에 큰 사랑
을 받았고, 비평가들과 대중들의 관심을 한 몸에 받았다.

한편 MoMA의 카페들은 USHG의 미운 오리 같은 존재였다. 나는
그 부분이 마음에 들었다. 우리는 눈에 띄지 않고 자유롭게 창의력을
발휘할 수 있었다. MoMA의 카페들을 '현명한 기업'이자 '현명한 레스
토랑'으로 만들겠다는 비전을 바로 실행에 옮겼다. 하지만 그것이 얼마
나 어려운 일인지 곧 깨닫게 되었다.

내 모든 결정은 고객 경험과 수익 사이에서 줄타기를 해야 했다. 현
명한 레스토랑은 신뢰를 기반으로 직원들이 고객을 위해 최선이라고
생각하는 일들을 할 수 있도록 최대한 허용하는 것이다. 반면 현명한
기업은 엄격한 질서와 통제를 의미한다. 어느 쪽이 더 옳은 것일까?

한 가지 예로, 카페테리아의 음식은 비싼 편이었다. 사실 마감 전
에 음식을 더 만들지 않으면 되는데, 늦게 온 손님에게 자투리 샌드위
치나 샐러드를 제공할 수는 없었기에 마감 직전까지 신선한 재료들을
모두 준비해 놓았고, 그만큼 버리는 양도 많았다.

하니였다면 셰프와 마주 앉아 비싼 프로슈토를 비교적 저렴한 햄
으로 대체해야 하는 이유에 대해 상세하게 설명했을 것이다. 하지만
나는 셰프와 그런 관계도 아니었고, 손님을 위해 그러고 싶지도 않았
다. 대신 양쪽 모두 만족할 수 있는 타협점을 찾았다. 비싼 재료를 계

속 사용하는 대신, 마감 1시간 전에는 음식을 추가로 만들지 않고 주문 즉시 만들어 제공하기로 했다. 이렇게 함으로써 낭비되는 음식을 줄이고 노동 비용까지 절약할 수 있었다.

비록 완벽한 해결책은 아니어도 옳은 방향이라고 생각했다. 음식으로 가득 채워진 정돈된 진열대가 그립긴 했지만, 이 경험을 통해 **창의성이야말로 현명한 레스토랑과 현명한 기업 사이의 균형을 위한 핵심 요소라는 걸 깨달았다.**

## 집념의
## 95:5 법칙

MoMA에서 일한 지 일 년쯤 지나면서 나는 점점 불안해지기 시작했다. 오픈 당시 느꼈던 열정이 그리워졌고, 새로운 아이디어에 생명을 불어넣는 마법 같은 경험을 다시 하고 싶었다.

그래서 뉴욕의 명소라 불리는 MoMA의 조각 정원에 들어갈 젤라토 카트 디자인에 몰두하기 시작했다. 카트는 헨리 무어, 파블로 피카소, 앙리 마티스 같은 작가들의 작품과 더불어 리처드 세라 같은 현대 예술가들의 회전 전시물과 한 공간에 놓일 것이기에 모든 면에서 완벽해야 했다.

적절한 파트너를 생각하다가 나만큼이나 지독한 완벽주의자 한 명이 떠올랐다. 바로 로어 이스트 사이드에서 최고급 재료로 세계 최고 젤라토를 소량 생산하는 젤라토 브랜드 '일 라보토리오 델 젤라토[il laboratorio del gelato]'의 창시자 존 스나이더였다.

존은 MoMA의 조각 정원에서 아이스크림을 판매할 수 있는 독점적 기회를 놓치지 않았다. 이건 누구도 부정할 수 없는 최고의 기회였기에 나는 그에게 카트 값은 본인이 부담하고 젤라토 가격도 조금 낮춰 달라고 설득했다.

우리는 이 프로젝트에 전력을 기울였다. 존은 위험한 공모자였는데, 그는 이탈리아에서 아주 작고 예쁜 파란색 숟가락을 만드는 회사를 발견했다. 플라스틱 숟가락이 예뻐 봤자 얼마나 예쁘겠느냐고 생각한다면 오산이다. 패들 모양으로 세심하게 디자인된 숟가락은 아주 독특했다. 그리고 가슴 아플 정도로 터무니없이 비쌌다. 하지만 반드시 이 숟가락이어야만 했다. 조각 정원에 이보다 더 어울리는 대체품은 없었다.

내가 상사에게 이 숟가락을 처음 보여 줬을 때 그녀는 눈살을 찌푸리며 가격부터 물었다. 가격을 들은 그녀는 더욱 눈살을 찌푸리며 "나중에 얘기해요"라고 말했다. 한 달 뒤 카트에 대한 손익 계산서를 검토하는 첫 회의에서 숟가락에 대한 언급은 없었다.

나는 예산의 95퍼센트를 적극적으로 관리하면서 MoMA의 브랜드를 활용하여 최고급 젤라토를 파격적인 가격에 들였고, 심지어 카트도 무료로 얻었다. 결국 숟가락에 대한 동의도 얻었다. 그리고 이 작은 디테일 하나로 카트에서 아이스크림을 먹는 경험이 완전히 달라질 것이라고 믿었다.

**이것이 95:5의 법칙이다. 비즈니스의 95퍼센트를 마지막 한 푼까**

지 아껴 쓰고, 나머지 5퍼센트는 '어리석게' 쓰는 것이다. 무책임하게 들릴지 모르지만, 사실은 전혀 그렇지 않다. 왜냐하면 **마지막 5퍼센트는 고객의 경험에 엄청난 영향을 미치기 때문이다. 이 5퍼센트가 가장 '현명한' 지출이라고 해도 과언이 아니다.**

어느 날 오후, 박물관장인 글렌 라우리가 박물관을 방문한 큐레이터들에게 젤라토를 사주는 모습을 보면서 확신이 들었다. 다들 적어도 몇 초 동안은 숟가락을 보며 감탄하고 있었다. 숟가락을 한 번 더 보기 위해 다시 카트를 찾는 사람도 분명히 있었을 것이다.


## 5퍼센트가 만들어낸
## 환대의 기적

95:5 법칙은 향후 내가 EMP에서 일할 때 실행한 중요 원칙 중 하나가 되었다. 와인 페어링은 파인 다이닝에서 흔히 볼 수 있는 광경이다. 그리고 다른 것과 마찬가지로, 페어링에 쓸 수 있는 예산은 한정되어 있다. 나는 주어진 예산을 다 쓰는 대신, 소믈리에에게 코스 페어링 와인을 조금 덜 비싼 것으로 선택해 달라고 부탁했다. (와인 디렉터가 워낙 전문가였고 셀러에도 다양한 와인들이 있었기 때문에, 조금 덜 비싼 와인을 선택한다고 해서 품질이 떨어지지는 않았다.) 그렇게 하면 마지막에 특별하고 희귀하며 비싼 와인 한 잔에 돈을 쓸 수 있다.

와인을 좋아하는 사람에게 그랑 크뤼 부르고뉴<sup>Grand Cru Burgundy</sup>를 마시는 것은 언제나 설레는 일이다. 하지만 일반적인 와인 페어링에서 이 걸 마실 기회는 거의 없다. 그렇기에 고객이 이 와인을 보고 얼마나 좋아할지 상상해 보라!

95:5 법칙은 고객에게 놀라움과 즐거움, 그리고 잊지 못할 경험을 제공한다.

**95:5 법칙은 직원 관리 방식에도 적용되었다.** 하니와 일하며 얻은 경험이 나중에 인사 문제를 다룰 때 많은 영향을 주었다. 가능한 한 비용이 많이 드는 인력은 교체하고, 초과 근무를 최소화하기 위해 노력했다. 하지만 일 년에 몇 번은 팀을 위해 상당한 비용을 투자했다. 팀워크 수련회를 위해 하루 레스토랑 문을 닫거나 호화로운 직원 파티를 위해 DJ를 초청하고 돔 페리뇽을 몇 상자 사기도 했다. 95:5 법칙을 통해 일 년간 낭비 없이 비용을 잘 관리했기에 이 정도는 충분히 감당할 수 있었다.

이후 EMP에서 '놀라운 환대' 개념에 몰입했을 때, 이 5퍼센트는 어느 때보다 빛을 발했다. 대표적인 예로 스페인에서 온 한 가족이 뉴욕에서의 마지막 날을 우리 레스토랑에서 보냈다. 통유리 너머로 눈이 소복이 내리는 풍경을 난생처음 본 아이들의 눈이 반짝반짝 빛났다. 나는 곧바로 직원에게 네 개의 썰매를 사 오라고 했다. 식사가 끝난 후 이 가족을 센트럴 파크로 데려갔고, 이들은 소복이 쌓인 눈 위에서 특별한 밤을 보냈다.

무모하고 어리석어 보일지 모르지만, 이 5퍼센트 안에는 고객에게 특별한 추억을 만들어주고자 한 엄청난 의도가 숨어 있었다.

이 법칙은 내가 성공하는 데 큰 역할을 했는데, 모두 RA에서 받은 훌륭한 교육 덕분이었다. 또한 MoMA에서의 경험을 통해 '현명한 기업'과 '현명한 레스토랑'이 동시에 존재할 수 있다는 걸 알게 되었다. 직원은 힘을 얻었고, 고객은 만족했으며, 경영자는 높은 수익으로 사업을 운영할 수 있었다.

그래서일까. 대니가 다시 만나자고 했다.

## CHAPTER 05

보이지 않는
차이,
**보이는
변화.**

,

## 중요하지 않은 사람은 없다

할리우드의 유명 인사라면 한 번쯤 가봤을 스파고는 캘리포니아 요리를 대중화하여 미국 요리계에 혁명을 일으킨 볼프강 퍽의 레스토랑이다.

고등학교 졸업 후 대학에 들어가기 전, 이곳에서 테이블 치우는 일을 잠깐 했다. 스파고는 마치 잘 돌아가는 기계처럼 시스템이 체계적으로 구축되어 있었고, 테이블을 치우는 종업원들은 놀랍도록 빠르고 정갈하며 효율적으로 움직였다. 이들을 도저히 따라잡을 수 없었던 나는 이들이 14개의 테이블을 담당할 동안 7개의 테이블을 맡았다. 대신 유리그릇을 닦고 냅킨을 접는 등 레스토랑 운영에 필요한 뒷정리 같은 부수적인 일들을 도맡았다. 그리고 팁도 절반만 받았다.

어느 날 오후, 한창 붐비는 점심시간에 식기, 냅킨, 접시가 보관된 수납장의 문을 여는 순간 접시들이 바닥으로 미끄러지면서 산산조각이 나버렸다. 그릇 깨지는 소리에 귀가 먹먹해졌고 분주하던 레스토랑에 몇 초간 정적이 흘렀다. 몇몇은 박수를 치기까지 했다.

아수라장이 된 상황에 겁에 질린 나는 얼굴이 새파래졌다. 누가 뭐라고 하진 않았지만 나 자신에게 너무 화가 났다. 그 순간 주방장이 소리를 지르며 주방 문을 박차고 뛰쳐나왔다. 덤벙대던 나 때문에 쌓였던 불만을 동료들과 손님들 앞에서 거침없이 쏟아냈다.

그날 느낀 수치심과 분노는 이후 내가 직원의 실수를 처리할 때마다 불쑥불쑥 떠올랐다. 그 순간 좋든 나쁘든, 리더의 행동이 얼마나 큰 영향을 미치는지 절감했다. 주방장의 메시지는 명확했지만, 나뿐만 아니라 식당에서 일하는 모두에 대한 존중 따위는 없었다. 그의 관점에서 최고급 레스토랑은 오직 음식에 관한 것이었고, 홀 직원은 그가 주방에서 만든 마법을 떠받드는 사람들에 불과했다. 정말 한심하기 짝이 없었다.

아버지와 포시즌스 호텔에서 먹었던 요리도 맛있었지만, 그것은 큰 그림의 일부일 뿐이었다. 멋진 공간, 예술품, 조명, 꽃장식, 식탁보, 식기류, 직원들의 깔끔한 유니폼 그리고 열두 살의 내가 중요한 사람이 된 듯 느끼게 해준 그 모든 게 합쳐져 마법 같은 순간이 만들어진 것이다. 음식은 그 마법의 일부일 뿐 전부는 아니었다.

20세기 내내, 저녁 외식은 다른 사람들을 만나거나 자신을 과시하기 위한 것이었다. 셰프의 이름은 메뉴판에 적혀 있지도 않았다. 1980년대 초반, 스타 셰프가 등장하면서 사람들이 주방에 집중하기 시작했다. 사람들은 이전보다 더 좋은 음식을 먹고 있었지만, 서비스와 환대는 점점 잊히고 있었다. 나는 개인적으로 완전히 익힌 스테이크를 좋아하지 않지만, 손님이 그렇게 주문하면 그 권리를 지켜드릴 것이다. 무시하듯 비웃거나 어떤 곳처럼 대놓고 거절하지는 않을 것이다.

나는 레스토랑을 사랑했고, 손님에게 최고의 서비스를 제공할 팀원들과 함께 일하고 싶었다. 하지만 최고급 레스토랑은 내게 어울리지 않았다. 그래서 대니가 내게 EMP의 총지배인 자리를 제안했을 때, 무슨 말을 해야 할지 망설여졌다.

## 용기 있는
## 도전

EMP는 내가 예전에 일한 타블라와 같은 건물에 있었는데, 두 곳의 분위기는 정반대였다. EMP의 공간을 설명할 때면 늘 '웅장함'이라는 단어가 떠올랐다. 이곳을 처음 본 순간 입이 떡 벌어졌다. 높게 치솟은 천장과 넓게 펼쳐진 테라조 바닥 그리고 매디슨 스퀘어 파크가 내려다보이는 2층 높이의 거대한 창문으로 이루어져 있었다. 문턱을 넘으면 뉴욕의 활기찬 과거의 한 조각에 서 있는 듯한 느낌을 받는다. 마치 잃어버린 시대의 정신을 간직한 공간에 서 있는 것처럼 말이다. 이런 공간은 우리 시대에 다시 만들 수도 없고, 다시 만들어지지도 않을 것이다.

대니는 그곳에 성공적인 브라세리를 만들고자 했다. 얼음에 담긴 차가운 마티니, 맛있는 스테이크와 감자튀김이 나오는 친근하고 활기찬 분위기의 프렌치 레스토랑을 꿈꿨다. 대니는 검은색 가죽 의자로 내부를 꾸미고, 예술가 스티븐 해녹에게 뒷벽을 장식할 거대한 작품을 의뢰했다. 두 개의 다이닝룸 홀에는 거대한 꽃장식이 있었고, 웨이터들은 프랑스 대표 음식이 담긴 고전적이고 견고한 붉은 테두리의 접시를 들고 분주하게 움직였다.

손님들은 그런 분위기의 EMP를 좋아했다. 하지만 대니는 레스토랑 공간과 자신이 추구하는 목적 사이에 괴리감을 느꼈다. 손님들은 기념일이나 생일을 축하하기 위해, 또는 프러포즈를 위해 EMP를 찾았다. EMP는 특별한 날에만 가야 하는 레스토랑은 아니었지만, 공간의 웅장함과 화려함 때문인지 특별한 날 잘 차려입고 가야 할 것만 같은 공간이 되어버렸다.

EMP는 1998년 『뉴욕 타임스』에서 별 2개를 받으며 시작했다. 2006년 또다시 별 2개를 받았을 때, 대니는 자신이 오랫동안 고민하던 문제를 해결하기 위해 리처드 코레인에게 이 공간과 어울릴 만한 음식을 만들 수 있는 실력 있는 셰프를 찾아달라고 부탁했다.

대니얼 험은 겨우 스물아홉 살이었지만, 열네 살 때부터 스위스의 최고급 호텔과 레스토랑에서 전문적으로 요리를 시작했고, 스물네 살 때 첫 미슐랭 스타를 받았다. '캠튼 플레이스^Campton Place'에서 선보인 요리는 『샌프란시스코 크로니클^San Francisco Chronicle』에서 별 4개를 받았는데, 기술 중심의 유럽 요리에 대한 그의 현대적인 해석을 극찬했다.

리처드는 캠튼 플레이스에서 식사하던 중 밖으로 뛰어나와 대니에게 전화를 걸었다.

"셰프를 찾은 것 같아요."

대니얼은 EMP에서 거침없이 일을 시작했고, 음식은 매일매일 더 나아지고 있었다. 하지만 전반적으로 봤을 때 레스토랑이 제대로 작동되지 않았다. 총지배인은 다른 레스토랑 그룹에서 고용된 사람이었는데, 그의 접근 방식은 기존 직원들, 새로운 셰프 또는 USHG의 문화와 잘 어울리지 않았다. 몇 달 후, 대니얼은 레스토랑에 새로운 총지배인이 필요하다고 대니에게 말했다.

대니는 새로운 총지배인이 회사 내부 사람이었으면 좋겠다고 했다. 그러자 대니얼은 "저도 좋아요. 윌은 어때요?"라고 말했다. 당시 우리는 서로에 대해 잘 알지 못했다.

USHG의 총지배인들과 셰프들은 매주 유니언 스퀘어 사무실에 모여 회의했는데, 회의가 끝나면 서로 진행하고 있는 프로젝트에 대해서도 공유했다. 당시 나이는 가장 어리지만 MoMA에서 열정적으로 일하던 나는 그 누구보다 말을 많이 했다. "이번에 번$^{Bunn}$에서 나온 엄청난 커피메이커를 무광 검은색으로 하나 장만했어요!" "이번에 최고의 바리스타를 뽑는 대회를 개최해요. 제가 커피 회사에 얘기해서 상금으로 이탈리아 여행을 보내주기로 했으니까, 여러분 팀원들도 꼭 보내주세요!" "젤라토 카트 얘기 좀 들어보세요. 아니, 이 작은 파란색 숟가락만큼 완벽한 것을 본 적 있나요!" 대니얼은 열정적인 내 모습을 보면서 앞으로 일을 맡겨도 되겠다고 생각했던 것 같다.

파인 다이닝에 대해 잘 알지 못하는 내게 회사에서 가장 고급스러운 레스토랑을 맡긴다고? 대니의 놀라운 제안에 자신이 없었던 나는 아버지에게 논의를 드렸다.

"어떻게 해야 할지 모르겠어요. 아무리 훌륭한 셰프라도 누군가의 밑에서 일하고 싶지 않아요. 저는 파트너십을 원해요. 만약 그들이 홀에서 하는 일을 존중하지 않는다면, 함께하고 싶지 않아요."

**늘 원하는 것을 향해 뛰어가고, 원하지 않는 것에서 도망치라고** 말씀하셨던 아버지는 "네 꿈의 직업은 뭐니?"라며 단도직입적으로 물으셨다. 대답은 명확했는데, 쉐이크쉑을 운영하고 싶었다. 당시 하나뿐인 쉐이크쉑에 푹 빠져 있었다. 그곳의 콘셉트와 음식이 아주 마음에 들었다.

아버지는 "넌 USHG에서 일하는 걸 좋아하잖아. 그 회사와 함께 성장하고 싶어?"라고 물으셨다. 그렇다고 대답했다.

"네가 그들을 필요할 때 그들이 옆에 있어주길 바란다면, 그들이 너를 필요로 할 때 너도 그들 곁에 있어줘야지."

그 즉시 대니를 찾아가 제안했다.

"일 년 동안 EMP의 총지배인을 맡을게요. 대신 연말부터 쉐이크쉑에서 일할 수 있게 해주세요."

그는 흔쾌히 동의했다.

## 차이를 뛰어넘는
## 열정

다음 단계는 대니얼과의 미팅이었는데, 미팅을 앞두고 너무 긴장되었다. 나는 셰프의 독단적인 우월성 때문에 수준급의 레스토랑에서 도망쳐 나왔다. 내 경험이 유별난 것은 아니었다. 요리하는 사람과 서비스하는 사람 사이에는 늘 보이지 않는 차이가 존재했다. 한 팀이지만 늘 어느 한쪽이 줄다리기에서 이기는 것처럼 보였다. 그리고 파인 다이닝에서 승자는 대개 셰프였다.

EMP에서 일을 시작하기 전, 대니얼이 파트너십을 새롭게 받아들일 의지가 있는지 알고 싶었다. 우리는 14번가에 있는 이탈리안 레스토랑 '크리스포Crispo'에서 만났다. 그곳에서 우리는 파스타와 바롤로 와인에 대한 공통된 애정을 발견했다. 그 외 몇 가지 비슷한 점도 있었다. 나는 열네 살 때부터 레스토랑에서 일했고, 그 역시 그랬다. 둘 다 열정적이며 야망으로 가득 찬 완벽주의자였다.

몇 가지 큰 차이도 있었다. 대니얼은 전통적인 유럽의 미슐랭 3스타 레스토랑에서 경력을 쌓았고, 나는 RA에서 대형 냉동창고 재고 정리를 하며 일하는 법을 배웠으며, 대니 마이어 밑에서 따듯하고 편안한 환대를 배웠다. 그래서 세상을 바라보는 시각, 특히 환대에 관한 생각은 많이 달랐지만, 결국 그 차이가 서로를 보완해 줄 수 있을 거라고 생각했다.

나는 대니얼에게 파인 다이닝의 콘셉트가 왜 불편한지 솔직하게 이야기했다.

"저는 환대를 소중히 생각해요. 사람들을 기쁘게 해주고 싶어요. 그리고 제가 하는 일이 당신의 일만큼이나 중요하다는 것을 평생 설득하면서 시간을 보내고 싶지도 않아요. 파트너십이 아니라면, 그러니까 주방에서 하는 일만큼이나 홀에서의 일도 중요하다는 것을 인정하지 않는다면, 시작하고 싶지 않아요."

주방과 홀 사이에 더 개방적인 소통이 필요하다는 것에 대해서는 대니얼도 공감했다. 그가 일했던 한 유럽 레스토랑에서는 주방 팀이 아예 홀 출입을 할 수 없었다고 한다. 또 어떤 곳에서는 패스(음식이 서빙되기 전에 음식을 플레이팅하고 마무리하는 주방의 공간) 앞에 플렉시 글라스 창을 설치해서 서비스 팀과 주방 팀이 대화조차 할 수 없었고 메모로만 소통할 수 있었다고 한다.

생각만 해도 끔찍하다. 주방 팀은 음식이 도착했을 때 손님들이 행복해하는 표정과 음식을 처음 먹을 때의 감격스러운 표정을 볼 수 없었다. 셰프는 설거지대에 놓인 접시를 통해서만 고객 반응을 확인할 수 있다니 이게 말이 되나!

그날 저녁 식사가 끝날 무렵 대니얼과 나는 조금 지쳐 있었지만, 앞으로 우리가 이끌어갈 회사의 전반적인 방향을 결정했다. 우리는 양쪽 모두 동등한 위치에서 운영하는 레스토랑을 만들기로 했다.

셰프가 이끄는 레스토랑은 음식을 최우선으로 생각하는 반면, 레스토랑 경영자는 최상의 서비스를 제공하기 위해 노력한다. 함께 결정을 내려야 하는 상황이 생기면, 레스토랑 전체에 가장 이로운 결정을 내리기로 약속했다.

## 혁신을 위한
## 새로운 기준

'다음 세대를 위한 4스타 레스토랑을 만드는 것.'
이것이 대니얼과 내가 생각한 EMP에서의 첫 사명문이다.

당시 뉴욕의 파인 다이닝 업계는 유동적이었다. 흰색 식탁보가 깔린 클래식한 레스토랑들이 여럿 문을 닫았는데, 특히 젊은 세대는 더이상 그런 틀에 박힌 격식에 매혹되지 않았다.

일부 유명 레스토랑만이 살아남았는데, 우리가 좋아하는 장 조지Jean-Georges, 다니엘, 퍼 세, 르 베르나르댕Le Bernardin 같은 레스토랑조차 우리보다 스무 살 정도 많은 사람들이 이끌고 있었다. 그런 레스토랑들은 충성스러운 단골손님 덕에 탄탄한 기반을 갖추고 있었지만, 선구자가 되거나 화제의 중심이 되지는 못했다.

당시 대니얼과 나는 이십 대였는데, 우리 또래의 사람들은 격식에 얽매이지 않은 편안한 분위기에 열광했다. '밥보Babbo'에서는 〈레드 제플린 IV〉를 크게 틀어놓고 파스타를 먹을 수 있었다. '쌈 바Ssäm Bar'에 들어가면 테니스 선수 존 매켄로의 실물 크기 사진이 가장 먼저 눈에 띈다. 재밌는 것은 그 사진이 그곳의 유일한 장식이었다. '푸룬Prune'의 식사 공간은 뉴욕 아파트 침실 크기로, 오픈키친 공간이 너무 가까워서 셰프가 손님에게 올리브 그릇을 바로 건네줄 수 있을 정도였다. 그리고 이스트 빌리지에 세계에서 가장 정교하고 혁신적인 칵테일을 만드는 비밀스럽고 독특한 분위기의 바가 있는데, 그곳은 핫도그 가게의 전화 부스를 통해 들어갈 수 있었다.

이런 레스토랑들은 몇 년 후 생길 독특한 콘셉트의 레스토랑들을 위한 길을 열어주었다. 그들은 최고의 음식을 제공했고, 미국의 식문화를 근본적으로 변화시켰다. 화려한 유리그릇보다 재료에 투자하고, 서빙 직원들은 프랑스인이거나 턱시도를 입기보다 피어싱이나 문신을 한 사람들이 더 많았다.

하지만 이런 신세대 레스토랑에는 안타까운 점이 있었다. 음식은 너무 훌륭했지만, 환대 경험에 있어서 크게 놓치고 있는 부분이 있었다. '모모푸쿠Momofuku'의 보쌈은 뉴욕에서 가장 맛있는 요리 중 하나라고 자신 있게 말할 수 있다. 하지만 예약을 받지 않았고, 붐비는 식당 안에 대기할 공간도 없었다. 오븐에서 몇 시간 동안 구워낸 돼지고기를 먹기 위해 추운 2월 한 시간 넘게 밖에서 발을 동동 구르며 기다려야 했고, 착석한 다음에도 쿠션이나 등받이가 없는 합판 의자에 앉아야 했다.

대니얼과 나는 똑바로 앉으라고 어르신에게 야단을 맞을 것 같은 곳이 아닌, 즐겁고 편하게 식사를 즐길 수 있는 파인 다이닝을 꿈꿨다. 하지만 고급 레스토랑만의 특별함과 훌륭한 편의 시설, 화려한 서비스 전통을 포기하고 싶지도 않았다. **세심한 배려와 관심, 탁월함과 고급스러움을 유지하면서도 편안함과 즐거움, 놀라움 그리고 '재미'를 전달하는 클래식한 최고급 레스토랑을 만들고 싶었다.**

이것이 우리의 꿈이었지만 현실적으로 갈 길이 멀었다.

## 치명적 굴곡에
## 빠지다

운 좋게도 EMP에는 이미 우수한 팀이 있었다. 팀원 중에는 나와 MoMA에서 함께 일했던 로라 와그스태프도 있었는데, 첫 출근 전 정보 수집을 위해 그녀를 만났다.

로라는 늘 의욕적이고 뛰어난 문제 해결 능력을 갖추고 있으며, 함께 일하는 동료들을 위해 끊임없이 노력하는 든든한 지지자였다. 그래서 나는 로라가 내 옆에서 조곤조곤 말해 줄 때 참 좋았다. 로라는 직원들이 나의 따뜻한 관심을 필요로 할 때, 내가 너무 강압적일 때, 내가 엉뚱한 일에 집중하고 있을 때 나를 정신 차리게 해주는 사람이었다. 로라는 내 어깨를 두드리며 "여기 개선이 좀 필요해요" 또는 "진정하실 필요가 있어요"라고 말해 주었다. (모든 리더에게는 로라 같은 사람이 옆에 있어야 한다고 생각한다. 우리가 제대로 못 하고 있을 때 아니라고 단호하게 말해 줄 수 있는 사람이 필요하다.)

좀처럼 불평하지 않는 그녀가 현재 EMP는 '최악'의 상황이라며 고개를 저을 때, 상황이 심각하다는 걸 알 수 있었다.

첫 번째 문제는 직원들 사이에 두 개의 파벌이 생겼다는 것이다. 한쪽은 창단 멤버이자 수년간 레스토랑에서 일해 온 서버들과 매니저들로 구성된 구파였다. 초창기 EMP는 별 2개뿐이었지만 단골손님이 많은 유명 장소였기에 서버들은 이곳에서 안정적인 수익을 벌 수 있었다. 서비스 방식은 음식과 잘 어울렸고, 이는 정확하고 철두철미하기보다는 친근함과 편안함에 머물렀다.

다른 한쪽은 대니얼과 함께 들어온 매니저들로 구성된 파인 다이닝 출신 팀이었다. 그들은 전국 각지의 내로라하는 유명 레스토랑 출신이었고, EMP가 특별한 곳이 될 수 있음을 알고 있었다. 하지만 그들은 기존 직원들을 자신이 추구하는 서비스 방식으로 이끌거나, 그런 종류의 서비스에 적합하지 않은 직원들이 다른 일자리를 찾을 수 있도록 도움을 주는 데에는 영 소질이 없었다. 자신들이 추구하는 '올바른' 방식대로 기존 직원들이 일해 주길 원했지만, 그 기준에 미치지 못하자 잔뜩 짜증이 나 있었다.

수년간 레스토랑을 운영하며 자신들이 쌓아온 것들에 자부심을 가졌던 서버들과 매니저들은 불안감과 존중받지 못하고 있다는 느낌을 받았고, 파인 다이닝 출신 팀은 최고의 레스토랑을 향한 진전이 없다며 좌절했다.

레스토랑 내에 실질적인 시스템이 갖춰져 있지 않아 갈등은 더욱 악화되었다. 여러 가지 기준이 있었지만 제대로 적용되지 않아 이 두 팀은 계속 부딪힐 수밖에 없었다.

입사 첫 주에 한 매니저가 서버의 쟁반 드는 방식을 바로잡는 것을 지켜본 적이 있다. 그 불쌍한 서버는 열 걸음도 채 가지 못해 다른 매니저에게 붙잡혀 원래 방식대로 쟁반을 들라는 말을 들었다. 약간의 의견 불일치였을까? 뭐 그럴 수 있다. 하지만 매니저들 사이에서 쟁반 드는 방법 하나 정하지 못하고 서버에게 서로 다르게 소통한다면, 과연 이들이 더 큰 꿈을 가질 수 있을까?

한편 몇 년 동안 바뀌지 않던 고정 메뉴가 수시로 바뀌었다. 대부분의 공급업체는 새로운 곳이었고, 대니얼의 음식에 열광하는 손님들은 염소 치즈가 어느 북부 농장에서 생산된 것인지, 염소들이 봄에 어느 산에서 어떤 허브를 먹고 자라는지 알고 싶어 했다. 실시간으로 들어오는 수많은 정보와 방대하고 빠르게 업데이트되는 와인 목록을 감당할 수 있는 사람은 아무도 없었다. 특히 손님에게 정보를 제공하기 20분 전에 이런 상황을 맞닥뜨린다면 당황스러울 수밖에 없다.

087

게다가 레스토랑의 좌석 수는 EMP에서 스테이크와 감자튀김을 팔던 때와 동일했다. 최고의 레스토랑에서 토요일 저녁 황금 시간대에 손님들로 북적이는 것은 어쩌면 당연한 일이다. 그게 레스토랑 일을 재미있게 만드는 요소이기도 하다. 하지만 고급 레스토랑에 140석이 안 되는 데에는 그만한 이유가 있다. 브라세리 같은 규모로는 고품질의 음식이나 세밀한 서비스를 제공하는 것이 불가능하기 때문이다.

기본적인 서비스 가이드조차 없었다. 손님들은 예약 시간이 한참 지나도록 기다려야 했고, 간신히 자리에 앉은 후에도 음식이 나올 때까지 한참 기다려야 했다. 최악의 경우, 바 전체가 인내심이 바닥난 사람들로 가득 차 있었다. 레스토랑이 사람들을 행복하게 해주기는커녕 오히려 분노하게 만들고 있었다.

환대는 관계를 맺고자 하는
진정한 욕망에서 비롯된다.

시몬 베유 Simone Weil

CHAPTER 06

숨겨진
잠재력을
**깨우는**
**리더십.**

,

## 서로에 대한 배려로 찾은 탈출구

강한 조직 문화를 가진 기업에는 매력적이지만 간과하기 쉬운 특징이 있다. 바로 조직 내에서 성장한 직원에게는 다른 방식으로 일하는 것이 잘못된 것처럼 느껴진다는 것이다.

내가 EMP에 처음 들어왔을 때 딱 그런 느낌이었다. 돌이켜 보면, 그때 잘못된 부분들을 하나씩 찾아내고, 이를 어떻게 바로잡을지 이야기할 수 있었다. 영웅적인 버전에서는 내가 마치 마법사처럼 뛰어난 모습을 보여 주며, 영감을 주는 경영 원칙들을 열거하면서 이 모든 게 일주일 안에 레스토랑을 새롭게 변모시킬 거라고 말하는 것이리라.

하지만 현실은 그렇지 못했다. 처음 몇 달 동안은 대니가 일하던 방식, 즉 그가 직원들과 고객들을 대하는 방식이 내 무의식에 깊이 자리 잡고 있어서 그에 따라 행동했다.

무엇보다도 팀이 똘똘 뭉쳐야 했다. 직원들은 존중받고 있으며 인정받고 있다고 느껴야 한다. 그들이 무엇을 기대해야 하는지 명확하게 보여 주고 설명할 필요가 있었다. 그들에게는 일관성 있는 규율이 필요했다. 그들 스스로 상전벽해의 장애물이 아닌, 핵심적이고 중요한 존재라고 느낄 수 있게 만들어야 했다.

경영적 관점에서 USHG의 첫 번째 원칙인 '서로에 대한 배려'를 최우선 과제로 삼아야 했다. 파인 다이닝 출신 팀은 USHG 출신이 아니었고 비록 그들이 직원 중심 문화를 받아들였더라도, 실제로는 레스토랑 안에서 자신의 이름을 알리는 데 집중하다 보니 이 핵심 원칙은 뒷전으로 밀려나 있었다. 그래서 대니는 차기 총지배인은 반드시 회사 내부에서 선발되길 바랐고, 이 문화는 그에게 타협할 수 없는 부분이었다.

두 팀의 갈등을 좁히기 위해서는 의사소통의 개선이 가장 시급했다. 동시에 무엇을 어떻게 해야 할지 알 수 있는 시스템이 필요했다. 이 두 가지 개선이 팀에 안정감을 주고, 우리 목표에 함께하고 싶게 만드는 동기부여가 되기를 바랐다. **레스토랑에는 개선해야 할 부분이 많았지만, 직원들이 일하러 오기 싫어한다면 이게 다 무슨 소용이겠는가. 더 큰 프로젝트를 위해 직원들의 마음을 얻지 못한다면, 제아무리 큰 꿈을 이룬다고 해도 무슨 의미가 있겠는가.**

## 강한 리더십은
## 경청에서 시작된다

몇 년 전, 크리스토퍼 러셀은 유니언 스퀘어 카페의 총지배인으로 임명된 후 직원들 앞에서 연설을 했는데, 그 자리에서 매우 인상적인 말을 남겼다.

"이곳에 오게 되어 정말 기쁩니다. 저는 이 레스토랑을 진심으로 신뢰하고 사랑합니다. 저의 임무는 레스토랑을 위해 최선을 다하는 것이지, 여러분 중 누군가를 위해 최선을 다하는 것이 아닙니다. 레스토랑을 위해 최선을 다하는 것이 여러분에게 최선을 다하는 방법이죠. 제가 여러분 개개인을 보살필 수 있는 유일한 방법은 레스토랑을 최우선으로 생각하는 것입니다."

정말 끝내주는 말이다! 팀원이 리더에게 무엇을 기대할 수 있는지 단도직입적으로 알려 주는 격려의 외침이었고, 진정한 리더십에 대한 깊은 자신감을 보여 주는 장면이라 할 수 있다. 나도 그의 연설을 본보기 삼아 첫 인사말을 멋지게 하고 싶었다. 다만 크리스토퍼는 승진 전에 유니언 스퀘어 카페에서 서버와 매니저로 몇 년간 근무하면서 레스토랑 구석구석을 잘 알고 있었고, 직원들이 좋아하는 칵테일부터 그들의 애완견 이름까지 모두 알고 있었다. 그는 직원들의 신뢰를 받고 있었기에 그런 연설을 할 자격이 있었지만, 나는 아니었다.

새로운 조직에서 시작할 때 내가 들은 최고의 조언 중 하나는 "**황급히 뛰어들지 마라. 서서히 적응하라**"이다. 내가 새로 온 팀원에게 늘 해주는 조언이기도 하다. 아무리 재능이 뛰어나고 줄 수 있는 것이 많을지라도, 영향력을 끼치기 전에 조직을 이해하는 시간이 필요하다.

특히 로라처럼 내가 신뢰하는 이들이 현장에서 눈과 귀가 되어준다는 것은 큰 선물이다. 하지만 그들이 내게 알려 주는 정보를 제외하곤 아는 것이 아무것도 없었다. 그래서 레스토랑의 향후 계획에 대해 열정적인 첫 연설을 하고 싶은 마음은 굴뚝 같았지만, 우선 레스토랑을 먼저 이해하기로 했다.

새로운 환경에 놓였을 때 가장 어려운 부분 중 하나는 모두가 자기 관점에서 서로 다른 이야기를 한다는 것이다. 각자의 관점에서 이야기를 들어줄 필요가 있지만, 매니저가 정말로 최악의 사람인지 아니면 불만을 털어놓았던 그 사람과 의견 충돌이 있었던 것뿐인지는 시간을 두고 지켜봐야 한다.

팀원이 하는 모든 말에 동의할 수는 없지만,
일단 경청하는 것부터 시작해야 한다.

EMP에서 초기 몇 달은 직원들 간에 서로 비난하는 일이 많았고, 상대를 탓하는 상황도 자주 일어났다. 모두가 동시에 서로의 잘잘못을 따지는 이런 상황은 처음이었다. 일부 오래된 직원들은 일을 대충했고, 또한 많은 이들이 왜 파인 다이닝 출신 팀원들이 자제할 필요가 있다고 말하는지도 알 수 있었다.

효율적인 소통이 없는 상황에서 옳고 그름을 따지는 것은 무의미했다. 현장 직원들은 아무도 자신들의 말을 듣지 않는다며 귀를 닫은 채 아무 소통도 하지 않았다. 그래서 나는 처음 몇 주 동안 팀원 한 명한 명과 마주 앉아 그들의 이야기를 들어보기로 했다.

그것 자체가 하나의 큰 경험이었다. 오랜 시간에 걸쳐 알게 되었을 레스토랑에 관한 정보들을 단번에 알 수 있었다. 그 회의를 통해 시간을 투자하는 것이 얼마나 큰 도움이 되는지를 배웠다. **시간을 내서 상대방의 이야기를 경청한다는 것은 상대의 생각과 감정에 관심을 두고 있다는 걸 보여 주는 것이며, 그들의 이익을 최선으로 생각하고 있다는 걸 신뢰하도록 만든다.**

이런 이유로 나는 매니저들에게 오픈 전 식사 시간에 따로 모여 앉으라고 했다. 흩어져서 식사하다 보면, 내가 그랬던 것처럼 식사 시간이 자칫 놓칠 수 있는 아이디어와 생각들을 모을 수 있는 절호의 기회라는 걸 알게 될 것이기 때문이다.

## 숨겨진 보물을 찾아라

아버지는 베트남에서 소대를 이끌었다. 특출난 소대는 아니었는데, 아무도 원하지 않았기에 아버지가 맡았을 가능성이 크다. 처음에는 좌절을 느꼈지만, 우선 팀원 한 명 한 명 알아봐야겠다고 생각한 아버지는 그들과 대화를 시작했다. 켄터키라는 별명을 가진 병사는 게으르고 뚱뚱하며, 손과 눈의 조절력이 없어 목표물을 조준하는 것도 형편없었다. 게다가 어리바리하고 둔하기까지 해서 누가 봐도 그곳에 어울리지 않는 사람이었다. 하지만 아버지는 그와 대화를 나누면서 뜻밖의 사실을 발견했다. 평생 남부의 깊은 산골에서 살아온 그는 뛰어난 방향감각을 가지고 있었다. 베트남 정글이 아무리 어둡고 숲이 우거져 있으며 길이 복잡해도 그는 쉽게 길을 찾을 수 있었다. 처음 그런 환경을 접한 아버지나 도시 출신 군인들에게는 없는 그만의 장점이었다.

아버지는 소대의 중간에 배치했던 그를 선두로 이동시켰다. 그곳에서 그는 뛰어난 활약을 펼쳤다. 아버지는 그를 자세히 관찰하고 강점을 살릴 수 있는 자리에 배치함으로써, 소대에서 가장 쓸모없던 병사를 가장 훌륭한 일원으로 만들었다.

아버지는 늘 이렇게 말씀하셨다.

"비즈니스에서는 네가 팀을 선택하는 것이란다. 설령 팀을 이어받았다 하더라도 그들과 함께할지 말지는 네가 결정하는 것이다."

전쟁에서는 팀을 배정받으면 누구도 해고할 수 없고, 팀원도 의무적으로 있을 수밖에 없다. 베트남에서의 잘못된 결정은 음식이 엉뚱한 손님 앞에 놓이는 경우보다 훨씬 심각한 결과를 초래한다. **리더의 역할은 팀원의 숨겨진 강점을 찾아내는 것이며, 그 장점이 아무리 묻혀 있더라도 그것을 파악해 내는 것이다.** EMP의 새로운 팀과 함께 일할 때 이 말을 자주 떠올리곤 했다. 실력이 떨어진다는 평판을 받는 직원들을 모두 걸러내고 싶은 마음도 컸다. 물론 결국 내보내야 할 사람은 보내야 한다. 하지만 그전에 누군가의 저조한 성과 뒤에 숨은 보석이 있지는 않은지 확인해야 한다.

엘리아자르 세르반테스는 '음식 전달원'으로서의 역할에 어려움을 겪고 있었고, 매니저들은 그가 자기 일에 관심을 두지 않는다며 불평했다. 어떤 면에서는 사실이었는데, 엘리아자르는 음식을 배우는 데 큰 흥미가 없었다. 열정이 없으니 발사믹 식초가 얼마나 오래되었는지 알 리 없었다.

그를 알아갈수록, 다른 사람들은 몰랐던 그의 모습을 발견할 수 있었다. 그는 타고난 리더로, 매우 체계적이며 권위를 잘 다룰 줄 알았다. 회사 전체가 방향을 잃은 것 같을 때도 안정적으로 중심을 잡을 수 있는 사람이었다. 해결책으로 그를 질책하거나 해고하는 대신 그에게 다른 역할을 주었다.

엘리아자르는 주방에서 '음식 전달 조정자'를 담당했다. 음식 전달 조정자는 셰프에게 언제 음식을 준비해야 하는지 알려 주고, 각 요리가 제때 서빙될 수 있도록 돕는 역할을 한다. 좋은 음식 전달 조정자는 어떤 테이블이 무엇을 주문했는지, 이전 코스의 식사는 어느 정도 진행되었는지, 주요리를 만드는 데 시간이 얼마나 걸릴지 등을 정확히 알고 있다. EMP 같은 레스토랑에서는 기본 30개의 테이블을 담당할 수 있어야 한다.

음식 전달 조정자는 매일 밤 심포니를 지휘하는 동시에 비행기들이 공중에서 충돌하지 않도록 확인하는 역할을 한다. 이는 레스토랑에서 무척 중요하면서도 어려운 일 중 하나다. 엘리아자르가 그 역할을 해내는 모습을 볼 때, 마치 3차원 체스를 지켜보는 듯한 느낌이 들었다. 조직적인 업무 능력이나 리더십이 요구되지 않는 직책에서 이러한 요소들이 필요한 직책으로 옮기자, 그는 빠르게 자기 능력을 발휘하기 시작했고, 레스토랑 전체가 그의 천재성을 인식하게 되었다.

그는 몇 년 동안 EMP에서 '주방 총괄 조정자'로 활동하며 우리 성공의 핵심 역할을 해왔다. 이처럼 팀원들의 숨겨진 재능을 찾는 것은 너무도 중요한 단계였다. 드디어 조금씩 퍼즐이 맞춰지는 것 같았다.

## 비판할 때는
## 감정을 배제하라

주변에 보면 상대의 사랑은 식었는데, 왜 자신들의 관계가 원활하지 않은지에 대해 상대와 진지한 대화를 나누지 못하고 망설이는 사람들이 있다. 그래서 일부러 모나게 행동한 뒤 상대방이 먼저 헤어지자고 말하길 바라기도 한다. 조직 관리자의 관점에서 볼 때, 이전 EMP 경영 체제에서도 이런 상황이 많이 일어나고 있었다. 그래서 나는 팀원들에게 힘든 말을 듣거나 말하는 것, 즉 어려운 대화를 두려워하지 말라고 강조했다.

코넬대에서 들었던 유익했던 수업 중 하나가 '조직 행동'이다. 그 수업에서 켄 블랜차드와 스펜서 존슨의 『1분 경영The One Minute Manager』이라는 책을 읽었는데, 지금도 내가 승진시키는 모든 사람에게 이 책을 선물한다. 가장 와닿았던 부분은 **'행동은 비판하되, 사람을 비판하지 마라. 공개적으로 칭찬하고, 비공개로 비판하라. 감정을 담아 칭찬하고, 감정 없이 비판하라'**이다.

나와 함께 일하던 직원이 어떤 임무를 잘 해냈을 때 가능한 한 많은 사람들 앞에서 그를 칭찬하고 돋보이게 할 방법을 물색한다. 특히 동료들 앞에서 칭찬받는 것은 중독성이 있어서 더 갈구하게 된다.

이것을 일관성 있게 실행하기 위해, 매월 '메이드 나이스 어워드 Made Nice Award'를 개최했다. 전체 경영진이 매달 우수한 주방 직원 한 명, 홀 직원 한 명을 선정해서 상을 주었다. **정기적으로 칭찬하는 패턴을 만드는 것은 정말 멋진 일이다.**

'메이드 나이스 어워드' 수상자의 사진을 시계 위에 걸어 동료들이 볼 수 있도록 했다. 또한 레스토랑에서 사용할 수 있는 100달러 상당의 선물용 카드를 주며, 친구들과 가족들에게 자랑할 수 있도록 했다.

칭찬만큼이나 비판에 있어서도 신중했다. 나는 팀원들에게 더 좋은 방법이 생각나면 불만이 쌓이기 전에 언제든지 말해 달라고 했다. 마찬가지로 매니저들에게도 문제가 발생하면 즉시 팀원들과 해결하도록 했다. 그렇게 하면 서로 감정이 격해지는 걸 방지할 수 있다.

젊은 매니저가 권력을 잡으면(우리 업계에서는 매니저가 일을 시작할 때 받는 보수가 낮아서 상대적으로 어린 나이에 일을 시작하는 경향이 있다), 그들은 최대한 빨리 인정받고 싶어 한다. 서버가 다림질되지 않은 셔츠를 입고 와도, 서로의 관계를 생각해서 문제점을 지적하는 대신 모른 척 넘어가는 경향이 있다. 아무 말도 하지 않다가 20일쯤 지나자 다려지지 않는 셔츠가 거슬리기 시작한다. 그런데 사실은 아무도 그 직원에게 셔츠에 대해 지적하지 않았기 때문에 당사자는 몰랐던 것이다. 하지만 어느덧 마음속에는 그가 셔츠를 다려 입지 않은 건 매니저인 당신을, 또는 레스토랑을, 또는 팀원들을 존중하지 않기 때문이라는 생각이 깊어진다. 그 허름한 셔츠는 어느덧 당신에게 경고 신호로 다가온다. 당신은 그가 당신이 만들려는 조직에 관심조차 없다고 생각하기 시작한다.

분노가 쌓이고 나서 그 직원과 이 문제에 대해 이야기할 때는 이미 감정적으로 격해져서 상대방도 기분 나쁘게 받아들이게 된다. 결국 대화는 서로 기분만 상한 채 좋지 않은 결말을 맞이하게 된다.

매니저 회의에서 이런 순간을 피하는 방법에 관해 자주 이야기했다. 이런 갈등은 골이 깊어지기 전 명확하게 얘기하면 충분히 피할 수 있다. 예를 들어, 주름진 셔츠를 입은 직원을 보면 즉시 불러 이렇게 얘기하는 것이다.

"안녕하세요! 좋은 아침이에요. 셔츠가 조금 구겨진 것 같은데, 오픈 전 식사하기 전에 잠깐 올라가서 다림질 좀 하고 오지 않을래요?"

매니저들은 팀원들이 자신의 마음을 읽을 수 있다고 착각하지만, 실제로 우리가 원하는 바를 명확하게 알려 주지 않으면 팀원들은 알지 못한다. 그리고 당신이 세운 기준에 팀원들이 책임을 느끼지 않는다면 그 팀은 결코 최고가 될 수 없다. 잘못을 발견했을 때 신속하게 해결할 수 있어야 한다.

그리고 **잘못된 것을 지적할 때는 다른 사람이 없는 데서 비공개적으로 해야 한다.** 스파고의 주방장이 내게 소리를 지를 때 옷깃을 파고들던 수치심과 공포가 아직도 생생하다. 아마 평생 잊지 못할 것이다. 너무도 끔찍한 경험이었지만, 동시에 절대 저지르고 싶지 않은 실수에 대해 생각해 볼 수 있는 기회이기도 했다.

동료들 앞에서 직원을 꾸중하면, 그 직원은 결코 당신을 용서하지 않을 것이다. 수치심이 커질수록 상대방은 당신이 하는 말을 받아들이지 못할 것이다. 하지만 같은 지적이라도 비공개로 하면 상황은 달라진다.

**비판이든 칭찬이든, 리더는 팀원에게 지속적으로 피드백을 줄 수**

**있어야 한다. 그게 리더의 역할이다.** 그리고 팀원은 자신이 노력해야 하는 점보다 잘하고 있는 점에 대해 더 많이 들어야 한다. 그렇지 않으면 팀원은 낙담하고 의욕을 잃을 수도 있다. 만약 칭찬할 일을 찾을 수 없다면 그것은 리더십의 실패다. 이는 당신이 직원을 충분히 지도하지 않았거나, 노력했지만 효과가 없다는 의미다. 이런 경우라면 팀에 남아 있을 이유가 없다.

이러한 규칙을 일관되게 실천한다면 팀원들은 안전하다고 느낄 것이다. 일관성은 리더가 갖춰야 할 중요한 자질이지만, 과소 평가된 측면이 있다. 직원들이 매일 매니저의 변덕스러운 기분을 살피며 눈치를 봐야 한다면 불안할 수밖에 없다. 리더라면 일관성이 있어야 하고 자기 기분을 조절할 수 있어야 한다. 그날 아침 배우자와 다퉜던 일을 가지고 구겨진 셔츠 차림의 서버에게 화풀이하는 일은 없어야 한다.

물론 이상적인 말이다. **관리자도 사람인지라 가끔은 실수하기 마련이다. 그럴 때는 사과하면 된다.** 자신이 하는 일에 열정적일 때는 자연스럽게 강한 강렬함이 따르는데, 때로는 그 강렬함이 자신을 압도하기도 한다. 나 역시 교과서적으로 처리하지 못하고 당혹감이나 실망감을 표현한 적이 있다. 하지만 그때마다 지적 자체에 대한 사과가 아니라 내가 지적한 방식에 대해 사과했다.

# 하루 30분이면
# 흐름을 바꿀 수 있다

경청과 배움에 대해 감미로운 이야기를 했지만, 사실 나는 시스템적인 사람이다. 그리고 2006년에 EMP는 시스템이 절실히 필요했다.

나는 변화가 필요할 때 가장 적은 에너지로 가장 많은 힘을 전달할 수 있는 효과적인 방법을 선택한다. 매일 30분씩 팀과 회의하는 것보다 더 좋은 것은 없다.

대부분 레스토랑에서는 매일 오픈 전에 회의를 한다. 이를 '라인업' 또는 '식전 회의'라고 부르는데 이 시간에는 새로운 메뉴, 와인, 서비스 단계를 소개하고 검토한다.

하지만 이 시간은 그 이상의 의미가 있다. **매일 30분간 이루어지는 회의는 개개인이 모여 하나의 팀이 되는 시간이다.** 만약 치과나 보험회사, 이삿짐센터에서 매일 30분씩 회의를 한다면 고객 서비스는 근본적으로 변화될 것이다.

EMP에서의 식전 회의는 우리가 하는 말만큼이나 중요했다. 반드시 참석해야 하며, 오전 11시와 오후 5시에 정확히 30분씩 진행되었다. 첫해에는 월요일부터 금요일까지 점심과 저녁 회의를 내가 직접 주도했다. 내가 친근하고 책임감 있는 사람이라는 걸 구성원들이 알아주길 바랐고, 내 말에 책임을 지는 일관된 모습을 그들에게 보여 주고 싶었다.

이전 식전 회의에서는 음식과 와인에 초점이 맞춰져 있었다. 주재료와 숙성 시간, 함께 제공되는 음식, 소스를 붓는 방법 등에 대해 논의했다.

정보가 빠르게 변하는 상황에서 이러한 기본적인 정보 전달은 너무 중요하다. 대니 마이어의 다른 레스토랑에서 매니저들은 직원들이 집에 가서 숙지할 수 있도록 새로운 메뉴와 와인, 농장, 생산자에 대한 정보가 인쇄된 노트를 제공했다. 그러나 정보들이 너무 빨리 업데이트되는 탓에 EMP에서는 이런 관행이 점차 사라지고 있었다.

하지만 나는 그 관행을 다시 들여왔다. 서버들이 알아야 할 내용에 대해 더 이상 모호함은 없게 하고 싶었다. 매니저는 메뉴와 와인에 관한 설명을 신중히 작성, 편집하고 맞춤법 검사까지 했다. 주방 팀과 와인 디렉터가 발표할 때 서버들이 메모할 수 있도록 제때 자료집을 준비해야 했다.

첫 주에는 매일 저녁 늦은 시간까지 노트의 템플릿을 디자인했다. 나는 깔끔하게 정리된 템플릿을 만들고 싶었다. 그렇게까지 할 필요는 없었지만 하나를 보면 열을 알 수 있기에 템플릿 하나를 만들어도 우리가 손님에게 대접하는 라벤더 꿀을 입힌 숙성 오리처럼 사려 깊고 아름답기를 바랐다. 이 상황에서 직원들은 내 환대의 대상이었다. 스스로 모범이 되지 않으면서 완벽함에 대해 논할 수 없는 법이다.

식전 회의가 성공적으로 이뤄지면, 직원들의 마음 탱크가 가득 채워질 것이고, 가득 채워진 마음으로 고객을 맞이할 수 있을 것이다.

**일관된 기준을 전달하고 반복하는 것은 중요하다. 훌륭한 매니저는 직원에게 해야 할 일을 명확히 알려 주고, 그 일을 잘 해냈는지 확인한다. 이것이 바로 리더의 역할이다.** 리더십의 또 하나 중요한 요소는 시간을 내어 팀원에게 그 일을 '왜' 해야 하는지 설명하는 것이다. 나는 식전 회의 시간을 이런 용도로 활용했다.

나는 레스토랑의 정신과 우리가 구축하려는 문화에 관해 이야기 했다. 이 회의를 통해 팀원들에게 영감을 주고 격려하고 우리의 목표를 상기시켰다. 30분 동안 크고 작은 승리를 함께 축하했고, 팀원 중 누군가가 우수한 성과를 냈을 때 공개적으로 축하해 주었다.

회의는 매일 같은 템플릿을 활용했기 때문에 직원들은 진행 상황을 정확히 파악할 수 있었다. 우리는 먼저 일상적인 사항을 논의했다. 그런 다음 자신에게 영감을 준 주제에 대해 간단히 언급하곤 했다. 주로 다른 회사에 관한 기사나 다른 곳에서 경험한 서비스에 관한 얘기였다.

영감은 어디에나 존재한다. 하루는 내가 평소에 다니는 미용실의 예약이 마감되어 뉴욕 시내에 있는 다른 이발소를 찾았다. 얼룩 줄무늬 간판과 커다란 파란색 소독 병에 담긴 빗들이 눈에 띄는 클래식한 이발소였다. 계산하던 중 이발사가 "뭐 좀 드릴까요?"라고 무심하게 물었다. 의아한 듯 고개를 들었는데 이발사가 진, 보드카, 위스키로 가득 찬 세 개의 커다란 잔을 가리키고 있었다. "위스키요!" 내 말에 이발사는 치과에서 입 헹굴 때 사용할 것 같은 작은 일회용 컵에 술을 따라 주었다.

그날 식전 회의 때 이 이야기를 직원들에게 들려주었다. 도대체 어떻게 이런 생각을 했을까? 아주 엉뚱하고 뜬금없으면서도 기발했다. 그 한 잔은 어떤 의미일까? 고객의 기대치를 뛰어넘기 위해, 기분 전환을 위해, 어쩌면 문을 나설 때 잠시나마 미소 지을 수 있도록 하기 위해서일지도 모른다. 그 경험이 너무 소중해서 직원들에게 내가 느꼈던 감동을 전해 주고 싶었다.

식전 회의는 복명복창으로 시작한다. "행복한 수요일!" "행복한 수요일!" 끝날 때도 내가 "좋은 서비스 부탁해요!"라고 외치면 직원들은 프랑스 주방 전통에 따라 한목소리로 "네(Oui!)"라고 답했다.

직원들이 "네"라고 외치면 식전 회의가 잘 마무리되었다는 뜻이었고, 그런 날에는 왠지 일이 손에 더 잘 잡히는 것 같았다.

너무 빡빡한 일정 속에서 식전 회의를 위해 30분을 할애하는 것은 큰 부담이었고, 회의를 고집하는 내 모습이 때로는 타이타닉호의 갑판 의자를 옮기는 것처럼 느껴지기도 했다. 빡빡한 일정에서 30분을 빼면 부수적인 업무를 처리할 시간이 부족해진다는 건 충분히 인지하고 있었다.

"그럼 부수적인 일을 좀 줄이고 시간을 내봅시다."

내 대답은 간단했다. 한 팀이 되기 위해 우리는 호흡을 가다듬고 서로 소통해야 했다. 기본적인 방식으로 냅킨을 접거나 버터를 간단하게 세팅함으로써 모든 사람이 회의에 참석할 수 있다면 기꺼이 감수할 수 있는 절충안이라고 생각했다. 내게 팀워크보다 더 중요한 것은 없었다.

## 속도를 더 내기 위해
## 속도를 늦추다

초창기 한 서버와 대화를 나누었는데, 웬일인지 그는 녹초가 되어 있었다. 무슨 일이냐고 묻자, 그는 와인 목록이 적힌 거대한 종이 뭉치를 테이블 위에 꺼내 놓으며 말했다.

"이건 다 소화 못 할 것 같아요."

솔직히 그를 탓할 수도 없었다. 왜냐하면 나도 3페이지를 넘기지 못했기 때문이다.

성공하지 못하는 사람들은 일반적으로 두 그룹으로 나뉜다. 노력하지 않는 그룹과 노력하는 그룹이다. 결과는 비슷할 수 있지만, 이 둘은 분명히 다르다. 노력하는 사람을 돕기 위해서는 모든 수단을 동원해야 한다.

지금이 바로 그럴 때였다. EMP에는 세계 최고의 와인 목록과 이를 전문적으로 안내할 수 있는 지식을 가진 서버들이 필요했지만, 그렇다고 해서 과도한 정보로 서버들을 혹사하고 싶진 않았다. 기대치가 너무 높았다. 단계를 추가하기 전에 기반을 탄탄히 다져야 했고, 속도를 더 내기 위해 속도를 늦출 필요가 있었다.

나중에 이 문구는 우리의 캐치프레이즈 중 하나가 되었다. 나는 팀원들에게 이렇게 말했다.

"각자 맡은 테이블마다 할 일이 산더미라 너무 바쁘죠. 그래도 단 10초면 되니까 컴퓨터에 입력한 주문을 다시 한번 확인해 주세요. 잘못 입력하면 여러분뿐만 아니라 손님의 밤을 망칠 수 있으니까요! 너무 빨리 가려다가 오히려 레스토랑 전체가 늦어질 수 있다는 것, 잊지 마세요."

대니얼과 나를 비롯해 모두가 레스토랑에 열정을 쏟고 있었고, 세련되고 고급스러운 서비스 경험을 위해서라면 못 할 것이 없었다. 하지만 너무 많은 일을 너무 빨리하려다가 흐름을 놓치고 말았다. 성과를 얻기 위해서는 기초를 튼튼하게 다져야 했다.

그래서 홀 팀이 익혀야 하는 내용을 과감하게 줄였다. 나 역시 음식이나 와인에 있어 전문가가 아니었기에 오히려 도움이 되었다. 팀원들과 함께 배우면서 꼭 알아야 할 내용이 무엇인지 파악할 수 있었고, 얼마나 많은 정보를 소화할 수 있는지도 가늠할 수 있었다.

2주마다 서버들을 대상으로 음식과 와인 테스트를 진행했다. 몇몇 직원들에게는 처벌처럼 느껴졌지만, 손님에게 제공해야 할 내용이 무엇인지 그들에게 정확히 알려 주었기에, 결과에 대한 책임도 명확했다. 하지만 매니저들이 만든 첫 번째 테스트를 보고 바로 취소했다.

"이걸 통과할 사람은 아무도 없어요! 저도 못 해요!"

이 테스트의 목적은 탈락시키거나 비난하기 위한 것이 아니라, 그들이 자신감을 가지고 필요한 지식을 배울 수 있도록 독려하기 위함이다. **열심히 노력하는 이들이 성공하는 데 필요한 자원을 갖출 수 있도록 하는 것**, 이것은 관리자가 맡아야 할 궁극적인 책임 중 하나다.

얼마 지나지 않아 나는 크리스토퍼 러셀 스타일의 열정적인 연설을 하게 되었다. 첫 식전 회의나 서른 번째 식전 회의가 아닌, 모든 직원이 서로 그리고 나와 소통하고, 자신들이 어떤 일을 하는지 명확히 알고 있다는 확신이 들었을 때 연설 자리를 마련했다.

"우리는 이 레스토랑을 뉴욕의 최고 레스토랑 중 하나로 만들 것입니다. 최고가 되는 것은 결코 쉬운 일이 아니죠. 하지만 우리는 그것을 즐겁게 만들 겁니다. 만약 그게 여러분과 맞지 않더라도 충분히 이해합니다. 그런 분이 계시다면 더 적합한 일을 찾을 수 있도록 도와드리겠습니다. 하지만 뉴욕에서 가장 흥미로운 레스토랑에서 일할 생각에 가슴이 뛴다면, 함께 갑시다. 이제 시작이니까요. 일관되게 행동하고, 공정하며 올바른 일을 하기 위해 노력할 것을 약속합니다."

그런 다음 크리스토퍼의 말을 인용했다.

"저는 제 역할을 명확하게 알고 있습니다. 제 역할은 레스토랑을 위해 최선을 다하는 것이지 여러분 중 누군가를 위해 최선을 다하는 것이 아닙니다. 레스토랑을 위해 최선을 다하는 것이 곧 여러분을 위한 최선입니다. 또한 제가 여러분 개개인을 돌볼 수 있는 유일한 방법은 언제나 레스토랑을 최우선으로 생각하는 것입니다."

마지막으로 이렇게 말했다.

"우리는 우리가 식사하고 싶은 곳을 만들 것입니다. 우리는 다음 세대를 위한 4스타 레스토랑을 만들 것입니다. 그게 우리의 목표입니다. 함께하시겠어요?"

최고의
환대를
위한
**의외의 길**。

,

## 세상에 당연한 것은 없다

"저기, 윌? 잠깐 얘기 좀 할 수 있을까요?"

내가 뭔가 크게 잘못한 모양이다. 초창기 타블라에 자주 오던 단골손님을 보고 반가운 마음에 잠시 테이블 앞에 서서 안부를 물으며 근황을 주고받았다.

몇 분 후, 서비스 디렉터가 나를 붙잡고 말했다.

"방금 42번 손님들이랑 대화하면서 테이블에 기대셨죠? 그건 파인 다이닝에서는 절대 하면 안 되는 일이에요. 우리는 테이블에 손을 올려놓지 않아요. 그렇게 하시면 안 돼요."

그 역시 상사를 나무라는 것이 꽤 어색하고 민망했을 것이다.

"어째서요?"

재수 없어 보이려던 게 아니라 진심으로 궁금했다.

"테이블을 건드리지 않는 건 파인 다이닝의 기본 중 기본이죠."

"그러니까 왜요?"

"저도 모르죠. 그냥 그러시면 안 돼요. 원래 그렇게 하지 않아요."

순간 어색한 정적이 흘렀다. 이 일은 내게 큰 의미로 다가왔고, 앞으로의 방향을 결정하는 데 많은 영향을 미쳤다.

EMP에 입사하기 전, 당시 대니의 회사에서 가장 격식 있는 레스토랑이었던 '더 모던'에서 단기 훈련을 받았다. 솔직히 불편했다. 그곳에서 일하는 사람들을 많이 알고 있었지만, 그들 눈에 나는 편한 옆집 카페 직원 정도였다. 그들은 EMP에서의 나의 새로운 역할에 대해 회의적인 반응을 숨기지 않았다. 심지어 한 선배 매니저는 내게 이렇게 묻기도 했다.

"거기로 간다고 성공할 것 같아? 너는 별 4개짜리 최고급 레스토랑에서 일해 본 적도 없잖아."

선배가 의도적으로 무례하게 군 건 아니며, 단지 내 경력과 관심사를 고려했을 때 그 역할에 적합하지 않다고 판단했던 것 같다.

하지만 세월이 흐르면서 별 4개짜리 최고급 레스토랑에서의 경험이 없다는 것이 내게는 약점이 아니라 강점이라는 걸 깨닫게 되었다. 나의 경험 부족은 오히려 서비스의 모든 단계를 비판적으로 살펴보고, 가장 중요한 고객 경험에 집중하게 해주었다. 즉 어떤 규칙이 우리의 궁극적인 목표인 사람들과의 관계 형성에 더 가까워지도록 만드는지, 아니면 더 멀어지게 하는지 살펴볼 수 있도록 해주었다.

대개 훌륭한 훈련은 우리가 하는 일을 더 잘하게 만든다. 운동선수는 공이나 라켓을 잡을 때 몸이 먼저 기억하도록 매일 연습한다. 즉, 완벽한 훈련은 우리가 왜 그런 행동을 하는지 일일이 생각하지 않고도 업무를 수행할 수 있게 해준다.

하지만 몸이 기억한다는 것이 때론 눈을 가리는 듯한 상태와 같을 수 있어서 항상 좋은 것만은 아니다. 파인 다이닝 출신들은 그동안 세심하게 교육받은 대로 일을 해왔고, 자신들이 따르는 규칙에 대해 비판적으로 생각하지 않았다. 그들은 그 규칙이 좋은 규칙인지 아닌지조차 판단하지 못했다.

**"왜 그렇게 하는 거죠?"라는 질문에 "항상 그렇게 해왔으니까요!" 라고 답한다면, 그 규칙은 다시 한번 들여다볼 필요가 있다.**


## 뿌 리 깊 은 장 벽 을
## 허 물 수 있 는 용 기

**때로는 아는 것이 적을수록 더 많은 것을 할 기회가 되기도 한다.** 나는 전통적인 것을 싫어하지 않는다. 변화를 주기로 결심한 순간에도, EMP의 성공 요인 중 상당 부분은 레스토랑 역사에 대한 깊은 애정, 파인 다이닝과 관련된 고전적인 의식에 대한 존중에 뿌리를 두고 있다고 생각했다. 하지만 전통에서 비롯된 규칙이 고객에게 도움이 되지 않거나, 최악의 경우 직원이 고객과 진심 어린 관계를 형성하는 데에 방해가 된다면? 그래서는 안 된다. 사실 이런 규칙에 대한 맹목적인 충성 때문에 오랜 전통을 자랑하던 별 4개짜리 최고급 레스토랑들이 안타깝게 문을 닫은 것은 아닌지 의문이 든다.

취향은 변한다. 내 증조할머니는 MoMA의 벽에 걸린 작품들을 예술로 인정하지 않으셨겠지만, 두 세대가 지난 지금 나는 그 작품들을 애정한다. 마찬가지로, 나와 내 친구들은 웨이터가 등 뒤로 양손을 모으고 테이블 옆에 인형처럼 가만히 서 있는 그런 곳에는 가고 싶지 않다. 대신 서버들이 손님들 앞에 놓인 새하얀 식탁보에 손을 잠깐 얹고 대화를 나눌 수 있을 만큼 편안하고 친근한 분위기에서 시간을 보내고 싶다.

결과적으로, 테이블 위에 손을 올려놓는 것은 우리 레스토랑에서 제외한 첫 번째 파인 다이닝 규칙이 되었다.

얼마 지나지 않아 수플레를 '잘못된 방식'으로 제공하기 시작했다. 기술적인 설명은 생략하겠지만, 고전적인 방식에서 서버는 수플레를 제공할 때 손님으로부터 몸을 돌려야 했는데 이때 팔꿈치가 손님의 얼굴에 가까이 닿았다. 하지만 내 '잘못된 방식'은 서버가 손님과 눈을 맞추고 대화를 나눌 수 있게 해줬다. 이것은 내게 중요한 우선순위였다. 나중에는 요리사들이 흰 셰프복 차림으로 음식을 제공했으며, 음식을 설명할 때 무릎을 꿇는 것이 편하면 그렇게 해도 괜찮았다.

이런 비전통적인 방식은 파인 다이닝 팀을 돌아버리게 했다. 그런데 우리가 기본적인 것도 제대로 하지 못한다면, 어떻게 『뉴욕 타임스』에서 별 하나를 더 받는 꿈을 꿀 수 있을까? 수플레를 아무렇게나 제공해도 좋다는 뜻이 아니다. 다만 전통이 환대에 방해가 되면 안 된다는 의미다.

또 다른 예로, EMP에서는 손님에게 작별 선물로 카늘레 한 봉지를 줬다. 그런데 말이 쉽지, 카늘레를 만들려면 럼과 바닐라 향으로 풍부한 맛을 내야 하고, 특수 제작한 구리 틀에 버터와 밀랍을 발라 구워야 한다. 카늘레는 특히나 만들기 어렵기로 소문난 프랑스 전통 과

자다. 직원들은 손님들이 문을 나서는 마지막 순간까지 감동할 만한 인상적인 선물을 주고 싶었던 것이다. 하지만 나에게는 불필요해 보였다. 우리와 함께한 식사 자체로 고객에게 감동을 주지 못한다면, 그 작은 선물은 부질없는 것이다. 최상의 경우 집에 가는 택시 안에서 한입에 먹어 치울 것이고, 최악의 경우 주방에서 그대로 썩어버릴 것이다. 카늘레는 우리 관점에서는 최고의 선물이었지만, 고객에게도 최고의 선물이었을까? 이에 대해서는 미처 생각하지 못했던 것이다.

"우리가 얼마나 대단한지 좀 보세요!"

이처럼 자기 능력을 과시하는 데 너무 몰두하면 가장 중요한 고객 만족을 놓치게 된다. 결국 카늘레 대신 그래놀라를 선물하기로 했다. 대부분은 아침에 생소한 프랑스 과자보다 그래놀라와 요거트 한 그릇에 행복을 느낄 것이다. 잎사귀 모양의 식당 로고가 새겨진 병에 최고급 코코넛과 피스타치오 그래놀라를 담았다. 호화로운 식사가 끝난 후에도 손님들에게 마치 누군가의 집에서 환영받은 듯한 느낌을 주기 위한 것이었다.

**레스토랑을 비롯한 모든 고객 서비스 직종의 목표는 고객과의 관계 형성이다. 환대는 장벽을 세우는 것이 아니라 허무는 것이다!** 장벽을 허물기 위한 체계적이고 의도적인 방법을 찾기 위해 노력했다. 그중 일부는 복잡했지만, 가장 중요한 것은 고객과 진정한 관계를 형성하고, 그들과 관계를 강화하는 데 필요한 노력을 기울이는 것이었다.

## 이력서가 아닌
## 사람을 봐라

　　EMP 초창기에 나는 레스토랑에서 살다시피 했다. 테이블 정리를 도와주거나 불만스러워하는 손님을 응대하는 등 도움이 필요할 때 주저하지 않았다. 직원들에게 함께 일하는 리더의 모습을 보여 주는 건 좋은 일이다.

　하지만 진짜 의도는 내가 없을 때도 레스토랑이 잘 돌아갈 수 있게 하기 위함이었다. 내가 혼자서 얼마나 많은 사람을 챙기느냐는 중요하지 않다. 그것은 순전히 숫자 싸움이다. 더 많은 사람이 함께할 때 효력이 발휘된다. 아무리 작은 규모의 레스토랑이라도 매니저 혼자서 모든 테이블과 손님들을 신경 쓸 수는 없다.

리더는 직원들이 할 수 있다는 것을 믿어야 한다. 즉, 의미 있는 변화를 일으키려면 훌륭한 팀과 함께해야 한다.

　그래서 나는 의도적으로 파인 다이닝 경험이 있는 서버들을 멀리했다. 우리의 의도는 더욱 품격 있는 서비스를 제공하는 것이었지만, 파인 다이닝에서 일했던 사람들은 이미 나쁜 습관을 너무 많이 갖고 있었다. 이에 환대에 대한 올바른 태도와 철학을 가진 사람들을 찾기 시작했다.

　길에 떨어진 스카프를 모른 척하지 않고 돌려주는 사람, 새로 이사 온 가족을 환영하기 위해 쿠키 한 접시를 가져다주는 사람, 지하철 계단에서 낯선 사람의 무거운 유모차를 들어주는 사람, **어떤 금전적 이**

득이나 카르마적 보상을 위해서가 아니라 다른 사람에게 친절을 베풀어 자신의 하루를 더 기분 좋게 만드는 사람, 즉 환대가 몸에 밴 사람을 찾고 있었다.

그래서 새로 합류한 직원이 와인에 대해 잘 모르거나 'turbot'*을 발음할 줄 몰라도 상관없었다. 우리가 하는 일에 열정적이고 흥미가 있다면, 그런 것들은 얼마든지 가르칠 수 있었다.

나는 곧바로 새로운 정책을 시행했다. 우리가 고용한 모든 직원은 접시 나르는 서버 일부터 시작했다. 이전에 다른 곳에서 매니저였을지라도 이곳에서는 가장 낮은 직급부터 시작해야 했다.

실제로 이것은 채용 과정에 아주 효과적으로 활용되었다. 만약 누군가 주방 서버로 시작하는 것에 주저한다면 그 사람은 우리가 찾는 사람이 아니다. 그리고 이 시스템은 직원을 교육하는 전반적인 과정에 도움을 주었다. 왜냐하면 우리가 그들에게 알려 주고자 하는 것은 와인 병을 따는 방법보다 훨씬 더 중요한 것들이기 때문이다.

문화는 가르칠 수 있는 것이 아니라 경험을 통해 몸으로 익혀야 한다는 말은 진부한 표현 같지만 사실이다. 그렇다면 대니얼이 만든 음식의 본질을 이해하는 데 있어, 6개월 동안 주방에서 손님 테이블로 접시를 직접 나르는 것보다 더 좋은 방법이 있을까? 여기서 더 중요한 것은, 직원들에게 기술적인 부분을 가르치는 동안에도, 우리가 만들고 있는 문화를 충분히 습득할 기회를 제공한다는 점이다. 그것도 그

●
가자미 류

들이 손님과 직접 대면하는 핵심 담당자가 되기 훨씬 전부터 말이다.
이렇듯 팀에 어울리는 최적의 인재를 고르고
찾는 것이 성공을 향한 핵심 전략이었다.

## 어떤 사람과
## 함께할 것인가

영화에서 한 병사가 "엄호해 줘!"라고 외치면서 적
진으로 침투하는 순간, 부대원들이 적에게 포격을 퍼부으며 그가 들
판을 가로질러 달릴 수 있도록 보호하는 장면을 한 번쯤 보았을 것이
다. 레스토랑에 비유하기엔 좀 과장되긴 하지만, 같은 편인 사람들을
믿지 못한다면 결국 크든 작든 환대는 불가능할 것이다.

EMP가 한창 성장하고 있을 때, 팀 전체가 내 뒤를 든든히 받쳐주
고 있다는 믿음이 있었다. 예를 들어 테이블을 정리하고 있는데 손님
이 내게 말을 건다면? 더러운 접시를 들고 서서 이야기하는 모습만큼
은 보여 주고 싶지 않았지만, 동시에 손님과 소통할 기회를 놓치고 싶
지도 않았다. 결국 나는 손목에 쥐가 날지언정 접시를 몸 뒤로 숨겼
다. 몇 초 사이에 누군가 와서 그릇을 가져갈 것이라는 확신이 있었기
에 가능한 일이었다.

이것은 하루 동안 수천 번 발생할 수 있는 작은 예시 중 하나에 불
과하지만, 신뢰로 이루어지는 팀이 어떻게 운영되는지 보여 주는 사례

다. 또한 채용이 얼마나 깊은 책임감을 요구하는지를 보여 준다. 왜냐하면 **채용이란 당신을 대표하고 지지할 사람을 고용하는 것이 아니라 이미 당신과 함께 일하고 있는 팀을 대표하고 지지할 사람을 고용하는 것이기 때문이다.**

팀의 사기는 한 사람에 의해 쉽게 좌우될 수 있으며, 긍정적이든 부정적이든 팀의 균형에 상당한 영향을 끼친다. 낙천적이고 열정적이며 진심으로 남을 배려하는 사람을 영입하면 주변 사람들도 그 긍정적인 기운을 받아 상승효과를 낼 수 있다. 반면에 게으른 사람을 영입하면 팀 전체의 품격이 떨어지지 않도록 기존 직원들이 두 배 더 노력해야 한다.

**팀의 에이스 직원을 존중하고 위하는 최고의 방법은 그 주변에 다른 에이스를 배치하는 것이다.** 이렇게 함으로써 더 많은 인재를 유치할 수 있다. 또한 직원들이 일에 최선을 다하기를 바라는 만큼 채용 과정에도 신중한 노력이 필요하다. 의욕 없는 사람을 팀에 배치하면서 기존 직원들이 계속해서 최선을 다해 주길 바랄 수는 없다. **혁신적이고 특별한 제품이나 경험을 만들어낼 때처럼, 팀을 구성할 때도 높은 기준을 설정해야 한다.**

그래서 천천히, 신중하게 직원을 채용해야 한다. 인력 부족으로 곤란한 상황이 되면 관리자들은 서둘러 그 자리를 채우려고 한다. 인력이 절실하게 필요하다 보면 "뭐, 이 사람이 나빠 봤자 얼마나 나쁘겠어?"라고 생각하게 된다. 그 마음도 이해한다. 나 역시 비슷한 경험을 한 적이 있다. 사람을 잘못 들여 그들이 일으킨 피해를 팀이 오롯이 견뎌야 했고, 3주 후에야 다시 원점으로 되돌릴 수 있었다. 그 과정이 너무나 힘들었는데, 그럴 바에는 적합한 인재를 찾을 때까지 일주일에 몇 시간 더 근무하는 편이 훨씬 낫다.

누군가 내게 이런 말을 한 적이 있다.

"채용할 때 자신에게 물어봐야 할 게 있어요. 이 사람이 핵심 팀원이 될 수 있을까? 당장 그럴 필요는 없어도 그럴 가능성이 있는 사람인가? 그런 사람이어야 한다."

우리는 큰 도약을 준비하고 있었기에, 팀원 중 누군가 "엄호해 줘"라고 외쳤을 때 다른 팀원이 확실하게 지원해 줄 것이라는 확신이 필요했다.

CHAPTER 08

하나 되어
만들어낸
**특별한
순간.**

'

## 혼자가 아닌 원팀의 힘

많은 사람이 레스토랑 일을 선택하는 이유는, 자신이 진정으로 하고 싶은 일에 시간과 에너지를 쏟으면서도 생계유지를 할 수 있는 유연하면서도 재밌는 곳이기 때문이다. 예전 EMP에서는 서버들이 자신의 근무 시간을 자유롭게 조정할 수 있어서 예술학교에 다니거나 브로드웨이 데뷔를 준비하기도 했다.

하지만 우리는 빠른 속도로 더 많은 것을 필요로 하는 레스토랑이 되었고, 음식과 와인 테스트는 누가 그 도전에 적합한지, 누가 떠나야 하는지를 판단하는 기준이 되었다. 어떤 이들은 우리가 하려는 일을 이해하고 함께하길 원했지만, 또 다른 이들은 덜 헌신적인 일을 하고 싶다며 떠났다.

사실 레스토랑 문화가 완전히 자리 잡기 전에는 채용이 정말 어려웠다. 공석이 나면 완벽하게 훈련되어 있지 않더라도 우리의 사명에 대한 열정과 에너지가 넘치는 사람을 찾아 팀에 합류시키곤 했다. 하지만 그렇게 사명감이 넘치던 사람도 일부 동료들의 부정적인 태도에 영향을 받기 마련이다. 여전히 파인 다이닝 팀은 콧대가 높았고, 기존 팀원들은 주장을 굽히지 않았다.

유망하다고 생각되는 사람들을 서너 번 고용한 적이 있다. 하지만 그들이 품었던 열정의 불꽃은 금세 사그라들었고, 한 달을 채 버티지 못하고 그만뒀다.

그래서 또다시 공석이 생겼을 때 그 자리를 채우기 위해 서두르지 않았다. 대신 다른 공석이 생길 때까지 기다리고 또 기다렸다가 세 명의 훌륭한 인재를 동시에 고용했다. 한 명의 신입이 열정의 작은 불씨를 지키기 위해 홀로 몸부림치게 하는 대신, 세 명이 뭉쳐 아무도 끌 수 없는 모닥불을 피우게 했다.

"여러분은 대학에 입학한 것처럼 한 반이 된 거예요. 서로 의지하고 지지해 주세요."

이후 신입사원 회의 때마다 이 말을 강조해서 들려주었다. 신입 직원들이 서로의 경험을 공유하고 원팀으로 한마음이 된다면, 레스토랑에 놀라운 영향을 미칠 수 있다는 것을 알려 주고 싶었다.

## 완벽을 향해
## 함께 달리기

초창기 EMP에서는 수프 코스를 제공할 때, 6인용 테이블을 세 명의 직원이 담당했다. 제대로 수행한다면 세 명의 직원이 동시에 테이블에 도착해서 왼손에 들고 있던 그릇을 테이블에 올려놓고, 한 발짝 옆으로 이동한 후 오른손에 들고 있던 그릇을 왼손으로 옮긴 후 그 그릇도 내려놓아야 한다. 그런 다음 동시에 여섯 그릇의 뚜껑을 열어 아름다운 조화를 이뤄야 한다.

많은 파인 다이닝에서는 동시 서비스를 제공하기 위해 그릇을 동시에 내려놓도록 가르친다. 두 명의 직원이 테이블 주위를 서성이며 마지막 세 번째 직원이 오기를 기다리던 모습을 나는 여러 차례 목격했다. 우아해야 할 순간이 오히려 어색하게 느껴졌다.

그릇을 동시에 내려놓지 않는다고 해서 세상이 끝나는 건 아니다. 하지만 그리 아름다운 모습도 아니다. 특정 서비스를 제공하기로 한 이상 세심한 부분까지 신경을 써야 했다. 무용가들이 안무를 익혀 옆 사람과 조화로운 춤을 선보이듯 우리도 안무를 하는 것이나 마찬가지였다. 뒤에서 오는 직원이 앞에 있는 직원과 동시에 테이블에 도착하려면 조금 더 빨리 움직여야 하고, 먼저 도착한 직원은 뒤에서 오는 직원을 위해 조금 더 천천히 움직여 시간을 벌어 줘야 한다. 한 바퀴 돌고, 첫 번째 그릇을 내려놓고, 옆으로 한 발짝 이동하고, 그릇을 오른손에서 왼손으로 옮긴 다음 두 번째 그릇을 내려놓고, 마지막으로 뚜껑을 연다.

우리는 이걸 세부적으로 연습했다. 연습하고, 연습하고, 또 연습했다. 하루는 팀원 두 명과 마치 1950년대 영화에서 무용가들이 꽃처럼 피어나는 장면을 상공에서 찍은 것처럼 완벽하게 서빙했다.

주방으로 돌아와서 팀원 중 한 명이 나를 보고 활짝 웃으며 하이파이브를 건넸다. 우리는 완벽하게 해냈고, 그도 나처럼 도파민이 솟

구치는 걸 느꼈으리라. 성취하고자 하는 목표를 가지고 세심하게 관심을 기울여 마침내 이루어냈고, 그런 자신이 자랑스러웠던 것이다.

오픈 전 직원 식사 시간에 나누는 대화가 달라지기 시작했다. 이제는 새로 생긴 술집이나 연애 이야기 대신 전날 저녁에 자신들이 담당했던 테이블에 관해 이야기하면서 손님들을 기쁘게 만든 경험들을 공유했다.

직원들은 서로 주고받은 환대에 관해 이야기했고, (다른 곳에서 먹었던 식사에 대한 생생한 후기를 들려줄 때보다 더 기뻤다. 환대를 직접 받아보는 것만큼 좋은 동기부여는 없다.) 동료들은 그 말을 경청했다.

자신과 같은 가치를 가진 이들을 발견하면, 굳이 열정을 숨길 필요가 없다. 오히려 당당하게 외치게 된다. 그리고 함께 일하는 사람들이 주저하지 않고 최선을 다할 때, 우리는 함께 최정상에 도달할 수 있다. 성공하기 위해 자신의 빛을 어둡게 할 필요는 없다.

## 모든 사람에게
## 모든 것이 되려 하지 마라

나는 아버지에게서 의도의 중요성에 대해 배웠다. 자신이 무엇을 하려는 것인지 정확히 알고 있어야 하고, 모든 행동은 그 목표를 위한 것이어야 한다. 또한 대니를 통해 조직의 목표와 의도를 직원들에게 명확히 전달하는 것이 얼마나 중요한지도 배웠다.

하지만 EMP에서 아직 그걸 실천하지 못하고 있었다. 나와 대니얼은 본능적으로 마음이 통했고, 긴 대화를 나누며 함께 계획하고 꿈꾸었다. 그러나 EMP에는 150명의 직원이 있었고 그들과 한마음이 되어야 했다. 그러기 위해서는 우리만의 언어가 절실했는데, **언어는 직관에 의도를 부여하고, 다른 사람과 비전을 공유하게 만드는 힘을 가지고 있다.**

우리의 비전을 명확하게 표현할 언어를 찾고 싶었다. '다음 세대를 위한 4스타 레스토랑을 만드는 것'이라는 목표가 있었지만, 그것은 '무엇What'을 할 것인가에 대한 것이었다. 이제는 '어떻게How'가 필요했다.

각종 리뷰와 비평 글들을 하나도 빠짐없이 전부 다 읽었다. 『뉴욕타임스』의 저명한 평론가들뿐만 아니라 다른 사람들이 우리가 하는 일에 대해 어떻게 생각하는지 늘 관심을 갖고 찾아보았다. **만약 당신의 비즈니스가 사람들을 행복하게 만드는 것과 관련이 있다면, 사람들의 생각에 세심한 관심을 기울여야 한다.** 비평의 글을 읽지 않는 순간 안주하게 되고, 머지않아 긴장감을 잃게 된다.

하지만 한두 사람이 어떤 것을 싫어한다고 해서 매번 무언가를 바꿀 필요는 없다. 혹 많은 사람이 싫어한다고 해도 마찬가지다! **모든 사람에게 모든 것이 되려고 한다면, 이는 자기주장이 없다는 증거다. 영향력을 미치고 싶다면 자기주장은 반드시 있어야 한다.**

레스토랑업은 창의적인 일이다. 독창성을 추구하는 작업은 대부분 명확한 옳고 그름이 없다. 우리의 선택은 언제나 주관적이며, 의견 차이의 문제일 뿐이다.

비평은 우리의 관점에 도전장을 내밀거나 적어도 진지하게 고민하게끔 함으로써 성장할 기회를 제공한다. 비판받은 부분을 바꾸지 않을 수도 있고, 완전히 다른 방향으로 갈 수도 있다.

중요한 것은 결과가 아니라 과정이다. 다른 관점을 받아들이고 새로운 결정을 하는 과정을 통해 우리는 성장한다.


## 당신의 행동은 의도적인가

"이곳은 '마일스 데이비스'스러울 필요가 있다."

이 문구는 2006년 4월 모이라 호지슨이 『뉴욕 옵저버The New York Observer』에 기재한 EMP에 대한 기사다. 내가 EMP에 들어오기 몇 달 전, 그리고 대니얼이 들어온 지 몇 달 후에 나온 기사였는데, 호지슨은 별 4개 중 3.5라는 아주 후한 별점을 주었다. 아직 음식을 제대로 제공하지 못하고 있던 상황을 고려하면 과하게 높은 점수였다.

마일스 데이비스는 디지 길레스피나 듀크 엘링턴처럼 대중적인 음악을 만들고 연구하는 대신, 앨범마다 급진적이고 과감하게 자신을 표현하고 재창조했다. 이는 종종 팬들을 낯설게 만들고 비평가들을 분노케 했지만, 동시에 현대 음악에 도전과 변화를 불러오는 계기가 되기도 했다.

데이비스의 영향력은 놀랄 만큼 다양하고 광범위했다. 그는 미국 예술의 본질인 재즈를 재창조하면서도 서구 세계의 록, 팝, 플라멩코, 클래식은 물론 인도와 아랍 음악에 이르기까지 광범위하게 섭렵했다.

또한 그는 까다롭기로 유명했다. 멍청한 질문을 하는 기자에게 소리를 지르기도 했고, 심지어 관객들에게 등을 돌리는 것으로도 유명했다. 그렇지만 그는 훌륭한 협력자였다. 20세기를 빛낸 위대한 음악가들과 함께 음악을 만들고 그들을 홍보하는 데 열심이었다. 존 콜트레인, 빌 에반스, 캐논볼 애덜리, 웨인 쇼터, 레드 갈란드, 폴 챔버스, 윈튼 켈리 등 수많은 음악가와 함께 작업했다. 다른 음악가들과 자유롭고 개방적으로 협력했을 뿐만 아니라 그들이 자신의 목소리를 찾고, 자신만의 프로젝트를 만들고, 자신의 분야에서 성장할 수 있도록 격려했다.

호지슨 기사에 음악가가 언급된 것은 행운이었다. 왜냐하면 나는 음악을 사랑하고 평생 음악을 해왔기 때문이다. 기사를 본 이후 데이비스의 음악을 더 자주 듣고, 그의 음악과 창작 과정에 관한 기사나 글들도 모조리 찾아봤다. 특히 다른 음악가들이 그의 새로운 시도에 대해 어떻게 이야기했는지, 또 그 과정을 통해 그가 업계에 어떤 영향을 끼쳤는지 궁금했다.

이후 한두 달간 팀원들과 함께 비평가나 다른 음악가들이 데이비스에 대해 자주 언급했던 단어들의 목록을 만들어봤다.

멋있다. 끝없는 재창조. 영감을 주다. 발전하다. 신선하다.
협력적이다. 즉흥적이다. 활기차다. 모험적이다. 가볍다. 혁신적이다.

이 목록은 우리 마음에 깊이 와닿았고, 우리에겐 너무나 중요한 로드맵이 되어주었다.

호지슨이 우리에게 무엇을 전하려고 했던 것인지는 여전히 의문이었지만, 데이비스와 그의 작업 방식을 알면 알수록 우리가 나아갈 방향도 조금씩 명확해졌다. 데이비스를 연구하면서 우리의 야망과 가치, 그리고 우리가 되고자 하는 모습을 잘 표현할 수 있는 열한 가지 단어를 찾을 수 있었다. 이렇게 우연히 읽은 한마디 글귀가 우리에게 최고의 선물이 되어주었다.

기사는 옳았다. 레스토랑이 발전하려면 '마일스 데이비스'스러울 필요가 있었다. 레스토랑 로고 아래에 저 단어들을 적은 표지판을 만들어 주방에 걸어두었다. 표지판은 시금석이자 길잡이가 되어주었고, 책임감을 느끼게 했다. 새로운 아이디어를 내거나 어려운 결정에 직면할 때마다 그 목록을 보았다. 그간 레스토랑은 급진적으로 발전했고, 목록에 적힌 단어에 충실하기만 하면 문제없을 것이라고 믿었다.

목록의 첫 번째 단어는 '멋있다'였다. 다음 세대를 위한 4스타 레스토랑을 만들려면 무엇보다 멋있어야 한다.

많은 사람이 우리 레스토랑을 '끊임없이 혁신하는 곳'이라고 정의했다. **세계 최고가 되기 위해서는 진정성이 있어야 하며, 자신이 원하는 것을 다른 이에게 제공할 수 있어야 한다.** 우리는 성장하고 발전하

는 만큼 목표하는 바가 달라졌고, 그에 따라 다른 이에게 주고 싶은 것
도 달라졌다.

'협력적이다'는 마치 강조된 듯 우리 눈에 띄었고, 목록에 있는 다
른 단어들에 대한 이해를 가능하게 하는 '열쇠' 역할을 해주었다.

## 함께할 때
## 이기는 전략

기업이 확장할 때 흔히 "크게 성장할수록 더 작게
행동해야 한다"라고 말한다. (이 말은 쉐이크쉑의 좌우명이었다.) EMP 초창기,
이와는 다른 방향으로 나아갔다. 비록 큰 회사에 속한 레스토랑이었
지만 자율성을 가지고 독립적으로 운영했다. 작지만 크게 행동하고 싶
었다.

우리는 노드스트롬, 애플, 제트블루 같은 훌륭한 기업 문화를 갖
춘 회사들을 살펴보았다. 이들은 전략기획회의 또는 여러 부서가 모여
회사의 성장 방안을 논의하는 장시간 회의를 진행하고 있었다.

아직 레스토랑 업계에서는 흔치 않은 일이어서 그랬는지 모르겠지
만, 이것은 우리에게 큰 깨달음을 안겨 주었다. 또 한편으로는 안도감
도 들었다. 그동안은 나와 대니얼 단둘이 모든 결정을 내리고 목표 설
정을 해왔다. 레스토랑과 음식, 환대를 사랑하는 당찬 젊은 친구들을
두고 왜 둘이서만 고군분투했을까? 우리가 아무리 야심 차고 혁신적

이어도 전체 직원의 아이디어를 따라잡을 수는 없는데 말이다.

회사의 목표를 고민하고 아이디어를 논의하는 데에 팀원들을 참여시킬수록 목표를 달성할 가능성이 높아진다는 걸 깨달았다. **모두가 함께한다면 더 많은 그리고 더 좋은 아이디어들이 만들어지고 주인의식도 생겨날 것이다.**

첫해에는 '우리는 무엇을 대표하고 싶은가?'라는 질문을 던졌다.

따뜻함을 잃지 않으면서도 훌륭한, 기준을 낮추지 않으면서도 현대적이고 세련된 뉴욕 최고의 레스토랑을 만들고 싶었다. 그러나 그 여정을 시작하기에 앞서 먼저 개인으로서, 그리고 팀으로서 우리 자신을 어떻게 특징 지을지부터 고민해야 했다.

첫 번째 전략기획회의는 2007년에 열렸다. 하루 레스토랑 문을 닫고 EMP의 모든 직원을 초대해 미래에 대한 계획과 전략을 함께 세웠다. 우리가 연구한 많은 회사에서 전략기획은 고위 경영진의 몫이었다. 하지만 우리는 부총지배인을 비롯해 주방장, 설거지 담당자, 보조 요리사, 보조 서버(테이블 정리 담당을 보조 서버라고 부른다)까지 모두 참여했다.

당일 나는 회의 콘셉트를 소개하고, 회의에서 우리가 얻고자 하는 바와 버리고자 하는 바를 설명했다. 그 후 직원들은 열 개의 그룹으로 나누어 토론을 이어갔다. 나는 최대한 참견하지 않고 지켜보기만 했다. 그 시간은 온전히 그들의 것이었다.

누구도 자유롭게 말할 수 없다고 느끼지 않도록, 홀과 주방 매니저들에게 하루 전에 전략적으로 계획을 세우도록 했다. 팀 회의 당일, 매니저들은 각자 다른 역할을 맡았다. 수석 셰프들은 홀로 나와 직원들의 맞춤 샌드위치 주문을 받았고, 홀 매니저들은 주방에서 음식을 준비했다. 두 그룹이 역할을 바꿈으로써 매일 밤 상대가 겪는 어려움을 새롭게 인식하게 되었다.

오후에는 열 개의 그룹이 돌아가며 아이디어를 발표했는데, 각자의 생각이 얼마나 일치하는지 확인할 수 있었다. 결국 네 개의 단어가 취합되었다. 이 단어들은 개별적으로는 특별하지 않지만, 함께 실현한다면 혁신적인 것들이었다.

교육과 열정은 두말할 필요가 없었다. 가르침과 배움을 기반으로 한 조직 문화를 만들고 자신이 모르는 것에 대해 호기심을 갖고, 알고 있는 것을 기꺼이 나누는 사람을 고용하고자 했다. 또한 우리가 이루고자 하는 목표에 우리만큼 열정과 뜨거운 마음을 가진 사람을 원했다. 하지만 나머지 두 단어와 그사이에 내재한 갈등은 우리가 앞으로 해 나가야 할 모든 일에 영향을 미쳤다.

공동의 목표를 향한 열정적인 헌신을 나누는 사람들에게
둘러싸여 있다면, 어떤 것이든 가능하다.

하워드 슐츠 Howard Schultz

## CHAPTER 09

완벽과
환대의
**조화**。

## 상충하는 목표가 혁신을 만든다

환대와 완벽, 이 둘은 친해질 수 없다. 만약 완벽함과 세부적인 것에 너무 집착하지 않는다면 따뜻한 환대 문화를 만드는 것은 그리 어렵지 않다. 서버가 콜라를 까먹고 안 가져오면 뭐 어떤가? 친구 사이에 실수 좀 한다고 뭐가 문제겠는가? 직원들에게 잔뜩 겁을 주어 기술적인 실수를 하지 않도록 만드는 건 쉽다. 하지만 윤리적인 문제를 떠나, 직원이 혹 실수할까 봐 늘 노심초사하며 일한다면 편안하고 자신감 있는 모습으로 손님과 소통할 수 있을까?

실제로 첫 번째 전략기획회의를 통해, 이 두 개념 사이의 긴장을 느낄 수 있었다. 어떤 이들은 환대와 따뜻함 그리고 소통의 중요성에 대해 열의를 보이는가 하면, 어떤 이들은 철저하게 훈련된 직원과 뭐 하나 빠지는 것 없이 완벽한 레스토랑을 만드는 것이 최우선이라고 주장했다.

환대와 완벽을 목록에 나란히 놓은 것은 상반되는 두 개념에 접근하는 것에서부터 성공이 비롯되기 때문이다. 정말 어려운 일이지만 성공하기 위해서는 이 두 가지를 모두 해내야 한다. 이것은 '혹은', '또는' 과 같은 선택의 문제가 아니다. 경영 전문가 로저 마틴은 이것을 '통합적 사고'라고 불렀다. 그는 자신의 저서『더 많이 하는 것이 더 좋지 않을 때 *When more is not better*』에서 리더는 상반되는 목표를 선택하기 위해 노력해야 한다고 주장했다.

예를 들어, 사우스웨스트 항공은 미국에서 가장 저렴한 항공사이자 고객과 직원 만족도에서 1위를 달성하겠다는 목표를 세웠다. 이 목표들은 서로 상충하는 것처럼 보일 수 있다. 물론 실제로 그렇다. 그러나 그들은 세 가지 목표를 모두 성공적으로 이뤄냈다. 이러한 상충하는 목표에 대한 끊임없는 노력을 통해 좋은 결과를 이끌어낼 수 있었다. 실제로 지난 반세기 동안 사우스웨스트 항공은 미국에서 가장 수익성 높은 항공사로 자리 잡았다.

마틴의 말처럼 **상반된 목표들은 혁신을 만든다.** 우리는 이것을 직접 경험했다. 내가 EMP에 입사했을 때 한 그룹은 정확함과 완벽함을 위해 환대를 소홀히 했고, 다른 그룹은 정확함과 완벽함은 떨어지지만 따뜻한 환대를 제공했다. 우리와 쭉 함께해 온 이들은 다른 그룹이 추구하는 방향의 장점까지 볼 수 있었다.

두 단어를 모두 목록에 올림으로써 우리는 환대와 완벽 사이에 내재한 갈등을 인식할 필요가 있음을 인정하고 있었다. 이 모순을 탐구하고 받아들여야 했고, 두 가지 상반된 개념을 융합하고 동시에 구현해야 했다.

# 일,
## 그 이상의 의미

내가 서비스 업계에 입문할 당시, 부모들은 자녀가 레스토랑 일을 하는 것에 대해 못마땅해하던 추세였다. 부모들은 자녀가 다른 사람을 접대하는 일을 하는 걸 원치 않았으며, 그 일을 직업으로 삼는 것은 더더욱 원치 않았다.

다른 사람을 대접하는 것이 자신을 낮추는 것처럼 느껴질 수 있다. 그러나 자신이 하는 일의 중요성과 다른 사람에게 끼치는 긍정적인 영향을 인정하고 인식한다면, 더는 그렇게 느껴지지 않을 것이다.

나는 첫 번째 전략기획회의를 마치면서 이렇게 말했다.

"환대의 시각으로 서비스업을 바라보는 순간, 그 안에 고귀함이 있다는 것을 알게 됩니다. 우리가 사람의 생명을 구하지는 못하지만, 잠시나마 쉴 수 있는 공간을 만들어줌으로써 더 나은 하루를 선물할 수는 있어요. 저는 이 모든 게 기회가 아닌 책임이자 자부심을 느껴야 할 이유라고 생각합니다."

유치하게 들릴지 몰라도 **우리가 하는 일이 세상을 좀 더 멋진 곳으로 만들 수 있다고 생각한다. 왜냐하면 우리를 찾아온 사람들을 친절하게 대하면 그들도 다른 사람들에게 친절을 베풀 것이고, 그렇게 친절은 계속 이어질 수 있기 때문이다.** 이런 생각을 하면 지쳐 있다가도 정신이 번쩍 든다.

직원들 스스로가 자신이 맡은 일이 얼마나 중요한지 깨닫도록 돕는 것을 내 사명으로 삼았다. MoMA에서도 손님을 단순히 점심을 먹으러 온 고객으로 보지 않고, 세계 최고의 미술관에서 영감을 얻고자 하는 꿈을 이루기 위해 찾아온 모험가라고 생각했다. 이런 생각의 전환은 직원들의 태도에 자연스러운 변화를 가져왔고, 손님들이 받는 환대에도 큰 영향을 미쳤다.

부동산 콘퍼런스에서 연설한 적이 있는데, 그때 누가 열정과 목적을 가지고 일하는지 한눈에 알아볼 수 있었다. 대부분 집을 판매한다고 말하지만, 열정과 목적을 가지고 일하는 사람들은 그 이상의 의미를 부여하고 있었다. 이는 모든 산업에 해당한다. 예를 들어, 금융 서비스업에서 일하는 사람이라면 단순히 금융 관련 일을 하는 것일 수도 있지만, 한 가족이 미래를 준비할 수 있도록 계획을 세워주는 일일 수도 있다. 보험업계에 종사하는 사람이라면 단순히 보험 관련 일을 하는 것일 수도 있지만, 어떤 일이 발생했을 때 누군가와 그의 가족에게 안전함을 제공하는 일일 수도 있다. 이것은 일을 하러 가는 것이 단순히 직업을 수행하기 위한 것인지, 아니면 자신보다 더 큰 무언가의 일부가 되기 위한 것인지의 차이를 만든다.

우리는 어떤 일을 하든 그 일을 통해 누군가의 삶에 긍정적인 영향을 미칠 수 있다. 자신의 일이 왜 중요한지 자신에게 설명할 수 있어야 한다. 특히 리더라면 팀원들이 그 의미를 찾을 수 있도록 격려해야 한다.

## 의미 있는
## 경쟁자를 찾아라

전략기획회의 다음 날, 레스토랑은 기대와 흥분으로 가득 차 있었다. 그 뜨거운 열기는 몇 주간 이어졌다. 열정적이고 창의적인 팀원들은 레스토랑이 나아갈 방향에 대해 의견을 내기 시작했고, 주인의식을 갖게 되면서 더욱 열심히 일하고자 하는 의지가 생겨났다.

그야말로 하루 만에 많은 것을 얻은 셈이었다. 나는 앞으로 더 일관되고 창의적인 방법으로 협력하는 문화를 만들 생각에 설렜다. 결과는 성공적이었고 그럴수록 더 욕심이 생겼다. 그렇게 모든 사람이 매일 협력하길 바랐다.

사이먼 시넥이 쓴 『인피니트 게임$^{The\ Infinite\ Game}$』에서는 의미 있는 경쟁자를 선택하는 것의 중요성에 대해 이렇게 말한다.

"당신보다 일을 더 잘하는 회사를 선택하라. 당신의 약점이 드러나고 당신이 계속 발전하고 나아갈 수 있도록 만드는 그런 회사를 선택하라."

이 글을 읽는 순간 2006년 말 퍼 세에서 대니얼과 함께했던 저녁 식사, 더 정확히는 식사 이후 혼자 술을 마시며 메모했던 기억이 떠올랐다.

결혼하고 딸이 태어나기 전까지는 집에서 와인을 한잔하며 글을 쓰는 것으로 하루를 마무리했다. 주로 일기, 한탄, 이루고 싶은 것, 해야 할 일들을 썼는데, 이때 가장 많은 영감이 떠오른다.

대니얼과 나는 유명 파인 다이닝을 열심히 연구했다. 그들이 우리보다 잘하는 것은 뭘까? 그들에게 무엇을 배울 수 있을까? 무엇을 가져올 수 있을까?

토머스 켈러의 퍼 세는 최고 중의 최고였다. 당시 EMP는 퍼 세에 한참 못 미쳤지만, 퍼 세에서 하는 모든 걸 세심하게 관찰했다. 그래서 퍼 세에서의 저녁 식사 이후, 완벽했던 식사 경험에 대해 노트에 열심히 적어두었다.

모든 코스가 인상적이었다. 아이스크림콘을 연상시키는 연어 타르타르 콘의 재미 요소도 좋았고, 다양한 크기의 맞춤형 도자기 접시들이 점점 큰 크기로 겹쳐지는 화려한 프레젠테이션에 완전히 매료되었다. 게다가 커피와 도넛 같은 소박한 부분까지 호화롭게 승화시킨 토머스 켈러의 능력에 감격했다.

그 모든 우아함 뒤에 숨은 정밀함 또한 놓치지 않았다. 한번은 퍼 세의 주방 투어에 초대받은 적이 있다. 주방은 최신식 장비로 가득 차 있었고, 꼼꼼하고 아름답게 디자인되어 있었다. 대니얼은 감격해 눈물을 흘리기 일보 직전이었다. 주방을 둘러보는 동안, 패스^pass^ 구역에 식탁보를 고정할 때 사용하는 파란 테이프가 대충 찢어져 있지 않고 깔끔하게 가위로 잘려져 있는 것을 발견했다. 눈에 보이지 않는 부분까지 세심하게 신경 쓴 모습에 경외감을 느꼈다.

그리고 식사가 끝날 무렵, 이미 감격에 취해 있는 우리 앞에 또 하나의 결정적 장면이 펼쳐졌다. 우리 테이블을 담당한 서버가 세 줄로 나열된 24개의 초콜릿 트러플 플레이트를 보여 주었다. 다크, 밀크, 화이트 그리고 각 초콜릿에 대한 상세한 설명이 자연스럽게 이어졌다. 초인적인 엄청난 기억력을 선보였는데, 마치 마술쇼를 보는 것 같았다.

나는 정신없이 고개를 끄적였다. 마침내 저녁 식사 후 커피를 마실 차례가 되었다. 커피는 평범했지만, 식사가 워낙 완벽했기에 그 평범한 커피마저 특별하게 느껴졌다. 그 순간 짐 베츠가 생각났다. 퍼 세에서의 역대급 저녁 식사가 끝나고 내가 노트에 마지막으로 쓴 내용은 바로 '짐이 우리 커피 프로그램을 총괄해야 한다'였다.

## 그들의 열정에 다가가라
## 그리고 그들에게 열쇠를 주어라

짐 베츠는 EMP에서 나와 함께 일한 커피광이었다. MoMA에서 카페를 운영할 때 커피에 조금 관심을 갖게 되었다. 운 좋게도 뉴욕 최초의 정통 에스프레소 바 중 하나인 '나인스 스트리트 에스프레소Ninth Street Espresso' 근처에 살고 있었다. 카페 주인인 켄 나이는 까다롭기로 유명했다. 그는 하루 종일 외부 습도에 따라 커피 원두의 분쇄도를 조절하고, 기준에 미치지 못하는 샷은 거침없이 버렸다.

짐은 켄의 조카였는데, 삼촌만큼이나 커피에 대해 열정적이고 지식도 풍부했다. 그는 우리 레스토랑에도 아주 헌신적이었다. 면접을 보던 날, 그는 뉴욕 힙스터 스타일의 덥수룩한 수염을 기른 채 나타났다. 나는 그에게 이 일을 하고 싶다면 깔끔하게 면도를 해야 한다고 말했고, 다음 날 그는 몇 년 만에 처음 턱수염을 깎고 나타났다. 이보다 더 큰 헌신의 표현이 있을까.

짐은 커피에 대해 나보다 훨씬 더 다양한 지식을 갖고 있었다. 그에게 퍼 세에서 마신 커피에 관해 이야기하면 무척 실망할 것 같았다. 완벽했던 식사에 비하면 커피는 기대에 못 미쳤지만, 그 시절 고급 레스토랑들이 제공하던 커피를 생각하면 그리 놀랄 일도 아니었다.

고객은 맛있는 음식과 와인을 기대하며 레스토랑을 찾는다. 그건 입장료처럼 고객이 바라는 최소한의 요구사항이다. 이에 반해 부가적인 프로그램인 식전 칵테일이나 식후 차, 커피는 평범한 수준이었다. 레스토랑 밖에서는 그 부분에서 혁신적인 변화가 일어나고 있었지만, 레스토랑은 여전히 제자리걸음이었다.

예를 들어, 맥주가 1950년대 상업 시장을 지배했던 연하고 풍미 없는 산업용 라거를 의미한 지는 오래되었다. 전 세계 수천 개의 소규모 개별 맥주 양조장에서 복합적인 풍미를 지닌 맥주를 만들어냈고, 이러한 맥주는 고품격 음식과 완벽한 조화를 이루었다. 따라서 80년대의 4성급 레스토랑에서는 맥주 페어링이란 것이 없었을지 모르지만, 2006년에는 맥주 페어링이 없는 4성급 레스토랑은 상상할 수 없었다.

칵테일도 마찬가지다. 미식가들 대부분이 제대로 된 맨해튼 칵테일은 흔들지 말고 저어야 한다는 것을 알고 있음에도, 왜 많은 곳에서 아직도 공항 라운지 수준의 칵테일밖에 못 만들고 있을까? 그리고 왜 천 달러짜리 식사가 기계식 커피로 끝나야 하는 걸까? 차라리 출근길에 나인스 스트리트 같은 작은 카페에서 전문 바리스타가 뽑아주는 고급 싱글 오리진 커피를 마시는 편이 낫지 않을까?

이러한 프로그램들이 소홀히 다루어진 이유는 아무도 이런 부분에 주의를 기울이지 않았기 때문이다. 대부분의 고급 레스토랑에서는 와인 디렉터가 음료 프로그램까지 담당한다. 그들의 관심사는 맥주나 에스프레소, 칵테일, 차가 아니라 오직 와인이었다. 와인 디렉터가 세계 최고라 해도 마찬가지였다. EMP의 와인 디렉터인 존 라간은 세계적인 와인 디렉터였는데, 와인 목록을 큐레이팅하면서 동시에 다른 음료까지 신경 쓸 시간이 없었다.

반면 우리 팀에는 다양한 음식과 음료에 열정을 가진 젊은이들이 가득했다. 몇몇은 쉬는 날이면 기차를 타고 퀸즈에 가서 60가지나 되는 다양한 맥주를 제공하는 야외 맥주 정원을 방문하곤 했다. 또 어떤 이들은 일본 녹차 교쿠로를 시음하기 위해 미드타운의 이름 모를 사무실 건물을 찾아가기도 했다. 또한 커피 재배 지역부터 핸드 드립 커피 주전자까지 모두 말해 줄 수 있는 걸어 다니는 커피 백과사전 짐도 있었다.

그렇게 EMP에서의 오너십 프로그램이 시작되었다.

커크 켈리웨이는 코넬대를 졸업한 후, 우리가 하는 일에 열정을 가지고 회사에 합류했다. 그는 촉망받는 인재였지만, 다른 신입처럼 음식 나르는 주방 서버 일부터 시작했다. 커크는 맥주를 무척 좋아했는데, 그가 이 프로그램의 완벽한 책임자가 될 거라는 확신이 들었다. 처음에 그는 보통의 스물두 살짜리처럼 책임감에 부담스러워했다. 우리가 모든 과정에서 그를 도울 것이라고 설득하자 그제야 마음이 놓인 듯했다. 모든 공급업체에 그를 소개했는데, 와인 디렉터에게 새 맥주를 소개하러 왔다가 앳된 모습의 젊은 담당자를 마주하고는 놀라는 모습을 보는 게 즐거웠다. 커크에게 예산 관리법, 재고 관리법, 주문 방법 등을 알려 준 후, "이제 당신 거예요. 멋지게 만들어봐요!"라고 말했다.

그는 맥주병을 보관하는 방법부터 사용하는 유리잔, 맥주를 따르는 기술까지 맥주 서비스와 관련된 모든 것을 점검했다. 관련 자료를 찾아 읽고, 희귀하고 독특한 맥주를 찾아다녔다. 모두 그의 열정에서 비롯된 것으로, 그의 젊은 패기에 매료된 생산자들은 수십 병밖에 생산하지 않은 고급 맥주를 그에게 몰래 가져다주기도 했다.

커크가 책임을 맡으면서 맥주 프로그램은 빠르게 개선되었으며, 그의 열정은 전염되었다. 그가 총책임을 맡은 지 일 년 후, EMP는 다양한 출판물에서 미국 최고의 맥주 프로그램 중 하나로 선정되었다.

마찬가지로, 서버였던 삼배스 셍은 차 프로그램을 맡았다. 그녀는 라스베이거스에서 열린 세계 차 박람회에 참석해 인도, 중국, 태국, 타이완, 한국 및 일본의 차밭에서 직접 차를 구매하는 유통업자들에게 자신을 소개했다. 그녀는 우리에게 로스팅한 차와 증기로 가공한 차의 차이점, 물의 순도와 차를 우려내는 시간 및 온도 조합 그리고 찻잔을 적절하게 데우고 다루는 방법 등에 관해 설명해 주었고, 그녀의 열정만큼 차에 관한 관심도 많아졌다.

다음은 칵테일이었다. 나는 바 팀을 모아놓고 "세계적으로 유명한 칵테일 바인 PDT만큼 훌륭한 칵테일 프로그램을 원해요"라고 말했다. PDT는 내 친구 짐 미한이 운영하던 이스트 빌리지에 위치한 칵테일 바다. 이 이니셜은 '제발 말하지 마세요<sup>Please Don't Tell</sup>'의 줄임말로, 작은 바의 비밀스러운 위치를 가리키는 것이었다. '크리프 독스<sup>Crif Dogs</sup>'라는 작은 핫도그 가게 안에 있는 전화 부스를 통해 입장할 수 있는 스피크이지 스타일의 칵테일 바로, 세계적으로 유명한 바 중 하나로 알려져 있다.

바텐더 중 한 명이 "불가능해요, 그건 말도 안 돼요"라고 말했다. 고급 칵테일 바에서는 바텐더가 칵테일 한 잔을 만드는 데 10분 정도 걸린다. 6석 정도 되는 바도 아닌 140석을 서빙해야 하는 레스토랑에서 이런 프로그램은 무리였다.

하지만 나와 일해 본 사람이라면 '할 수 없다'라는 말은 내 사전에 없다는 것을 잘 알고 있다. 이 이야기에는 일화가 있다. 어린 시절, 내가 할 수 없는 일에 대해 아버지에게 말한 적이 있다. 다음 날 아침, 집 안이 온통 '성공은 할 수 있다로 찾아오고, 실패는 할 수 없다로 찾아온다'라고 적힌 포춘쿠키 크기의 종이로 뒤덮여 있었다. 그 이후로 나는 두 번 다시 아버지 앞에서 '할 수 없다'고 말하지 않는다.

세계 최고의 믹솔로지스트 중 한 명인 레오 로비첵Leo Robitschek은 그 당시 의과대학을 다니면서 EMP에서 일하고 있었다. 그는 언제나 좋은 아이디어가 넘쳤지만, 그만큼 문제 제기를 자주 하는 사람이기도 했다. 당신이 하는 일은 근본적으로 잘못되었으며 절대 성공하지 못할 것이라고 서슴없이 말했다. 그러던 그가 책임자 역할을 맡고 나서부터 완전히 달라졌다. 책임자가 되기 전까지는 헌신 같은 건 하지 않으리라 다짐한 듯 목소리 큰 사내 비평가처럼 행동하던 그가 수장 자리에 앉자 레스토랑의 진정한 대사로, 고급 칵테일 분야의 절대적인 구루로 변신했다.

그리고 커피 담당이던 짐은 공급업체를 당시 최고의 로스터 중 하나인 인텔리젠시아로 바꿨다. 테이블 옆에서 직접 커피를 추출하며 손님들에게 전통적인 케멕스 핸드 드립과 진공 포트 사이펀 시스템 중에서 선택할 수 있도록 했다. 사이펀 시스템은 침출과 필터 방식의 장점을 결합한 것으로 시연 과정을 보는 재미까지 있었다. 짐 덕분에 (그리고 간접적으로는 퍼 세 덕분에) EMP에서의 식후 커피 품질이 완전히 달라졌다. 이제는 대량 주문한 그저 그런 커피가 아니라 한 편의 공연을 연상케 하는 경험으로 바뀌었다.

## 열 정 이 불 러 온
## 뜻 밖 의 시 너 지

'치폴레Chipotle'의 창립자 스티브 엘스Steve Ells는 직원들에게 책임을 부여할수록 긍정적인 효과가 일어난다고 지적했다.

패스트푸드 회사는 매장 직원들을 신뢰하지 않기 때문에 대부분의 식재료를 공장에서 직접 처리한다. 그래서 음식이 며칠 동안 트럭에 있었던 것 같은 맛이 나는 것은 어쩌면 당연한 일이다. 반면 엘스는 적절히 교육하면 매장 직원들이 신선하고 맛있는 음식을 만들 수 있을 것이라고 믿었다. **직원에게 책임을 부여하면, 그들이 더 책임감 있게 행동한다는 사실을 발견했다. 직원들은 신뢰를 바탕으로 자신의 역할에 더 충실히 임했다.** 그들이 권한을 갖게 되면서 음식이 더 맛있어졌고, 손님들은 토마토를 썰고 닭고기를 굽는 모습을 직접 보며 음식에 대한 긍정적인 느낌을 갖게 되었다. 결국 모두에게 이득이 되는 결과가 만들어졌다.

시간과 신뢰 그리고 교육에 대한 투자는 늘 그만한 가치가 있다. 누군가를 책임자로 키우면 장기적으로 우리의 일이 더 쉬워진다. 레오가 칵테일을 책임지고 커크가 맥주를 담당하는 동안 와인 디렉터인 존 라간은 칵테일이나 맥주, 커피, 차에 대해 고민할 필요가 없었다. 존은 더 많은 시간과 에너지, 역량을 와인에 쏟아 이미 뛰어난 와인 프로그램을 더욱 발전시켰고, 평범한 수준이었던 다른 프로그램들도 업계 최고로 우뚝 서게 되었다.

레스토랑에서 일하는 직원이든 식사하는 손님이든, 열정이 마음껏 발휘될 때 나오는 시너지 효과를 누릴 수 있었다. 커크는 '브루클린 브루어리Brooklyn Brewery'를 운영하는 개릿 올리버Garrett Oliver와 친해졌다. 그래서 레오가 친분을 통해 켄터키의 전설적인 양조장에서 빈 술통을 얻어왔을 때, 우리는 그것을 브루클린 브루어리로 보냈고, 개릿이 그 안에 맞춤형 맥주를 숙성시켜 주었다. 이것은 특별하고 재밌는 협업이었는데, 만약 와인 디렉터가 계속 맥주 프로그램을 담당했다면 일어나지 않았을 일이다.

음료 프로그램이 성공적으로 자리 잡은 후, 개선의 여지가 있는 부분들을 모두 목록으로 만들었다. 이는 화려하지는 않지만, 직원들의 경험과 우리의 수익에 확실한 변화를 불러왔다. 예를 들어 CGS(도자기China, 유리Glass, 은Silver의 약자)를 담당한 직원은 파손을 줄이는 데 열중했다. 그는 세척실 선반이 반 인치 정도 짧아서 유리잔을 식기세척기에 넣을 때 잔의 윗부분이 살짝 튀어나온다는 것을 발견했다. 새로운 선반을 설치한 후 파손율이 30퍼센트나 감소했고, 상당한 금액을 절약했다. 서비스 도중 물잔이 부족해지지 않자, 직원들의 사기도 높아졌다.

이것들은 관리자의 수많은 할 일 목록 중 잊힌 항목이 아니라 한 직원의 세심한 관심으로 실행된, 사소하지만 비용이 거의 들지 않는 변화였다. 이러한 작은 변화들로 처음 몇 달간 수천 달러를 절약할 수 있었다. 일부는 손님에게 직접적인 영향을 미쳤지만, 유리 선반 같은 건 보이지 않는 변화였다.

우리는 오너십 프로그램을 강요하지 않았다. 이는 철저하게 자발적인 참여로 이루어졌다. 참여자들 상당수는 자신이 선택한 분야에 대해 전문적인 지식을 가지고 있었지만, 꼭 그럴 필요는 없었다. 우리가 바란 것은 관심과 호기심 그리고 열정뿐이었다.

## CHAPTER 010

# 두려움을
# 성장으로
바꾸는
절대 원칙。

●

,

## 실패할 자유

　　팀원에게 권한을 주지 않는 건 쉽다. 적어도 시작 단계에는 그렇다(이것은 "내가 하는 게 빠르겠다"와 같은 문제다). 하지만 직원을 가르치는 데 시간이 오래 걸린다는 이유로 방관하는 것은 조직의 성장을 방해할 뿐이다.

　오너십 프로그램을 처음 시작할 때는 젊은 친구들에게 조언과 격려를 아끼지 말아야 한다. 나 역시 그들을 지도하면서 많은 시간과 노력이 들었고 우여곡절도 많았다. 예를 들어 커크가 맥주에 백만 달러를 쓰지 않도록 제한해야 했다. 하지만 생각해 봐라. 갓 졸업한 친구가 10년 경력자보다 더 많이 실수하는 것은 당연한 일이다.

　다른 사람의 실수를 바로잡는 것이 처음부터 직접 하는 것보다 더 오래 걸리지만, 이는 장기적인 이득을 위한 단기적인 시간 투자다. 만약 매니저를 하기 위해서는 매니저로서의 경험이 반드시 있어야 한다고 고집한다면, 유망한 서버를 놓칠 수도 있다. 그 정의대로라면, 직원이 필요한 모든 경험을 쌓을 때까지 내부 승진은 어렵다. **누군가에게**

두려움을 성장으로 바꾸는 절대 원칙

**책임을 맡길 가장 완벽한 순간은 그 사람이 준비되기 전이다.** 완벽하게 준비되진 않았지만, 열정과 목표를 가진 사람에게 기회를 주면 그는 당신이 옳았다는 것을 증명하기 위해 더 열심히 일할 것이다. 결국 나는 커크를 EMP의 총지배인으로 승진시켰고, 그 투자가 아주 성공적이었다고 말하고 싶다.

경험이 없는 사람에게 책임을 선뜻 맡기지 않는 데에는 또 다른 이유가 있다. 바로 실패할 수 있기 때문이다. **직원들이 도전하기를 바란다면 그들이 성공하지 못했을 때 처벌해서는 안 된다.** 대신 그들이 시간을 투자할 수 있는 다른 분야를 찾을 수 있도록 도와야 한다. **'실패할지도 모른다'는 이유로 시도조차 하지 않는 것은 끔찍한 핑계다.** 특히 당신을 위해 일하는 사람들이 당신의 목표에 더 몰입할 수 있는 잠재적 이점을 가진 일이라면 더욱 그렇다.


## 최고의 학습은
## 직접 가르치는 것

아버지는 최고의 배움은 직접 가르치는 것이라며, 시험공부도 발표 준비하듯 하라고 말씀하셨다. 실제로 내가 누군가를 가르친다는 생각으로 공부하면 내용이 머리에 쏙쏙 잘 들어온다. 이를 바탕으로 가르치는 것을 EMP의 문화로 만들었다.

오너십 프로그램을 통해 형성된 협업 정신은 큰 영감을 주었지만,

누군가에게 부서를 맡긴다는 건 엄청난 책임을 요하는 일이다. 그래서 조금 덜 부담스러운 방법을 찾았고, 팀원들에게 '발표하기'를 권했다.

존 라간이 진행하는 해피아워(와인, 맥주, 칵테일을 주제로 한 주간회의) 때, 팀원들이 직접 발표하도록 독려했다. 음식과 와인을 좋아하는 직원들에게는 특히 흥미로운 시간이었다. 와인 바에서 부르고뉴 와인 한 잔을 마시고 나서 이 지역 역사에 대해 더 알고 싶어진 경우든, 할머니가 카드 게임을 할 때 마시는 셰리와는 다른 느낌의 셰리를 맛보게 된 경우든, 각자가 자기 경험과 연구를 통해 배운 것들을 팀과 공유할 수 있는 좋은 기회였다.

어느새 해피아워의 주제는 와인과 주류를 넘어 폭넓게 다루어졌다. 대형 창문 밖으로 비친 매디슨 스퀘어 파크에 영감을 받은 한 서버가 공원의 역사에 대해 발표했다. 직원들은 이 흥미진진한 이야기를 손님들에게 들려주었다. (야구의 규칙이 이곳에서 만들어졌고, 자유의 여신상의 횃불이 이곳에 전시되었으며, 1912년에 미국 최초의 커뮤니티 크리스마스트리 점등식이 이곳에서 열렸다.) 이를 계기로 뉴욕 역사 분야의 세계적 권위자인 컬럼비아대학의 케네스 잭슨 교수를 모시고 팀 전체가 공원과 주변 지역에 대한 강의도 들었다.

서버인 빌리 필레는 뉴욕 공립도서관에 있는 어마어마한 양의 옛날 메뉴들을 탐구했다. 그는 20세기 후반부터 21세기 초까지의 메뉴 디자인 및 메뉴의 진화 과정에 대해 끝내주는 발표를 선보였다. 사실 메뉴 디자인은 그의 역할 외 업무로, 그래픽 디자이너와 내가 맡아서 하던 일이었다. 하지만 그는 자신의 발표가 우리의 전통, 즉 우리가 스스로 지키고 확장하기로 한 레스토랑의 유산과 직결되는 내용이라고 믿었다. 몇 년 후 빌리가 레스토랑의 총지배인이 된 건 놀라운 일이 아니다.


### 자기주도적
### 변화의 힘

해피아워에는 중요한 부수적인 효과가 있었다. 일반적으로 레스토랑에서 하는 수업은 매니저가 주도하는데, 시간제 직원들이 수업을 주도하기 시작하면서 그들 스스로 리더처럼 행동했다.

나는 한 단계 더 나아가고 싶었다. 앞서 언급했듯이 레스토랑에서 가장 중요한 리더십의 순간은 매니저가 팀원을 가르치고, 격려하고, 준비시키는 식전 회의다. 그래서 매주 토요일 회의는 매니저 대신 팀원이 주도하도록 했다.

식전 회의를 주도한다는 것은 사회자 역할을 하는 것이었다. 내가 만든 템플릿에 따라 급여 및 건강보험 같은 기본적인 공지 사항을 전달한 후, 흥미롭거나 영감을 준 서비스 경험에 대해 짧게 발표한다. 서빙을 하며 느낀 좋았거나 나빴던 경험 또는 음식이나 레스토랑이 아닌 바깥세상에서 겪은 모험에 대해 나눈다. 예를 들면 내가 미용실에서 받았던 술 한잔 같은 것이다. 환대에 대한 교훈이 있다면 어떤 이야기든 상관없다. 마지막은 소믈리에나 수셰프가 와인 목록과 메뉴 변경 사항 등에 관해 이야기한다.

나는 사람들 앞에서 이야기를 잘하는 편이다. 고등학교 때 했던 연극 동아리와 학생회 활동이 한몫했다. 강점을 더 키우라던 아버지의 조언에 따라 대학 때 연설 수업도 들었다. 그 수업은 내게 큰 영향을 미쳤고, 오늘날까지 실천하고 있는 연설의 중요한 원칙 중 하나를 배웠다.

"그들에게 무엇을 말할 것인지 미리 알려 주고, 말한 다음, 말한 것을 다시 한번 설명하라."

또 하나의 중요한 교훈은 연설은 리더십 기술이라는 점이다. **자신이 흥미를 느낀 것을 잘 전달하는 능력에는 강력한 힘이 있다. 이는 사람들을 그 일에 참여시키고, 에너지와 목적의식을 부여한다.**

팀원들이 해피아워와 토요일 식전 회의를 주도하기 시작한 이후, 팀에 엄청난 변화가 일어나기 시작했다. 우선 손님들과 대화하는 방식이 한층 개선되었다. 주문을 받고 와인을 추천하고 코스를 설명하는 모든 과정이 연설처럼 자연스러워졌다. 이러한 변화는 서비스 중 동료에게 지시를 내릴 때도 더 큰 권위를 부여하게 되었다.

하지만 진정한 변화는 내면에 있었다. 그들은 자신을 다르게 대하기 시작했다.

## 협업을
## 의무화하다

요즘 직장에서 '의무적인'이라는 단어는 부정적으로 들리기 쉽다. 리더는 자신이 만든 프로그램에 직원들이 자발적으로 참여하길 기대하지만, 사람의 행동을 바꾸기란 쉬운 일이 아니다. 때로는 변화를 끌어내기 위해 새로운 경험을 직접 체험할 기회를 제공해야 한다. **의무적 참여를 너무 두려워하지 말되, 착취로 느껴지지 않도록 그 시간에 대해 적절한 보상을 제공하는 것이 중요하다.**

EMP에는 협업하고 싶은 사람들을 위한 체계적인 프로그램들이 많았다. 하지만 직접 해보지 않고서는 협업의 매력을 알 수 없기에 흥미를 유발할 몇 가지 전략을 짰다. 그중 하나가 신입 직원에게 협업을 의무화한 것이다.

내가 그동안 일했던 레스토랑들의 예약 사무실은 쓰레기장이나 다름없었다. 식당 안에서 자리를 잡지 못한 잡동사니들은 모두 이곳으로 옮겨졌다. 정리되지 않은 채 방치된 게시판을 비롯해 한참 지난 공지 사항과 메모들로 가득 차 있었다.

신입 사원에게 회사 문화를 소개하는 가장 좋은 방법은 회사의 문화를 신뢰하는 사람과 함께 일하게 하는 것이다. 하지만 예약 담당자들은 보통 혼자 또는 다른 한 명의 직원과 일하는 경우가 많았고, 식전 회의에 참석하는 대신 예약 전화를 받아야 했기에 사내 문화에서 조금씩 벗어나 있었다. 하지만 그들은 손님이 가장 먼저 접하는 사람이기 때문에, 그들이 좋은 홍보대사가 되기를 바랐다.

그래서 의무적인 협업 방식을 만들어 그들을 참여시켰다. EMP에 새로운 예약 담당자가 들어오면 예약 사무실 개선안을 한 가지씩 제안하라고 했다. 이는 의무였지만 무엇을 제안할지, 얼마나 크고 작은 변화를 줄지는 스스로 결정할 수 있었다.

자발적인 사람도 처음 협업을 실천할 때는 망설여질 수 있다. '내가 이 끔찍한 게시판을 고침으로써 누군가의 인생을 망치게 되는 건 아닐까?'라고 생각할지도 모른다. 그래서 의무일지라도 협업을 환영한다는 우리의 말이 진심이라는 걸 보여 주고 싶었다.

협업 프로그램은 모두에게 도움이 되었다. 신입 직원들은 새로운 시각으로 기존 직원들이 놓치거나 오랫동안 보지 못한 문제를 찾아냈다. 또한 동료들과 친해지는 계기가 되기도 했다. 신입 직원들이 편하게 도움을 구하거나 명확한 설명을 요청할 수 있기를 바랐고, 이 협업 프로그램이 그 시작이 되었다. "이곳에 게시판을 하나 더 둘까요? 그렇다면 경비 지출에 관해서는 어느 분과 소통하면 될까요?" 그러면서 동료와 상사로부터 "우리는 그동안 어떻게 살았던 거지?"라는 감사의 말까지 듣게 될 것이다.

협업은 내가 평소 젊은 매니저들에게 조언한 "황급히 뛰어들지 말 것"에 반대되는 개념이다. 하지만 중요한 차이점이 있다. 예약 담당자는 초급 직책으로, 말단 사원에게 권한을 부여하는 것은 많은 이점을 가져온다.

팀에 이바지하는 것이 얼마나 기분 좋은 일인지 한번 맛보면, 사람들은 자연스럽게 더 적극적으로 참여하게 된다. 이것이 우리가 신입 직원들에게 첫날부터 전하고자 하는 메시지다.

"우리가 여러분을 고용한 데는 이유가 있습니다. 우리는 여러분이 이바지할 수 있는 무언가가 있다는 것을 잘 알고 있습니다. 그리고 그것이 무엇인지 벌써 기다려집니다."

## 나쁜 아이디어란
## 없다

팀에 이바지하도록 많이 독려했다면, 그들이 언제든 자유롭게 아이디어를 제시할 수 있도록 문을 열어두는 게 좋다. 어떤 것이든 더 나은 방법이 있기 마련이고, 우리가 더 나아질 방법에 대한 아이디어가 있다면 그게 무엇이든지 듣고 싶었다.

**누군가 처음으로 아이디어를 제시할 때 잘 들어야 한다. 왜냐하면 당신의 반응에 따라 그들이 앞으로 어떻게 이바지할지가 결정되기 때문이다.** 첫 번째 아이디어를 무시하면 다시 열정의 불을 붙이기는 어려울 것이다.

누군가는 이전에 들어본 적 있거나 이미 시도한 적 있는 아이디어를 가져올 수도 있다. 하지만 그들의 제안을 곧장 거절해서는 안 된다. 전에 생각하지 못한 방식일 수도 있고, 상황이 달라졌을 수도 있다.

또 누군가는 대놓고 헛소리할 수도 있다. 이것은 우리가 가르칠 좋은 기회다. 잘 들어주고 나서 그 아이디어가 왜 효과적이지 못한지 정중하게 설명함으로써 격려와 교훈을 주어야 한다.

나쁜 아이디어 뒤에 종종 훌륭한 아이디어가
숨어 있다는 사실을 기억하라!

## 훌륭한 리더가
## 또 다른 리더를 만든다

협업 프로그램을 그다지 달가워하지 않는 매니저들도 있었다. 특히 내부 승진을 통해 직위에 오른 경우에는 더욱 그랬다. '내부 승진' 문화를 가진 조직에서 이것은 문제가 될 수 있다. 권한이 커지면 책임도 커지기 마련인데, 특히 어렵게 얻은 새 직책의 경우 그 책임을 포기하는 것이 강등처럼 느껴질 수 있기 때문이다.

그래서 그들에게 '훌륭한 리더가 또 다른 리더를 만든다'는 사실을 상기시키는 것이 중요하다. **백 개의 열쇠를 갖는 것보다 정문으로 가는 단 하나의 열쇠를 갖는 게 더 가치 있는 것이다.** 신입 직원에게 일부 책임을 넘기면, 조직에 기여할 수 있는 자신만의 시간을 더 확보할 수 있다.

이러한 협력적 접근 방식이 우리의 성공에 핵심적인 역할을 했다고 믿는다. 협업은 '놀라운 환대'의 중요한 기반이었으며, 이를 통해 모든 프로그램이 우리의 기대를 뛰어넘는 놀라운 개선을 이루어냈다. 아이디어는 새롭고 신선했다. 실제로 우리가 시작해서 유명해진 아이디어 중 상당수가 이 프로그램에서 탄생했다. 무엇보다 나와 대니얼 그리고 몇몇 리더나 매니저들이 아닌 모든 구성원이 계획을 세우는 과정에 함께했기 때문에 훌륭한 아이디어가 많이 나올 수 있었다.

팀원에게 많은 책임을 부여하자 예상한 것보다 훨씬 더 놀라운 긍정적인 효과가 나타났다. 그들에게 많은 책임을 맡길수록 그들은 더욱 책임감 있게 행동한다. 그들이 직접 가르치게 하면 배워야 하는 것들의 중요성을 더 잘 이해하게 된다. 해피아워와 식전 회의를 그들이 주도하게 하면 그들은 리더처럼 행동한다. 많은 사람 앞에서 말하는 걸 연습시키면 그들은 더욱 자신감 있게 행동한다.

무엇보다 모두가 한마음으로 목표를 세웠기에 다함께 열심히 노력할 수 있었다.

## CHAPTER 011

완벽을
만드는
**디레일의
힘.**

'

## 작은 변화가 큰 파도를 만든다

"월! 방금 프랭크 브루니<sup>Frank Bruni</sup>가 온 것 같아요."

2006년 말, 총지배인이 눈이 휘둥그레진 채 달려와서는 『뉴욕 타임스』의 음식 평론가가 왔다고 알려 주었다. 『뉴욕 타임스』는 평론 하나가 끝나면 그다음 평론 때까지 몇 년간 텀을 두는 편이다. 그렇게 봤을 때 다음 평가 때까지 아직 기간이 많이 남아 있었지만, 간혹 새로운 셰프가 오면 재평가가 이뤄지기도 한다. 우리는 우리의 노력과 입소문 덕에 다시 한번 기회가 주어지길 바랐다. EMP의 변화에 대해 『뉴욕 타임스』가 어떤 평가를 할지 초집중하고 있었다. 아니, '집착'이라는 단어가 더 적절할 듯하다.

객관적으로 볼 때 매우 중요한 상황이었다. 솔직히 말해, EMP는 대니 마이어의 레스토랑 중에서 별 3개를 받을 만한 레스토랑이었다. 유니언 스퀘어 카페, 그래머시 태번 그리고 타블라도 별 3개를 받았다. 하지만 EMP는 오픈 당시 『뉴욕 타임스』에서 별 2개를 받았고, 2005년 2월 재평가 때도 별 2개를 받았다. 마지막으로 받은 그저 그런

완벽을 만드는 디테일의 힘

별 2개짜리 평론이 대니얼과 내가 고용된 계기가 되었다. 우리 둘은 별 4개를 꿈꾸고 있었지만, 직장을 지키고 우리의 정신건강을 위해서라도 별 3개가 절실했다. 이제 본격적으로 실력을 보여 줄 때였다.

고백하건대 나는 완벽주의자다. 아내가 차를 비뚤게 주차하면 다시 가서 주차하고, 아내가 탁자에 책을 비뚤게 두면 일직선이 되도록 다시 놓는다. 아내가 침대를 정리할 때마다 내 마음에 들게 다시 정리한다. (다행히 아내는 이 모든 것을 웃어넘긴다.) 나는 이런 불완전한 모습들이 자꾸 눈에 밟히고, 못 본 척 넘어갈 수가 없다. 마음이 편해지기 위해서는 내 주변의 물건들이 하나도 빠짐없이 제자리에 반듯하게 있어야 한다. 이러한 성향에 대해 지금은 당당하게 이야기하지만, 예전에는 그러지 못했다. 지나치게 꼼꼼하다는 이유로 줄곧 비난을 받아왔고, 그런 내 모습이 종종 창피했다. 대학 시절 친구들은 내 방에 몰래 들어와서 서랍장에 있는 물건을 일부러 살짝 옮겨 놓고 내가 원위치시키는 데 얼마나 걸리는지 지켜보기도 했다. 물론 나는 곧바로 알아차리고 아무도 보지 않을 때 슬쩍 제자리에 돌려놓았다. 친구들의 짓궂은 장난이 내게는 가혹했다. 하지만 EMP에 온 후 이런 꼼꼼함이 빛을 발하기 시작했다. 그 외에도 많은 게 장점이 되어 돌아왔지만, 첫 번째 평가를 준비하면서 꼼꼼함 덕에 똑똑히 효과를 보았다.

사실상 모든 서비스 사업은 나 같은 완벽주의자에게는 어려운 분야다. 왜냐하면 사람이 중심이 되는 조직이기 때문이다. 그리고 아무리 노력해도 사람은 실수하기 마련이다.

완벽할 수 없다는 것을 알았을 때 두 가지 대응을 할 수 있다. 완전히 포기하거나 최대한 완벽하게 하려고 노력하거나. EMP에서는 후자를 선택했다. **모든 일을 완벽하게 해낼 수는 없어도 많은 일을 완벽하게 해낼 수는 있다. 세부 사항들을 정확하게 해내는 것이야말로 완벽함이라 할 수 있다.**

데이비드 브레일스퍼드 경은 영국 사이클링을 부흥시키기 위해 고용된 코치였다. 그는 '작은 개선들의 축적', 즉 많은 영역에서 작은 변화를 이루는 것에 전념했다. 자전거를 타는 데 필요한 모든 요소를 분석한 다음, 각각을 1퍼센트씩 개선하면 이를 모두 합쳤을 때 상당한 발전을 이룰 수 있다는 생각에서 시작되었다.

이 이야기는 나에게 깊게 와닿았고, 우리가 평가 시즌을 어떤 마음으로 대비했는지 정확히 설명해 준다. 완벽함을 목표로 둔다면 부담스럽고 도달하기 쉽지 않다. 하지만 가능한 한 최선을 다했으며, 총지배인으로부터 프랭크 브루니가 32번 테이블에 앉아 있다는 말을 듣기 훨씬 전부터 우리는 이미 완벽에 가까운 모습을 실천하고 있었다.

뉴욕의 모든 레스토랑 라커룸과 주방 벽에는 『뉴욕 타임스』음식 평론가들의 사진이 붙어 있다. 익명으로 활동해야 하는 평론가들은 인터넷에 떠도는 자신의 사진을 지우려고 애쓰지만 찾아보면 오래된 책 표지나 홍보 파티 사진 한 장쯤은 남아 있기 마련이다.

평론가를 인지하고 있는지가 중요한 건 아니다. 어떤 축구팀도 스무 경기를 대충 치르다가 슈퍼볼 당일에만 갑자기 잘할 수는 없는 법이다. 마찬가지로 일 년 중 364일 동안 대충 운영하던 레스토랑이 평론가가 방문하는 날 돌변할 수는 없는 것이다.

물론 평론가를 한눈에 알아볼 수 있다면, 가장 실력 있는 서버가 담당하는 자리로 그를 안내하여, 완벽하게 음식을 세팅하고 요리의 본질과 맛이 가장 잘 표현될 수 있도록 할 것이다. 평론가에게 레스토랑의 최고 모습을 보여 줄 수는 있지만, 갑자기 본래의 모습이 아닌 다른 모습으로 바꿀 수는 없으며, 그들도 그 사실을 잘 알고 있다. 그들이 평가하는 것은 지금의 레스토랑 모습이다.

그래서 우리는 그 순간을 위해 몇 달 동안 매일 밤 더 완벽해지려고 노력했던 것이다.


## 가장 사소한 것이
## 가장 중요하다

우리는 모든 면에서 완벽을 추구했다.

주방 팀은 대니얼의 요리를 정확하고 일관되게 준비할 수 있도록 훈련받았다. 홀과 주방 간의 원활한 의사소통을 통해 테이블마다 각 코스 요리를 제때 제공했다. 홀에서 일하는 직원들은 깔끔하게 다려진 유니폼과 단정한 머리, 정갈하게 다듬어진 손을 갖추고 있었다. 식기와 유리잔 하나하나가 반짝반짝 빛났다.

서버들은 각 요리의 재료가 어디에서 왔고 어떻게 준비되었는지 등 모든 메뉴를 꿰고 있었다. 완벽을 추구하면서 세부 사항을 매우 엄격하게 관리했는데, 이러한 높은 기준이 결과적으로는 서비스의 질을 높이고 고객을 더 훌륭하게 환대할 수 있는 환경을 만들었다. 서버는 요리 정보에 대해 자신이 있었기에 요리를 내놓을 때 재료가 무엇인지 기억하려고 애쓸 필요가 없었고, 모든 에너지를 손님과의 소통에만 온전히 집중할 수 있었다. 훈련은 메뉴와 와인에 대한 지식 외에 적절한 조명과 음악 선곡 등 세세한 부분까지 이어졌다. 창문이 큰 경우 오후에 조명을 너무 낮추면 안 된다. 어두운 조명이 밝은 외부와 대조되어 별로 보기 좋지 않기 때문이다. 하지만 해가 지는 시간이 매일 다르기 때문에 (날씨에 따라 큰 창문을 통해 들어오는 빛이 시시각각 달라지는 것은 물론이고) 밤새 조명을 낮추는 것을 자동화하거나 '오후 7시에 빛 4단계'와 같은 규칙을 만든다고 해서 해결될 일이 아니었다. 이에 조명을 담당하는 직원은 빛과 조명에 대해 배워야 했고 세심한 주의를 기울여야 했다. 무엇보다 조명이 공간의 분위기뿐만 아니라 레스토랑에서 일어나는 모든 경험에 영향을 미친다는 걸 충분히 이해하고, 조명을 정확하게 조절하는 것이 얼마나 중요한지에 대해 공감하는 게 중요했다. 마찬가지로 음악 선곡에도 심혈을 기울였다. 홀이 비어 있을 때 신나고 시끄러운 음악을 틀면 우울한 파티의 첫 손님이 된 기분이 들 수 있기에, 홀이 비어 있을 때는 감미로운 음악을 틀고, 반쯤 찼을 때는 조금 더 비트 있는 음악으로 바꾸고 점차 볼륨을 키우는 등 분위기에 맞춰 음악을 조절할 수 있도록 가르쳤다. 적절한 조명과 음악 선곡은 모든 레스토랑이 고민하는 세부 사항이다.

하지만 일부는 더 나은 서비스를 제공하는 것으로 해결할 수 없었다. 혁신이 필요했다. 예를 들어, 손님은 식사 전후로 유독 시간이 느리게 가는 것 같은 느낌을 받는다. 처음 제공되는 물이나 마지막에 가져다주는 계산서는 왜 그렇게 늦게 나오는지, 한참을 기다렸던 경험이 한 번쯤 있을 것이다. 이렇듯 예민해진 손님을 위해 아무거라도 빨리 가져가는 것이 중요하다.

물을 제공하는 것은 아주 좋은 방법이다. 하지만 EMP는 모퉁이에 있는 식당이 아니었기에 손님이 안자마자 스테인리스 주전자에서 물을 따라줄 수는 없었다. 캡틴이 손님에게 얼음물, 생수, 탄산수 중에서 어떤 종류를 원하는지 물어본 다음 그 테이블의 담당 서버를 찾아 손님의 선택사항을 전달한다. 서버는 병을 가져와 테이블로 가져다주는데, 공간이 워낙 넓어 이러한 과정이 더욱 더디게 느껴졌다.

이렇듯 느린 프로세스를 바꿀 효율적인 방법을 찾아 나섰고, 마침내 야구에서 해결책을 찾았다. 포수가 60피트 떨어진 투수와 소통할 때 사용하는 그것, 바로 수화를 활용했다. 호스트가 손님을 테이블로 안내하면, 캡틴은 메뉴판을 건네고 어떤 종류의 물을 원하는지 묻는다. 눈에 보이는 특별한 의사소통 없이도, (종종 캡틴이 테이블을 떠나기 전에) 담당 서버가 테이블에 와서 손님이 방금 선택한 물을 따라주었다. 이것은 마술이 아니었다. 캡틴은 자신의 등 뒤에서 손짓으로(탄산수는 손가락 흔들기, 생수는 직선으로 손 내리치기, 얼음은 주먹 돌리기) 서버에게 신호를 보냈다.

또 다른 문제는 홀이 너무 바쁘게 느껴진다는 것이었다. 높은 수준의 환대를 실행하려면 많은 인원이 필요했지만, 너무 많은 사람이 빠르게 움직이는 것은 (EMP처럼 큰 공간에서도) 정신없게 느껴졌다. 분주한 브라세리에서는 서버들이 바쁘게 움직이는 것이 활기찬 에너지로 느껴지지만, 고급 레스토랑에서는 오히려 방해가 된다.

그래서 우리는 손님에게는 보이지 않지만, 직원들만을 위한 통행 패턴을 만들었다. 코너 부분에는 보이지 않는 정지 또는 양보 표지판이 있었다. 홀은 대부분 일방통행이었고, 막히는 구간에서는 시계 방향으로 움직였다. 양방향 복도에서는 운전할 때처럼 오른쪽 벽에 최대한 붙어 지나다녔다. 우리의 목표는 축구가 아니라 발레였다. 이런 보이지 않는 통행 규칙 덕분에 직원들이 서로를 피하거나 "실례합니다" 또는 "뒤에 있어요"와 같은 언어적 신호에 의존하지 않고도 질서정연하게 움직일 수 있었다.

이러한 미묘한 부분들은 손님들 눈에는 보이지 않지만, 그들이 식사하는 동안 편안함과 평온함을 느낄 수 있도록 해주었다.


## 디테일이
## 완벽을 이끈다

우리는 언제나 높은 수준의 정확성을 유지해야 했다. 직원들이 정확한 주파수에 맞춰 일할 수 있도록 회사에 들어서는 순간부터 사고방식을 정비하도록 요청했다.

손님이 접시를 뒤집어 누가 만든 것인지 확인할 때, 제조사 마크가 그들 쪽을 향해 배치되도록 홀 세팅 담당자들을 교육했다. 미쳤다고 생각할지도 모르겠다. 맞다. 말도 안 되는 일이다. 한 달에 고작 한두 명의 손님이 접시를 뒤집을까 말까 할 것이다. 대부분은 그렇게 하지 않는다. 설사 뒤집는다고 해도 그 배치가 의도적이라는 걸 알아차릴 수 있을까? 또한 어떤 사람은 우리가 전혀 예상하지 못한 방식으로 접시를 뒤집어 제조사 마크가 바르게 보이지 않을 수도 있다. 그래도 괜찮다. 누군가 접시를 뒤집든 그렇지 않든, 완벽하게 놓인 접시는 이미 제 할 일을 한 것이다.

**하나를 보면 열을 알 수 있다는 말이 있듯이, 아주 작은 디테일까지 꼼꼼하게 살피는 것은 큰일을 할 때도 똑같이 적용해야 한다는 것을 몇 번이고 경험했다.** 홀 세팅 담당자에게 접시 하나하나 성심성의껏 배치하도록 함으로써, 그들이 서비스 과정 전반에서 어떻게 일해야 하는지에 대한 기준을 정해 주었다. 손님을 맞이할 때, 홀을 걸어 다닐 때, 동료들과 소통할 때, 식전에 샴페인을 따르고 마무리로 커피를 따를 때까지 모두 주의 있게 행동하도록 했다.

월트 디즈니가 테마파크 '마법의 티키 룸Enchanted Tiki Room'을 최초로 '애니메트로닉스animatronic'● 로 제작할 때, '이매지니어스imagineers' ●● 에게 도전 과제를 제시했다는 이야기가 있다. 이매지니어스들은 가장 사실적이고 정교한 애니메트로닉스 새를 만들었다고 자신했지만, 디즈니는 만족하지 않았다. 실제 새는 숨을 쉬면서 가슴이 팽창하고 수축하지만, 이 새는 숨을 쉬지 않는다고 지적했다. 낙담한 이매지니어스들은 티키 룸 안에 폭포, 조명, 연기, 토템 폴, 노래하는 꽃 등 이미 주의를 분산시킬 만한 수십 가지의 요소가 있어서 새 한 마리가 숨을 쉬는

●
애니메이션(animation)과 일렉트로닉스(electronics)의 합성어로, 기계적 기술을 이용해 로봇이나 인형에 생명력을 불어넣는 기술을 말한다.

●●
상상(imagination)과 엔지니어(engineer)를 합친 용어로, 디즈니 테마파크의 놀이기구, 어트랙션, 엔터테인먼트 요소 등을 창작하고 설계하는 창의적인 전문가 집단을 말한다.

지 안 쉬는지 아무도 알아채지 못할 것이라고 했다. 이에 대해 디즈니는 "사람들은 완벽함을 다 느낄 수 있어요"라고 대답했다.

사람들은 모든 세부 사항을 일일이 알아차리지 못할 수도 있지만, 그 작은 부분들이 모이면 강력한 힘을 발휘한다. 훌륭한 비즈니스에서는 대부분의 세부 사항에 주의를 기울이지만, 극히 일부의 사람만 알아차릴 것이다. 하지만 팀 전체가 가장 기본적인 업무부터 세심한 주의를 기울이는 시스템을 도입한다면, 그것이 비즈니스 전체에 일관된 의도를 부여하게 되고, 그 결과 고객들이 그 의도와 세심한 관심을 체감할 수 있게 될 것이다.

의도를 가지고 홀을 세팅함으로써 통제할 수 있는 모든 세부 사항을 통제할 수 있었고, 그 외 통제할 수 없는 것들에 대해서는 쉽게 흔들리지 않게 되었다. 저녁 식사 서비스를 하다 보면, 서비스를 망치는 백만 가지 일들이 생기곤 한다. 첫 타임의 예약자 다섯 팀이 모두 늦게 도착해서 그다음 손님들이 대기해야 하는 상황이 생기기도 한다. 손님 중 누군가는 이별을 했거나 직장에서 안 좋은 일이 있어 기분 나쁜 상태로 나타날 수도 있고, 커피 머신이 갑자기 고장 날 수도 있다.

하지만 우리가 통제할 수 있는 부분들도 많다. 식탁보가 오염 하나 없이 깔끔하게 다려져 있는지, 와인 잔 바닥에 있는 리델 로고가 테이블 가장자리에 맞춰 정렬되어 있는지, 모든 식기류가 테이블 가장자리로부터 일정한 간격, 즉 엄지손가락의 위쪽 관절 길이만큼 떨어져 놓여 있는지는 확인할 수 있다.

고객 경험의 질을 높이기 위해 이러한 세부 사항에 집중했지만, 그것들이 우리에게 끼친 영향 또한 무시할 수 없었다. 우리도 그 변화를 느끼고 있었다. 잘 정돈된 공간에 들어가면 혈압이 내려가듯이, 완벽하게 세팅된 테이블은 당황한 서버에게 아무리 정신없이 바빠도 하늘이 무너지지 않는다는 걸 상기시켜 준다. 동료들이 정성스럽게 세팅한 깨끗한 흰색 테이블 위에 놓인 유리잔과 식기를 보는 것만으로도 하루를 시작할 때 가졌던 마음가짐으로 돌아가기에 충분하다. 숨을 크게 들이마시고 마음을 가다듬은 후에 차분하고 따뜻하게 손님을 맞이할 수 있을 것이다.

"EMP에 오신 것을 환영합니다!"

## 마지막
### 1인치의 집중

주방에서 홀까지 접시를 조심스럽게 옮긴다고 가정해 보자. 셰프가 접시에 담아낸 모습 그대로, 즉 완벽한 소스와 작은 허브 장식이 흔들리지 않고 테이블까지 도착한다. 그런데 다음 업무를 위해 서두르다가 테이블에 접시를 내려놓는 순간, 접시가 살짝 흔들리면서 생선이 기울어지거나 장식이 미끄러질 수 있다. 마지막 순간 집중력을 잃으면, 지금까지 쌓아온 프레젠테이션이 엉망이 된다.

사람들은 그걸로 세상이 끝나는 건 아니라고 말할 것이고, 어쩌면 맞는 말이다. 하지만 나는 그 실수가 깨끗한 접시 위에 소스가 살짝 묻은 것 그 이상의 큰 실수라고 본다.

EMP에서 제공하는 모든 요리는 짧게는 몇 주, 길게는 몇 달에 걸친 레시피 개발과 테스트의 결과물이다. 서버는 요리의 세부 내용을 정확하게 이해하고, 손님에게 그 요리가 먹음직스럽게 보이도록 설명하기 위해 많은 시간 준비하고 노력한다. 요리를 만드는 셰프들은 수년간의 훈련과 경험을 바탕으로 다양한 재료들을 완벽하게 조리하고 플레이팅하기 위해 많은 정성과 시간을 들인다.

손님에게 음식을 서빙하는 것이 당신의 일이라면, 당신은 그 요리에 많은 시간과 노력을 투자한 사람들이 만든 긴 사슬의 마지막 연결 고리이다. 마지막 순간에 당신의 부주의로 인해 호박꽃이 떨어진다면, 당신은 많은 사람들을 실망시키는 것이다. 그중에는 몇 시간 동안 그들의 시간을 당신에게 맡기고, 당신이 그들의 마음을 감동시킬 거라고 기대했던 손님도 포함되어 있다.

안타깝게도, 마지막 순간에 집중력을 잃고 자신과 팀이 지금까지 이룬 모든 걸 망치는 경우가 종종 있다. 물론 레스토랑에만 국한된 것은 아니지만, 내게는 수천 가지의 예시가 있다. 예를 들어, 오픈 전 조명과 음악을 최종 점검하지 않았다거나, 식사가 끝날 무렵 손님을 문 앞까지 안내하는 것을 소홀히 함으로써 작별 인사를 하지 못하는 것 등이 있다.

**EMP에서 '1인치 규칙'은 접시를 부드럽게 내려놓는 것 같은 실제 지시 사항이기도 했지만, 어떤 상황에서도 마지막 순간까지 집중하고 끝까지 임무를 완수해야 한다는 은유적인 의미이기도 하다.** EMP에서 1인치 규칙은 화젯거리였다. 식전 회의 시간, 팀원들은 자신들이 경험했던 서비스에 관해 이야기할 때 이 규칙을 자주 언급했다. 무엇보다 중요한 것은, 팀원들이 서로에게 이 규칙의 중요성을 이야기하고 공유하기 시작했다는 것이다.

성장하고 승진한 직원이 신입 직원에게 해당 조직 문화를 전달할 때, 비로소 그 문화가 제대로 뿌리내리고 있다고 할 수 있다. 1인치 규칙은 경험 많은 직원이 새로 합류한 직원에게 가장 많이 전수한 교훈이었다.


## 옳고 그름은
## 중요하지 않다

화요일 저녁, 식사가 한창일 때 한 손님이 스테이크를 미디엄 레어로 주문했다. 음식이 서빙되고 나서, 그 손님은 서버를 다시 테이블로 불렀다. "저는 미디엄 레어를 주문했는데 레어로 왔어요"라고 항의했다.

서버가 이 상황을 어떻게 바로잡는지 지켜보았다.

"손님. 이건 미디엄 레어가 맞습니다. 하지만 손님이 원하신다면, 미디엄 레어로 다시 해드릴까요?"

이런. 요리학교 교과서에 적힌 익힘 정도 차트에 따르면 서버의 말이 맞는다. (진정한 미디엄 레어는 대부분이 생각하는 것보다 훨씬 덜 익혀진 상태다.) 그리고 그가 손님에게 무례하게 굴려고 한 게 아니라는 것도 안다. 그는 손님이 우리가 실수했다고 생각하지 않도록 방어적으로 대응했다. 그는 분명 별 3개를 얻기 위해 노력하는 팀원이었다(은근히 별 4개까지 노리고 있었다). 하지만 실수하면서 별 4개를 얻을 수는 없는 일이다.

그가 해야 할 일은 손님이 원하는 것을 즉시 제공하는 것이었다. 그의 의도는 좋았지만, 서비스 측면에서 그것은 그리 중요하지 않다. 왜냐하면 서버가 전달해야 하는 것은 자존심이 아니었기 때문이다. 서버는 손님에게 "당신은 제대로 된 미디엄 레어가 뭔지 모르는군요" 라고 말한 것이나 다름없다. 비록 그것이 서버의 의도가 아니었을지라도 그 손님은 수치심과 비난받는 느낌을 받았을 것이다.

이렇게 우리는 또다시 완벽과 환대 사이의 미묘한 균형을 맞추기 위해 고민하고 있었다.

**우리가 실수한 게 아니란 걸 손님에게 알리기 위해 사실관계를 따진다면, 더 큰 실수를 저지르는 것이다.** 환대가 진정한 관계를 형성하는 것이라면 그리고 그 관계는 손님이 경계를 풀 때 비로소 형성되는 것이라면, 손님에게 수치심을 주는 것은 관계를 회복할 수 없게 만든다.

우리는 완벽을 추구하면서 가능한 한 많은 것들을 제대로 하려고 노력했다. 하지만 동시에 우리가 '옳다'는 개념을 버려야 했다. 왜냐하면 그것은 우리가 진정으로 추구하고자 하는 핵심, 즉 사람들이 우리 레스토랑에서 좋은 시간을 보내기를 바라는 것에 반하는 것이기 때문이다.

"옳은 것은 무의미하다"는 대니 마이어의 말처럼, 우리는 자존심이 아닌 손님을 위한 서비스를 제공해야 한다. 따라서 진정한 미디엄 레어가 어떤 모습인지 설명하는 대신 "물론입니다. 죄송합니다"라고 말한 후 손님이 원하는 대로 완벽하게 요리된 스테이크를 제공하는 것이 필요했다.

이를 계기로 EMP에 새로운 좌우명이 생겼다.

"그들의 생각이 곧 우리의 현실이다."

스테이크가 레어인지 미디엄 레어인지는 중요하지 않다. 손님이 음식이 덜 익었다고 느낀다면 우리가 할 수 있는 유일한 대답은 "제가 해결하겠습니다"이다. 그리고 진정한 환대는 한 단계 더 나아가서 같은 상황이 반복되지 않도록 최선을 다하는 것이다. 이 경우, 예약 시스템에 '이 손님은 스테이크를 미디엄 레어로 주문하지만, 실제로는 미디엄으로 익힌 것을 선호한다'라고 메모를 남기는 것이 필요하다.

다만 예외는 있다. 손님이 폭력적이거나 무례하게 행동하는 경우에는 "그들의 생각이 곧 우리의 현실"이라는 말이 적용되지 않는다는 점을 분명히 해두고 싶다. 고객이 항상 옳은 것은 아니며, 용납할 수 없는 행동에 대한 명확하고 엄격한 경계가 없으면 안 된다. 그 경계는 분명하다. 학대는 절대 용납되지 않으며, 용납해서도 안 된다.

하지만 팀 모두에게 이러한 적응이 쉬울 리 없었다.

"내가 옳다는 것을 알면서도 참는 건 너무 모욕적인 일이에요."

이 말을 이해하지 못하는 건 아니다. 하지만 손님을 행복하게 해주며 얻는 신뢰는 소위 실수로 인해 잃는 것보다 훨씬 더 가치 있는 것이다. 실수를 개인적으로 받아들일 때 비참한 일이 되는 것이다. 미안하다고 말하는 것이 당신이 틀렸다는 뜻은 아니라는 걸 꼭 기억하길 바란다.

# 012

## 성공과
## 좌절을
## 대하는
## 자세。

## 마침내 이루어낸 결실

2007년 1월, 『뉴욕 타임스』의 한 사진작가가 다음 주에 실릴 EMP 리뷰와 함께 사용할 사진을 촬영하고 싶다고 연락을 해왔다.

대니얼과 나는 만감이 교차했다. 지금 돌이켜 보면, 그 리뷰가 레스토랑의 역사와 우리 경력에 얼마나 큰 전환점이 되었는지 말로 다 표현할 수 없다.

다행히도 기분 좋은 리뷰였다. 브루니는 이렇게 물었다.

"마지막으로 EMP에 언제 가보셨나요? 일 년이 넘었다면 다시 한번 가보세요."

그토록 집중했던 완벽함이 결실을 맺는 순간이었다. 『뉴욕 타임스』로부터 별 3개를 받았고, 그렇게 우리는 첫 번째 목표를 달성했다.

리뷰 후 첫 식전 회의에서 주방과 홀 직원 모두에게 샴페인을 따라주며 우리가 이룬 성과를 함께 축하했다. 그리고 직원들에게 이날 오후 느꼈던 감정을 아껴두었다가 힘들 때마다 다시 꺼내 보라고 말했다. 왜냐하면 우리는 아직 갈 길이 멀었기 때문이다.

"좋은 서비스 부탁해요. 일이 끝나면 나가서 멋진 시간을 보내세요. 여러분은 그럴 자격이 있습니다. 이 기쁨을 온전히 누리세요. 이 순간을 감사히 여기세요. 그리고 내일 다시 전투적으로 일합시다."

그리고 약속한 대로, 대니는 리처드 코레인을 보내 EMP에서 쉐이크쉑으로 옮기고 싶은지 내게 물었고, 나는 이곳에 조금 더 남아 있겠다고 대답했다.


## 좌 절 을  연 료 로
## 삼 는  법

2007년 5월 링컨센터에서 열린 '제임스 비어드 상' 시상식에서 토머스 켈러와 다니엘 불뤼 같은 세계적인 셰프들과 함께 레드 카펫을 걷는 것은 정말 짜릿한 경험이었다.

대니얼이 30세 미만 셰프에게만 주어지는 '올해의 신예 셰프 상' 후보에 올라 함께 그 자리에 참석했다. 막 스물아홉이 되었을 때 그는 캠튼 플레이스에서 일하고 있었다. 이때도 이 상 후보에 올랐지만 수상을 하지는 못했다. 이번이 마지막 기회였고, 나는 대니얼이 상을 받을 것이라고 믿어 의심치 않았다.

마침내 봉투가 열리고 수상자가 발표되었다. "2007년 신예 셰프 상의 주인공은 바로, 모모푸쿠의 데이비드 장!"

대니얼은 좌절했다. 그의 이름이 불리기만을 기대했던 우리는 패배한 듯한 기분이었다. 장의 레스토랑은 정통 파인 다이닝 레스토랑에 대한 반발이라 할 수 있다. 그는 거창하고 딱딱한 분위기 없이도 맛있는 음식을 즐길 수 있다고 믿었다. 하지만 그것은 우리도 마찬가지였다! 대니얼과 나는 파인 다이닝이 여전히 가치 있으며, 이러한 전통이 현대적이고 재미있는 방식으로 재해석될 수 있다는 것을 증명하기 위해 최선을 다했다. 다만 장의 레스토랑이 파인 다이닝에 대한 일종의 반박이었다면, 우리 레스토랑은 혁신의 일부가 되기를 바랐다.

『뉴욕 타임스』의 리뷰를 받은 후 우리 일이 헛되지 않다는 자부심이 있었다. 하지만 그날 밤 장은 승리했고, 우리는 패배했다. 받아들이기 힘든 결과에 나 역시 상실감이 컸지만, 대니얼을 챙기는 게 먼저였다. 좋을 때는 누구나 파트너가 될 수 있지만, 어려울 때야말로 진정으로 함께 있어주어야 한다. 그가 수상한 것처럼 사랑과 지지를 받는 기분이 들기를 바랐다. 그래서 수상자가 발표되자마자 친구들을 레스토랑으로 초대했다.

그날은 전설적인 날로 남았다. 그날 이후 우리는 승리를 기념할 때 광란의 파티를 여는 것으로 유명해졌다. **우리가 처음으로 우리 자신을 위해 연 파티는 사실 패배한 날이었다. 최고의 날이 아닌 최악의 날에 가장 좋은 와인을 마시라는 명언을 남긴 손님의 말이 떠올랐다.**

나는 나쁜 감정을 무시하는 리더가 아니다. 좌절을 겪으면 직원들에게 슬픔을 충분히 느끼라고 말한다.

"다들 기분 최악이죠? 열심히 일하고 신경 썼는데 오늘도 원하는 대로 되지 않았네요. 충분히 실망해도 괜찮아요. 이 감정을 애써 외면

할 필요는 없어요."

실망스러울 때 굳이 나쁜 와인을 마셔야 할 이유는 없다. 시상식이 있던 날 밤, 리처드 코레인은 지하실에서 최고급 와인들을 꺼내 와 우리를 사랑하고 믿어주는 사람들과 함께했다. 다니엘 불뤼 셰프님도 와주었는데, 마치 내 대학 시절처럼 우리를 위해 스크램블드에그를 만들어주었다.

그야말로 축하 파티였다. 어떤 제임스 비어드 위원회도 대니얼이 자신의 목표를 위해 투자한 노력과 성과를 빼앗을 수 없었다. 비록 우리는 패배했지만, 시상식 자체가 어떤 면에서는 도착점처럼 느껴졌다. 우리가 평생 존경하고 따르던 사람들이 우리를 주목하고 있다는 사실에 짜릿했다.

**힘든 밤이었지만, 그날 서로 격려하고 함께하기로 한 선택이 우리를 더욱 돈독하게 만들어주었다.**

## 화난 채로
## 잠들지 않는 법

레스토랑은 많은 일을 빠르게 처리해야 하는 곳이다. 오르내리는 계단, 뜨거운 주방, 서로 다른 욕구와 요구를 가진 손님들까지 쉬운 일이 하나도 없다. 게다가 서로 다른 인생을 살아온 사람들이 모여 관계를 형성하는 방법까지 배워야 한다.

EMP에서 일하는 사람들은 같은 목표를 향해 열심히 노력해 왔지만, 레스토랑을 최고로 만드는 방법에 있어서 늘 의견이 일치하는 건 아니었다. 의견 충돌로 인한 갈등은 성공을 바라는 간절한 마음만큼 악화되었다. 다른 회사에서도 이와 비슷한 상황을 본 적이 있는데, 모두가 목표에 너무 집중한 나머지 정작 서로에 대한 배려를 잊어버리는 상황이 되었다. 우리의 집단적인 열정, 즉 우리의 가장 큰 강점이 약점으로 바뀔 위험에 처해 있었다.

**그동안 쌓아온 협력, 완벽, 리더십의 문화를 유지하기 위해 이제는 긴장을 수용하는 법을 배워야 했다. 그렇지 않으면 지금까지 쌓아온 것을 한순간에 잃을 수도 있었다.**

우리는 신혼부부에게 흔히 하는 조언, 즉 '화난 채로 잠자리에 들지 말 것'에서 시작했다. 이를 규칙으로 만들었고, 식전 회의에서도 반복적으로 강조했다. 동료나 업무에 대한 불만이나 분노를 느낀 상태로 퇴근하지 말고 집에 가기 전에 반드시 대화를 통해 문제를 해결하라는 것이다.

서비스가 한창일 때는 사소한 의견 차이로 인해 두 사람이 전혀 소통하지 않는 상황이 발생하기도 한다. 예를 들어, 24번 테이블의 디저트 접시를 치우는 게 먼저일지, 28번 테이블에 계산서를 가져다주는 게 먼저일지 같은 것들이다. 하지만 식전 회의에서 여러 번 언급했기에, 매니저가 서비스가 끝난 후 "화난 채로 잠자리에 들지 말 것"이 한 마디만 하면 해결할 수 있었다. 30분 후, 의견 차이를 보였던 두 사람이 복도에서 대화하는 모습을 볼 수 있었고, 그들은 다음 날 같은 구역에서 함께 환상적인 서비스를 제공했다.

내 경험상 사람들은 대체로 자신의 의견에 동의하기보다 자신의 의견을 들어주길 원한다. 앞서 두 사람은 상대방의 생각을 바꾸지는 못했지만 최소한 경청함으로써 서로를 존중하는 모습을 보여 주었다. 해결책을 찾지는 못했지만 그들은 한결 가벼워진 마음으로 잠들었을 것이다.

## 세 번째 대안을
## 찾아라

첫 번째 대규모 리노베이션 후, 대니얼과 갈등을 겪었다. 차저$^{charger}$는 고급 레스토랑에서 테이블 세팅에 사용하는 장식용 접시다. 보통 식사에 사용하지는 않고, 첫 번째 코스가 나오기 전에 치운다. 차저는 면밀하게 검토되지 않은 파인 다이닝 규칙의 전형적인 예라 할 수 있다. 단지 보여 주기식으로만 존재하고, 손님 경험에 아무런 도움도 되지 않으며, 바로 치워진다면 과연 무슨 의미가 있을까? 하지만 고전적인 유럽 배경을 가진 대니얼은 아름답게 차려진 테이블도 차저가 없으면 촌스러워 보인다고 단호하게 말했다.

우리는 몇 시간 동안 이에 대해 열띠게 논쟁했다. 나는 쓸모없다고 생각했고, 그는 아름답다고 생각했다. 이런 교착 상태를 끝내기 위해, 우리는 서로의 입장이 되어보기로 했다. **열정적인 사람들은 자신의 견해에 갇히기 쉽지만, 반대 관점으로 논의하다 보면 그 입장에 공감**

**하게 된다.** 그리고 역할을 바꿔보면 '내' 생각만 고집하는 것에서 벗어날 수 있다. 이렇게 되면 이기는 것보다 조직을 위해 무엇이 옳은지를 더 고려하게 된다.

안타깝게도 이때는 이 방법이 먹히지 않았다. 지금은 기억나지 않지만 누군가가 세 번째 대안을 내놓았다.

"차저를 그대로 두는 대신 유용하게 사용하면 어떨까요?"

결국 도자기 디자이너인 조노 판돌피에게 연락했고, 그는 접시 중앙에 아름다운 무광택 원을 디자인해 주었다. 그 원은 파인 다이닝에서 애피타이저로 제공하는 한입 크기의 아뮤즈 부쉬 크기에 정확히 들어맞았다.

**함께 조율하는 과정에서 더 우아하고 환대적인 해결책을 찾을 수 있었다. 혼자서는 생각해 내지 못했을 것이다.**

이것은 내게 특별한 의미와 상징을 지닌 일이었다. 파인 다이닝을 접해 본 사람이라면 차저가 금방 치워질 것이라고 예상할 것이다. 하지만 예상과 달리 차저는 테이블 위에 그대로 놓여 있었고, 손님에게 선물을 제공할 준비를 하고 있었다. 대니얼은 아름다운 맞춤형 도자기로 테이블을 장식할 수 있었고, 나는 차저가 쓸모없는 것이 아니라 손님의 첫 번째 코스를 맞이할 의미 있는 접시라는 사실에 안도할 수 있었다.

# 기꺼이
## 물러설 수 있는 용기

어느 해 겨울, 대니얼은 치즈 코스 후에 세 가지 디저트를 연속으로 내놓고 싶어 했다. 나는 식사 시간이 너무 길어져 손님들이 지치지 않을까 걱정이 되었다. 유청 소르베가 맛있긴 했지만, 소르베 코스에 열광하는 사람이 과연 몇이나 될까? 그냥 하던 대로 하면 안 되는 건가?

하지만 대니얼은 단호했다. 그는 디저트 코스 하나하나에 많은 공을 들였고, 손님의 식사 경험에 대해서도 진지하게 고민했다. 여러 번의 토론 중 "이건 나한테 중요한 일이야"라는 그의 한마디가 결정적이었다. 나는 곧바로 홀 직원들에게 가서 우리 쪽에서 효율적인 서비스로 식사 속도를 조절해야 한다고 말했다.

**때로는 좋은 파트너십을 위해, 가장 신경 쓰는 사람의 결정을 따르는 것이 현명하다.** 그렇다고 해서 내가 디저트 코스를 신경 쓰지 않았다는 것은 아니다. 완벽주의적이고 꼼꼼한 성격상 모든 게 중요했지만, 이 일은 나보다 대니얼에게 훨씬 더 중요했다.

이 규칙에는 불문율이 있는데, 바로 '이건 나한테 중요해'라는 카드를 너무 자주 남용해서는 안 된다는 것이다. 무엇보다 기꺼이 자기 생각을 굽히고 양보하려는 자세가 우리 사이의 신뢰를 구축하는 데 도움이 되었다. 하지만 때로는 우리도 끝장날 때까지 싸웠다.

# 사람 관리에
# 만능 규칙이란 없다

어느 날 친한 친구가 찾아와 한 직원 때문에 힘들다고 토로했다. 그 직원은 저연차 직원들에게 신입 매니저에 대한 험담을 늘어놓으며, 그들의 권위를 깎아내리는 못된 버릇을 가지고 있다고 했다.

"그러지 말라고 계속 얘기했어! 그런데 금요일에 또 그랬다니까! 내 말이 우스운가 봐."

그간 해로운 직장 문화를 없애기 위해 꾸준히 노력해 왔다. 지난 10년간, 특히 레스토랑 업계에서 배운 게 있다면 학대와 괴롭힘, 조작에 기반한 기업 문화는 끔찍하고 비윤리적일 뿐 아니라 불안정하고 비효율적이라는 점이다. 그렇다고 해서 직장 문화가 항상 달콤하고 경쾌해야 한다는 뜻은 아니며, 그럴 수도 없다.

직원 관리는 당근과 채찍을 어떻게 줄 것인가, 이 두 가지로 요약된다. 나는 전자가 더 중요하다고 생각한다. 하지만 채찍 없이는 결코 최고가 될 수 없다. 따라서 사람들을 올바르게 지적하는 방법에 대한 신중한 접근도 기업 문화의 일환이 되어야 한다.

자주 인용되는 리처드 코레인의 말 중 하나가 바로 '개인 맞춤형 전략'이다. 그는 환대 경험을 예로 들어 설명했는데, 서버와 담소를 나누는 것을 좋아하는 손님이 있는가 하면, 서버가 주문만 받고 자리를 피해 주길 원하는 손님도 있다. 그러므로 손님의 성향을 빠르게 파악하고 그들이 원하는 방식으로 서비스를 제공하는 것이 우리의 역할이다.

마찬가지로 사람을 관리하는 데도 만능의 규칙은 존재하지 않는다. 게리 채프먼은 1992년 출간한 책『5가지 사랑의 언어The Five Love Languages』로 많은 연인을 구해 냈다. 이 책은 사람들이 어떻게 사랑을 표현하는지, 또 어떤 사랑을 받고 싶어 하는지를 다섯 가지 사랑의 언어로 설명하고 있다. (다섯 가지 사랑의 언어는 '봉사, 선물, 스킨십, 함께 있는 시간, 칭찬의 말'이다.) 저자는 사람들이 자신이 받고 싶어 하는 방식으로 사랑을 표현하는 것은 잘못된 방식이라고 지적한다. 예를 들어, 애인의 '사랑의 언어'가 '봉사'라면, 키스로 깜짝 선물을 하는 것보다 상대방의 취향에 맞는 커피 한 잔을 준비하는 것이 훨씬 더 효과적인 방법이라고 말한다.

사람마다 사랑의 언어가 다르듯이, '강한 사랑'의 언어도 마찬가지다. 강한 사랑에도 다섯 가지 언어가 존재하는지는 잘 모르겠지만, 주변에 보면 좋게 말하면 안 통하는 사람들이 있다. 그런 사람들에게는 약간의 엄격함이 필요하다.

대니얼과 함께 일하기 시작했을 때, 각자의 경영 스타일이 다르다는 것을 단번에 알 수 있었다. 당연한 일이다! 나는 대니 마이어의 '깨어 있는 환대'라는 달콤하고 존중이 넘치는 세계에서 성장했다. 반면 대니얼은 열네 살 때부터 유럽의 미슐랭 3스타 레스토랑의 공격적이고 전투적인 주방에서 일했으며, 그곳은 온갖 고성과 모욕이(종종 그보다 더 나쁜 상황도 흔했다) 일상적인 업무 환경이었다.

대니얼이 나와 함께 일할 때는 최대한 예의를 갖추었지만, 직원들 사이에서는 그의 불같은 성격에 대한 소문이 자자했다. 나는 직원들에게 들은 것을 그에게 여러 차례 얘기했다.

"제발 그러지 말아요. 정신 나간 셰프 무리에 끼고 싶지 않다면, 적당히 좀 해요."

그는 내 말에 웃으며 동의했지만, 일주일 후 또다시 이성을 잃고 누군가에게 크게 화를 냈다는 소식을 전해 들었다.

하루는 주방에서 일을 보는데, 요리사가 아보카도를 곁들인 게살 룰라드를 접시에 잘못 올려놓은 것을 봤다. 그 순간 대니얼이 음식을 그대로 집어 들어 요리사 얼굴에 던져버렸다.

나는 입이 떡 벌어졌다. 믿을 수 없었다. 이건 절대 용납할 수 없는 행동이었다. 그를 사무실로 데려가 내 커리어에서 처음으로 함께 일하는 사람에게 소리를 질렀다.

"그렇게 사람 얼굴에 음식을 던질 거면, 더는 당신과 함께 일할 수 없어요. 당신이 대단한 것도 알고, 우리가 여기서 하는 일도 좋지만, 당신은 어떤 리더가 되고 싶은지부터 결정해요. 이런 식으로 주방을 운영할 거면 나는 당신과 함께할 수 없어요. 이 레스토랑을 함께 운영할 다른 사람을 찾아봐요."

15년 동안 나와 함께 일하면서 내가 소리 지르는 걸 본 사람은 단 한 명도 없을 것이다. 하지만 금요일 밤 서비스에 열중하다 보면 나도 모르게 짜증스러운 목소리가 나올 때가 있는데, 그럴 때면 바로 사과했다. 이때 내가 대니얼을 설득할 수 있는 유일한 길은 언성을 높이고 최후통첩을 하는 극단적인 방법밖에 없었다.

그 후 대니얼은 두 번 다시는 룰라드나 다른 어떤 것도 던지지 않았다. 사실, 대니얼은 한정판으로 출간된 책 『EMP, 그 후*Eleven Madison Park: The Next Chapter*』에서 그날의 이야기를 언급하며, 그 사건과 내가 보인 반응을 중요한 전환점으로 꼽았다.

우리는 함께 일하는 사람들을 잘 파악해야 한다. 어떤 사람들은 비판에 대해 감정적으로 반응하지 않고 이성적으로 받아들인다. 개인적인 자리에서 감정을 섞지 않고 지적하면, 그들은 지적을 있는 그대로 받아들인다. 그리고 3분 후, 자신의 실수에 대해 사과하고 인정하며 언제 그랬냐는 듯이 당신과 함께 어젯밤 메츠 경기에 관해 이야기를 나눌 것이다.

또 어떤 사람들은 비판에 아주 민감하게 반응한다. 하지만 이것이 반드시 부정적인 것은 아니다. 이들은 모든 일에 최선을 다하려고 애쓰는데, 그렇지 못했다는 느낌만으로도 깊은 상처를 받는다. 이들은 당신이 무엇을 어떻게 말하든 예민하게 반응할 것이기 때문에, 이들에게 조언할 때는 어떻게 전달할지 충분히 생각해야 한다. 또한 그들과 함께 시간을 보내면서 그들이 여전히 사랑받고 있다는 것을 알려 주는 것이 현명하다.

그리고 약간의 자극 없이는 알아듣지 못하거나 듣기를 거부하는 이들도 있다. 온화하게 대화하듯 질책하면 심각하지 않다고 생각한다. 이런 사람들에게는 약간 강하게 접근해야 한다. 앞서 이야기한 친구는 문제 직원에게 언성을 높이며 말하는 것이 불편하다고 했다. 결국 목소리를 높였지만, 그 직원과 문제를 해결하고 실질적인 진전을 이루어냈다고 한다. 나는 그 소식에 기뻤지만 그다지 놀랍지 않았다.

켄 블랜차드<sup>Ken Blanchard</sup>에 따르면, 누군가를 책망할 때는 감정을 배제하고 사적으로 전달해야 한다. 대니얼을 사무실로 데리고 갔을 때, 내 목소리는 컸지만 내 말은 절제되어 있었다. 당시 감정은 격해 있었지만, 말에는 드러나지 않았다. **우리는 행동을 비판하는 것이지 그 사**

**람을 비판하는 것이 아니다.** 그리고 언성을 높인다는 것은 통제력을 잃고 분노를 터트린다는 뜻이 아니다. 절대 통제력을 잃거나 분노를 터트려서는 안 된다. 다만 평소보다 조금 더 크고 엄격한 '강한 사랑'의 방식을 사용하는 것이다.

강한 사랑의 언어 표현 중 절대 통하지 않는 게 바로 비꼬는 말이다. 특히 젊은 매니저들은 쓴소리하는 것을 힘들어해서 비판을 유머로 무마하려는 경우가 종종 있다. 하지만 **진지한 상황에서는 절대 비꼬는 말을 해서는 안 된다.** 그것은 비판받는 사람, 당신이 전달하려는 메시지, 그리고 비판하는 당신 자신까지 모두를 깎아내리는 행동이다.

누군가를 칭찬하는 것은 어렵지 않지만, 누군가를 꾸짖고 비판하는 것은 어려운 일이다. 그래서 평소에 매니저들과 비판에 대해 많은 이야기를 나눈다. 비판을 어떻게 전달하고 어떻게 받아들일지 그리고 가장 중요한 부분인 비판에 대해 어떻게 생각해야 하는지에 대해서 이야기한다. 우리는 모두 호감을 얻고 싶어 한다. 그런데 누군가에게 피드백을 주는 것은 상대방의 호의를 잃을 위험을 감수하는 일이기도 하다. 그래서 누군가에게 개선점을 알려 주는 것은 그들에게 진정한 관심과 배려를 보여 주는 최고의 방법이라고 생각한다.

다른 사람의 필요를 자신의 필요보다 우선시하는 것, 이것이 바로 환대의 핵심이기도 하다. 칭찬은 긍정의 표현이지만 비판은 투자다.

또한 어느 위치에 있든 비판을 수용할 준비가 되어 있어야 한다. 특히 자기 일에 자부심이 높은 우수한 직원일수록 성과가 기대에 미치지 못할 때 기분이 상할 수 있다. 하지만 계속해서 방어적인 태도를 보이거나 피드백에 반발하거나 실수를 정당화하려고 한다면, 결국 사람들은 당신에게 그 어떤 피드백도 주지 않을 것이다. 피드백을 주는 것이 점점 힘들고 불편해지면서 그들은 더 이상 당신에게 신경 쓰지 않을 것이고, 결과적으로 당신의 성장도 멈추게 될 것이다.

### 빠르게, 하지만
### 너무 빠르지는 않게

어느 날 밤, 한 매니저가 최고의 캡틴 중 한 명이 (벤이라고 부르겠다) 근무 중 술을 마시는 것을 발견했다고 보고했다. 레스토랑 근무 중에는 음주가 허용되지 않기에(우리는 허용하지 않았지만 허용하는 곳도 있다) 이를 위반할 경우 즉시 해고 사유가 된다. 하지만 나는 바로 짐을 싸라고 말하는 대신, 그에게 대화를 요청했다.

"솔직하게 말해 주세요. 어젯밤 근무 중에 술 마셨나요?"

"네, 죄송합니다. 저를 해고하셔도 할 말이 없습니다."

"아직은 당신을 해고하지 않겠지만 실망이에요. 당신은 저만 실망시킨 게 아니라 팀 전체를 실망시켰어요. 리더가 되어야 할 사람이 술에 취해 있었다니요. 두 가지 방법이 있어요. 하나는 지금 바로 떠나는 거예요. 나는 당신이 이곳에 투자한 시간, 그리고 이 레스토랑을 더 나은 곳으로 만들기 위해 쏟아부은 노력에 감사의 말을 전할 것이고, 우리는 작별 인사를 나누는 거예요. 그런 다음 당신은 사물함을 정리하고 집에 가면 돼요. 하지만 당신이 남고 싶다면, 내일 하루 쉬고 모레 돌아와서 어젯밤 함께 일했던 사람들에게 사과하세요. 무슨 일을 저질렀는지, 무엇을 잘못했는지, 왜 미안한지에 대해 말하고 다시는 그런 실수 하지 않겠다고 약속하세요. 그리고 만약 같은 실수를 저지른다면 그 즉시 당신을 해고할 겁니다."

벤이 동료들에게 이런 얘기를 하는 건 쉽지 않았지만, 자신의 약점이나 실수를 솔직하게 드러내는 것이 강점이 될 때가 있다. 벤이 자신의 실수에 대해 책임지는 모습을 보여 주자, 모두가 그를 용서했다.

몇 달 후 벤은 근무 중에 또 술을 마셨고, 나는 약속대로 그를 해고했다. 다행히도 이 일이 큰 깨달음이 되어, 그는 현재 회복 중이고 호스피탈리티 분야에서 주목할 만한 경력을 쌓고 있다. 그에게 두 번째 기회를 준 것을 후회하지 않는다.

함께 일하는 사람들이 실제 가족이 될 수는 없지만, 그렇다고 해서 그들을 건성으로 대해서도 안 된다. 때문에 '천천히 채용하고 빠르게 해고하라'라는 경영 명언을 일부 수정할 필요가 있다.

앞서 말했듯이 천천히 채용하는 건 중요하다. 처음 몇 달 동안은 새로 합류한 사람이 그 팀에 적합한지, 아니면 약간의 추가 지원이 필요한지 주의 깊게 살펴야 한다. 그리고 팀에 해로운 사람이 있다면, 그들이 팀의 균형을 깨뜨리기 전에 빨리 내보내야 한다. 하지만 동시에, 단 한 번의 실수로 가족 구성원을 집에서 쫓아내지는 않을 것이다. 그러니 '천천히 채용하고 빠르게 해고하되, 너무 빠르지는 않게'라고 수정하는 것이 좋겠다.

위대한 환대는 눈에 보이지 않는
작은 디테일에서부터 시작된다.

대니 마이어<sup>Danny Meyer</sup>

## CHAPTER 013

일상의
경계를
**넘어서는**
**순간.**

,

## 틀 을 깨 는 시 도

　　2007년, 처음으로 추수감사절에 레스토랑 문을 열었다. 대니의 레스토랑은 주요 공휴일에 한 번도 문을 연 적이 없다. 이는 대니가 직원들에게 주는 선물이자, 직원들이 사랑하는 사람들과 함께 시간을 보낼 수 있도록 재정적 희생을 감수한 것이었다.

　　하지만 나는 EMP에서 추수감사절에 영업하고 싶었다. 대니에게 제안하기 전, 먼저 그의 파트너 중 한 명인 폴 볼스-비브에게 이야기했다. 그는 "절대 안 될걸요. 이건 이미 우리 회사 문화의 중요한 부분으로 자리 잡혔어요"라고 대답했다. 하지만 대니는 언제나 도전에 열려 있는 사람이었고, 신중하고 사려 깊은 주장을 귀담아듣는 사람이었다. 그래서 그를 설득해 보기로 했다. 추수감사절에 가족들과 시간을 보내는 것도 좋지만, 뉴욕 레스토랑에서 일하는 사람 대부분은 뉴욕 출신이 아니어서 공휴일에 레스토랑이 쉬더라도 멀리 있는 집에 돌아가서 가족과 함께 시간을 보내지 못하는 경우가 많았다. 그렇다면 추수감사절에 영업해서 벌어들인 수익으로 새해 며칠 동안 쉬는 건 어떨까. 오히려 이때 여유롭게 집에 다녀 오는 편이 좋지 않을까.

직원들에게 더 효율적이고 필요한 선물을 주고 싶은 내 생각에 공감한 대니도 흔쾌히 동의했다. 대니가 휴일 정책을 재검토할 의향이 있다는 것은, 사업의 어떤 부분도 재평가에서 제외해서는 안 된다는 것을 상기시켜 주었다. 나는 직원들에게 아이디어를 제시하도록 격려할 때마다 이 이야기를 들려주었다.

**"주저하지 마세요. 우리가 무언가를 하는 방식에 자부심을 느끼더라도, 심지어 그것이 레스토랑에 꼭 필요한 것처럼 느껴진다 해도 우리가 그것을 더 우아하고, 더 효율적이며, 더 창의적으로 만들 수 없다는 의미는 아니에요. 불가능한 것은 아무것도 없어요."**

그 첫해, 추수감사절 예약은 공개되자마자 바로 만석이 되었다. 뉴욕에서 추수감사절에 문을 여는 파인 다이닝 레스토랑이 많지 않았던 것도 큰 도움이 되었다. 그 이후 추수감사절은 일 년 중 가장 바쁜 하루가 되었다.

추수감사절 날 마지막 손님이 문을 나선 뒤, 전 직원이 모여 저녁을 함께 먹었다. 건배사를 하면서, 내 신경증을 숨기거나 부끄러워할 필요 없는 이곳에 오게 되어 진심으로 감사하다고 말하자 모두가 웃었다. 다들 내 완벽주의적인 성격을 잘 알고 있었고, 비웃음을 받을까 봐 신경 쓰며 일했던 경험이 있었다.

E M P 에 서 는  모 두 가  소 속 감 을  느 끼 며,
매 일  더  나 은  사 람 이  되 기  위 해  도 전 했 다.

나는 테이블을 돌며 직원들과 이야기를 나누었다. 와인 기운이 도는 것도 한 수 도움이 되었다. 평소 자신의 감정을 잘 드러내지 않던

사람들도 이때만큼은 자신의 이야기를 하기 시작했다. 서로 열린 마음
으로 소통하는 것을 보니 더없이 기뻤다.

환대를 잘하는 사람들은 대체로 민감한 성향의 소유자들이다. 그
들은 어떤 것이든 주의 깊게 살피고, 느끼며, 관심을 기울인다. 이것은
일종의 초능력이라 할 수 있는데, 그 섬세함 때문에 이들을 관리하기
란 좀처럼 쉽지 않다. 실제로 이런 직원들에 대해 불만을 토로하는 매
니저들을 많이 봐왔다.

"이 친구들은 손이 너무 많이 가요! 격려도 많이 해줘야 하고, 모든
결정에 대해 자세히 설명도 해줘야 하고, 모든 변화에 손을 잡아줘야
한다고요!"

하지만 바로 이러한 성향이 이들을 뛰어나게 만드는 것이다. 이들
에게는 섬세한 안테나가 필요하다. 웅장한 레스토랑을 보고 부담을
느낀 손님이 들어왔을 때 그들의 기분을 이해하고, 그들이 상처 받지
않도록 격식을 줄이고 편안함을 제공하려면 섬세함과 공감이 필요하
다. 음식이 늦어져 손님이 불만을 품고 있다는 감이 오면, 손님이 불평
하기 전에 요리를 확인하고 미리 사과할 수 있어야 한다. 그리고 본능
적으로 타인의 감정에 예민한 서버는, 손님들 사이에 흐르는 긴장감을
바로 알아차리고, 식사 진행 속도를 조절해 손님들이 서로 문제를 해
결한 후 나머지 식사를 즐길 수 있도록 한다.

이런 섬세한 사람들에게는 더 많은 시간과 사랑이 필요하다. 추수
감사절 저녁 식사 시간은 직원들이 동료들과 함께 자신의 부족함을 털
어놓을 수 있는 자리가 되어주었고, 그들에게는 이런 시간이 절실히
필요했다. **당신이 함께 일하는 사람들에게 그들이 존중받으며 자신의**

**목소리를 낼 수 있는 공간을 마련해 주지 않는다면, 그들은 주변 사람들에게 온전히 이해받을 수 없을 것이다.**

우리가 추수감사절에 했듯이, 자신만의 전통을 만드는 것은 다층적이고 섬세한 문화를 형성하는 과정이다. 내가 좋아하는 아버지의 명언 중 하나는 "행복의 비밀은 기대할 무언가가 있다는 것"이다. 이것이 바로 사람들이 코로나19 봉쇄 기간 어려움을 겪은 이유이기도 하다. 두려움과 슬픔도 있었지만, 극장이나 스포츠 행사, 심지어는 저녁 데이트조차 기대할 수 없는 상황이었기에 사람들은 힘을 내기가 어려웠다.

이것은 조직 내에서도 마찬가지이며, 특히 열심히 일할 때 더욱 그렇다. 우리는 별 3개를 얻기 위해 열심히 노력했지만, 나중에 했던 노력에 비하면 아무것도 아니다. 우리는 매년 기대할 무언가가 필요했고, 추수감사절은 우리가 믿고 기대할 수 있는 아름다운 전통 중 하나가 되었다.

이런 새로운 전통은 건강한 문화에 필수적이지만, 휴게실에서 생일 케이크를 먹는 것처럼 사람들이 즐기거나 기대하지 않는 것들은 지속될 수 없다. **새로운 전통은 진정성 있고, 목적에 부합하며, 실제 필요를 충족시킬 때만 가능하다.** 이것이 우리의 추수감사절이 성공할 수 있었던 비결이다. 왜냐하면 주요 공휴일에 일하는 레스토랑 직원들은 '피터 팬의 잃어버린 소년들'처럼 배고프고 사랑받지 못한 느낌을 받기 때문이다. 레스토랑 직원들이 오픈 전에 함께하는 식사 시간을 '패밀리 밀family meal'이라고 부르는데, 막상 직원들은 시간에 쫓겨 급하게 열량을 흡입하는 느낌이다. 하지만 추수감사절만큼은 온 가족이 함께 모여 식사하는 것 같은 기분이 들었다.

# 칭찬의 힘을
# 적극 활용하라

　　1954년에 설립된 '릴레 & 샤토Relais & Châteaux'는 세계에서 가장 우수한 개별 레스토랑과 호텔로 구성된 협회다. 이 협회에 가입하려면 비용을 지급해야 하는데, 비용을 지급한다고 다 가입할 수 있는 건 아니다. 최종적으로 승인을 받아야 하는데, 지침이 엄격하기로 악명이 높다. 이 협회의 소유지들은 대부분 역사적인 명소이며, 그곳에 있는 레스토랑들은 최고급이다. 우리가 신청할 당시 프렌치 런드리, 다니엘, 르 베르나르댕, 인 앳 리틀 워싱턴Inn at Little Washington, 장 조지, 퍼 세 등이 포함되어 있었다.

　　미슐랭 스타와 『뉴욕 타임스』의 리뷰는 신청한다고 얻을 수 있는 명예가 아니다. 우리가 할 수 있는 것은 그저 최선을 다하고, 그들이 우리를 알아봐 주고 좋게 평가해 주길 바라는 것뿐이다. 하지만 릴레 & 샤토에는 준비가 되었다고 생각될 때 신청할 수 있다. 2008년, 대니얼과 나는 드디어 때가 되었다고 생각했다.

　　『뉴욕 타임스』로부터 받은 별 3개 리뷰는 우리의 사업과 사기에 큰 도움이 되었다. 별 4개를 목표로 하고 있었지만, 리뷰는 최소 5년 간격으로 이루어진다. 우리의 기세를 유지하기 위해 다른 존경받는 외부 기관에서 "이곳은 미국 최고의 레스토랑입니다"라고 말해 주기를 바랐고, 그렇게 할 수 있는 곳은 많지 않았다.

　　대니에게 신청해도 되는지 물었다.

　　"미안하지만 아직 준비가 안 됐어요. 일 년 뒤에 해봅시다."

대니가 준비되지 않았다고 하는데 감히 누가 반박할 수 있을까? 우리는 꼬리를 내리고 밖으로 나왔다. 하지만 쉽게 포기할 수 없었다. 나는 우리 팀이 매일 밤 얼마나 훌륭하게 일하고 있는지 지켜보았고, 대니가 잘못 판단한 거라고 확신했다.

다시 대니를 찾아가 물었다.

"신청할 수 없다는 말인가요? 아니면 신청하지 말라는 건가요?"

이렇게 묻기까지 많은 용기가 필요했다. 그 말이 입 밖으로 나온 순간 (내 의도와는 달리!) 대립적으로 들렸을 것이다. 그런데도 내가 좋은 의도로 물어본 것이라는 걸 대니가 알아줄 것이라고 믿었다. 우리가 EMP에서 하는 일을 자랑스럽게 여기고 있고, 얼른 세상에 보여 주고 싶어 할 만큼 야망이 크다는 것을 누구보다 잘 알고 있다고 믿었다.

그리고 실제로 그랬다. 대니는 언제나처럼 우리를 믿어주었다.

"난 두 사람이 생각하는 것만큼은 아니지만, 나를 다시 찾아온 것을 보니 두 사람은 내가 모르는 무언가를 알고 있다는 것을 말해 주네요. 확신이 있다면 그렇게 하세요."

그렇게 대니와 대화가 오가는 사이에 지원 마감일이 지나버렸다. 다시 신청하려면 일 년을 기다려야 했다.

며칠 후, 처음 지원을 결심하게 해준 다니엘 불뤼와 대화를 나누었다.

"마감일을 일주일이나 놓쳐서 일 년 더 기다려야 할 것 같아요."

"그럼 안 되지. 내가 한번 알아볼게."

그는 며칠 후 전화를 걸어와서 자신이 를레 & 샤토에 연락해 주겠다고 했다. 다른 셰프들이 함께 추천할 수 있도록 셰프들을 식사 자리에 초대하면 어떻겠냐고 정중하게 물었다.

그렇게 해서 다니엘 불뤼, 프렌치 런드리의 토머스 켈러, 그리고 인 앳 리틀 워싱턴의 패트릭 오코넬Patrick O'Connell이 일주일 후 저녁 식사를 하러 우리 식당에 오게 되었다.

74번 테이블에 앉은 이 세 명이 직원들에게 미친 영향은 말로 다 할 수 없었다. 이건 마치 데이비드 보위, 믹 재거, 폴 매카트니가 당신 의 직장에서 와인을 마시는 것이나 마찬가지다. 아니, 우리에게는 그 보다 더 큰일이었다. 그들이 우리 레스토랑에 온 것은 나와 대니얼에 게 엄청나게 중대한 일이었지만, 직원들은 마냥 행복해했다. 대니얼과 나는 다른 레스토랑 오너들과 함께 자선 만찬이나 행사에 자주 다녔 고, 전국의 셰프나 소믈리에들과 함께 제임스 비어드 상 시상식에 참 석하기도 했다. 우리는 점점 더 넓은 세상으로 나아가면서, 우리가 그 토록 존경하던 사람들로부터 직접 칭찬을 듣고 있었다.

우리 두 사람은 그 기쁨을 직원들에게 전달하기 위해 노력했다. 좋 은 기사가 나오면 오픈 전 식사 시간에 소리 내어 읽었다. 손님의 기분 좋은 이메일도, 다른 레스토랑에서 보내온 칭찬 글도 모두 읽었다. 다 니엘 불뤼가 를레 & 샤토에 지원해 보라고 처음 말했을 때, 너무 들떠 서 식전 회의에서 팀원들이 이룬 이 모든 성과에 대해 얼마나 자랑스 럽게 생각하는지 얼른 말하고 싶어 입이 간지러웠다.

하지만 이 세 사람이 팀원들을 직접 칭찬하는 모습을 보면서, **누군 가로부터 칭찬을 직접 듣는 것이 직원들에게 얼마나 의미 있는 일인 지 깨달았다.**

그날 이후 나는 가능한 한 많은 외부의 긍정적인 피드백을 활용하기 위해 노력했다.

## 스포트라이트를
## 독점하지 말고 공유하라

　　MoMA에서 일할 때 『타임아웃 뉴욕*Time Out New York*』 잡지에 내 이름이 언급된 적이 있다. 어떻게 보면 주간 잡지에 4분의 1쪽짜리 기사가 그리 대단한 일은 아니다. 하지만 내 이름이 처음으로 언론에 언급된 것이기에 내게는 매우 자랑스러운 일이었다.

　　EMP가 점점 더 많은 언론에 보도되면서, 주목받아야 할 사람이 온전히 스포트라이트를 받을 수 있도록 신경 썼다. 홍보 담당자가 우리의 맥주 프로그램에 관해 물으면, 해당 프로그램의 운영자인 커크를 연결해 주었고 이후 기사에 커크의 이름이 나오도록 했다.

　　이렇게 하면 커크는 자신의 공로를 충분히 인정받을 수 있었고, 다른 팀원들도 "잠깐만! 나도 저렇게 인정받고 싶어"라고 생각하는 계기가 되었다.

　　안타깝게도 그 반대의 경우가 많기에 여기서 명확하게 짚고 넘어가고 싶다. **다른 사람이 세운 공을 절대 가로채지 마라.** 여러 요리 잡지에서 유능한 수석 셰프가 개발한 레시피를 자기 것이라고 소개하는 셰프나, 소믈리에의 손길이 담긴 음료 프로그램을 자신의 공으로 돌리는 오너들을 수두룩 봐왔다. 예시를 하나 들자면, 어느 날 인스타그램에서 한 유명 셰프의 게시물을 보았다. 그는 자신의 레스토랑에서 가장 대표적인 요리에 '영감'을 준 사진 하나를 올렸다. 그러나 얼마 후, 실제 그 요리(그리고 그곳만의 시그니처 프레젠테이션까지)를 구상하고 만든 수석 셰프가 다른 레스토랑으로 떠났다는 소식을 들었을 때 그 누구도 놀라지 않았다.

나는 언론의 많은 주목을 받았지만, 커크가 알려 주기 전까지는 필스너와 닥터 페퍼의 차이점조차 알지 못했다. 그런 나를 세상이 맥주 천재로 생각하길 원치 않았다. 대신 커크가 성공적인 맥주 프로그램을 만들 수 있도록 환경을 조성한 리더로 주목받는 편이 훨씬 좋았다.

다른 레스토랑에서 경영직을 맡고 있는 친구들은 내 전략이 잘못되었다고 지적했다. 직원 중 누군가 좋은 평가를 받으면, "다른 곳에서 가로챌 텐데"라며 경고했다.

틀린 말은 아니다. 주목을 받는 직원이 늘어날수록 스카우트 제안도 많아지는 건 당연하다. 하지만 두려움보다는 희망을 기반으로 결정을 내리고 싶었다. 직원들이 떠나지 않도록 하는 것도 내 책임이다. 그리고 결과는 효과적이었다. 우리는 최고를 향해 나아갔고, 직원들도 은연중에 그것을 느끼고 있었다.

물론 떠난 이들도 있었다. 내 철학은 '그렇다면 어쩔 수 없다'이다. 어차피 떠날 사람은 떠날 것이고, 나는 그들이 떠날 때 영웅처럼 느끼길 바랐다. 우리 레스토랑 출신들이 나가서 멋진 일을 한다? 그건 우리에게도 좋은 일이다. 결과적으로 위험을 감수할 가치가 있었다. 우리 레스토랑에 미니 셀럽들이 생겨날수록 우리와 함께 일하고 싶어 하는 사람도 늘어나기 때문이다. 이것은 대니얼과 나의 부담을 덜어주었다. 왜냐하면 기사가 올라올 때마다 레스토랑을 방문한 손님들은 기사 속 직원을 찾기 시작했다.

모든 기업이 우리 레스토랑처럼 언론과 긴밀한 관계를 맺고 있지 않다는 것을 잘 안다. 하지만 모든 기업에는 이사회 구성원, 소셜 미디어 팔로워, 여러 사람이 모인 커뮤니티 회원 같은 외부 이해 관계자들이 있다. 만약 유통업자가 제시간에 주문을 완료하는 것에 대해 칭찬한다면, 그 일을 진행한 담당자를 전화로 연결한 후에 다시 한번 말해달라고 요청하라. 만약 투자자가 적시에 전달받은 상세하고 정확한 보고서를 칭찬하면 그 보고서를 작성한 직원을 회의에 참석시켜 그 칭찬을 직접 들을 수 있게 하라. **이렇게 외부의 누군가가 당신 회사가 잘 운영되고 있다는 걸 칭찬한다면, 그것을 적극 활용하라. 그리고 외부로부터의 긍정적인 피드백은 그것을 책임지고 있는 사람들에게 돌려줘라.**

## 수단과 방법을 가리지 말고 칭찬하라

우리 직원 중 누군가가 놀라운 환대를 실천했을 때, 나는 USHG의 고위 관리자들이 그 사실을 모르고 지나가지 않도록 했다. 고위 관리자들에게 우리 팀의 성과를 보고하고 팀이 잘하고 있음을 알리는 데 주저함이 없었다. 손님으로부터 받은 기분 좋은 이메일을 전달하는 것은 내가 잘 보이기 위함이 아닌, 대니가 다음에 레스토랑에 들렀을 때 유용하게 쓸 수 있는 정보를 제공하기 위함이었다.

만약 손님이 세심하고 훌륭한 서비스에 대해 극찬의 메일을 보냈다면, 그리고 내가 그 메일을 대니에게 전달한다면, 대니는 그 서비스 책임자를 따로 불러 감사의 인사를 전할 수 있을 것이다. 예약 담당자가 손님의 특별한 기념일을 위해 최선을 다해 테이블을 예약했다는 사실을 알게 된다면, 그 노력을 칭찬해 줄 수 있을 것이다.

리더는 직원의 사기를 높이고 유지하기 위해 사용할 수 있는 모든 도구를 활용해야 한다. 이는 관리자에게는 끊임없는 숙제이고 매일 해야 하는 일이다. 하지만 말처럼 쉬운 일이 아니다. 나는 우리 팀이 나를 존중하고 나로부터 영감을 받길, 그리고 나의 인정과 칭찬의 말이 그들에게 도움이 되길 바란다. 하지만 현실적으로 우리는 하루 종일 붙어 지내고 있고, 내가 주는 그 어떤 칭찬도 더 높은 직책에 있는 사람이 주는 칭찬만큼 영향력이 크지 않다. 특히 대니 마이어처럼 모두가 사랑하고 존경하는 회사 대표라면 더욱 그렇다.

팀원들이 자신만을 따르기를 원해 자기 상사를 배제하려는 리더들도 있다. 이는 자신감 부족이며, 근시안적인 생각이다. 나의 옛 상사인 타블라의 랜디 거루티는 대니 마이어가 나를 칭찬했다고 해서 내가 그를 덜 존경할까 봐 걱정하지 않았다. 오히려 그 칭찬으로 인해 내가 더 열심히 일하는 것을 옆에서 지켜봤다.

대니의 칭찬 한마디는 로켓 연료 같았다. 그것을 불안해하기보다 우리 공동의 이익을 위해 사용했다. 계속해서 대니에게 그런 이메일들을 전달했고, 직원들에서 동기부여가 되도록 최선을 다했다.

다니엘 불뤼, 토머스 켈러, 패트릭 오코넬을 EMP에 초대하면서 모두가 조금 더 자신감을 얻게 되었다. 놀라운 환대를 실천한 것은 효과적이었고, 팀원들도 체감하고 있었다. 세 명의 셰프 역시 그것을 느꼈고, 그 결과 그들 모두 를레 & 샤토에 편지를 보내 우리를 뉴욕 최고의 레스토랑이라고 호평하며, 다음 평가까지 한 해를 기다리는 것은 실수일 것이라고 말했다. 미국에서 가장 유명한 세 명의 셰프가 개인 추천서를 써주면서, 우리는 마감일을 놓쳤음에도 불구하고 처음에 준비했던 지원서보다 훨씬 더 강력한 지원서를 제출할 수 있었다.

를레 & 샤토 측에서 익명의 리뷰어를 보냈는데, 우리는 그들이 누구인지, 언제 방문했는지 전혀 알 수 없었다. 하지만 몇 달 후 협회의 가입 승인을 받았으니, 그들은 분명 좋은 시간을 보냈던 것 같다.

레스토랑 앞에 명판을 걸 수 있어서 정말 영광이었다. 이 상은 유럽에서 더 높이 평가받기 때문에 유럽 출신인 대니얼에게는 남다른 의미가 있었다. 또한 이렇게 의미 있는 기관에서 우리를 다니엘, 르 베르나르댕, 장 조지, 퍼 세 같은 레스토랑과 같은 수준으로 처음 인정한 것이기도 했다.

내 인생에 또 하나 중요한 명판이 있다. 어렸을 때 아버지가 좋아하던 캘빈 쿨리지의 명언이 새겨진 명판을 주셨다. 거기에는 이런 글귀가 적혀 있다.

**세상의 그 무엇도 끈기를 대신할 수 없다.**
**재능도 아니다. 재능은 있는데 실패한 사람들은 널렸다.**
**천재성도 아니다. 버림받은 천재성이란 말도 있지 않은가.**
**교육도 아니다. 세상은 교육받은 낙오자들로 가득하다.**
**오직 끈기와 결단력만이 모든 걸 가능케 한다.**

대니가 준비되지 않았다고 말했을 때 쉽게 포기할 수도 있었다. 그리고 내가 그를 다시 찾아갔을 때 또다시 거절당했다면 주눅이 들었을 것이다. 하지만 거절을 받아들이지 못하면 결코 최고가 될 수 없다. 특히 처음 거절 당했을 때 포기해서는 안 된다. 실패할 각오를 해야 한다.

플레 & 샤토 합류는 우리에게 엄청난 힘이 되었다. 그들의 인정으로 대중은 우리를 새로운 시선으로 바라보았다. 우리는 그 영예를 적극적으로 활용해 한발 더 나아갔다.

또한 그 세 명의 셰프가 팀에 끼친 영향을 보며, 칭찬이 우리 문화에 얼마나 큰 변화를 가져올 수 있는지 깨달았다.

칭찬을 받으면 기분이 좋지만, 그 도파민 효과는 일시적이다. 하지만 칭찬을 의도적으로 활용해 팀을 격려하고, 영감을 주며, 힘을 북돋우면 완전히 새로운 단계로 나아갈 수 있다.

## 열망에 타버린
## 균형 찾기

야망은 무한한 에너지를 공급하는 원자로 같다. 를레 & 샤토에 합류하면서 우리는 성공을 맛보았고, 욕심은 점점 더 커졌다. 2008년 당시 EMP는 내 인생의 전부였다.

나뿐만 아니라 리더십 팀 전체가 야망에 차 있었다. 우리는 자신과 레스토랑을 위해 세운 거대한 목표를 이루기 위해 끊임없이 일했다.

EMP를 그저 훌륭한 별 3개 레스토랑이 아닌 별 4개 최고 등급 이상의 레스토랑으로 만들고 싶었다.

이 목표를 이루고자 모두가 뜨거운 열망과 열정을 갖고 헌신했다. 홀 팀은 완벽하고 열성적이었는데, 개선의 여지가 있는 작은 부분까지 다 찾아내었다. 이로 인해 서비스가 세부적이고 복잡해졌는데, 마치 하나의 게임 같았다. 주방에서는 대니얼과 그의 팀이 요리에 더 복잡한 구성 요소를 추가하기 시작했다. 준비 목록은 점점 길어졌고, 기술은 더 복잡해졌다. 우리는 차원이 다른 경험을 제공하기 위해 최선을 다했다.

하루는 오전에 근무했던 요리사가 저녁 11시쯤 넋이 나간 채로 레스토랑에 들어왔다. 그녀는 심한 불면증과 스트레스로 인해 자신이 오전 9시 근무에 두 시간이나 늦었다고 생각했지만, 실제로는 10시간이나 일찍 온 것이었다.

우리가 너무 빨리 가고 있다는 징후가 이미 여러 곳에서 나타나고 있었고, 이 사건을 계기로 모든 걸 잠시 멈추기로 했다. 우리는 열정에 불타오르고 있었지만, 그 순간 우리의 야망이 지나쳤다는 사실이 명확해졌다. 원자로가 녹아내리고 있었다.

**리더는 앞을 내다볼 수 있는 비전을 갖고 있어야 한다고들 하지만, 수면 아래를 내려다볼 줄도 알아야 한다.** 우리는 와일 E. 코요테처럼 빠르게 달리는 로드 러너를 쫓아가는 데 몰두하느라 어느새 벼랑 끝으로 달려가는 걸 깨닫지 못했다. 손님 경험에만 집중하느라 내부 관리에 소홀했다. 잃었던 균형을 되찾아야 했다.

고객의 필요를 먼저 충족시키면,
그들은 당신의 성공을 충족시켜 줄 것이다.

데이브 토마스<sup>Dave Thomas</sup>

## CHAPTER 014

# 지속 가능한
# 성공을 위한
# **황금**
# **법칙。**

,

## 속도를 늦출 수 있는 용기

시카고의 보카Boka 레스토랑 그룹의 최고 경영자
이자 공동 창업자인 케빈 보헴은 웰컴 콘퍼런스에서 그의 인생이 아름
답게 흘러가던 순간에 겪었던 어려운 시기에 관해 이야기했다. 자신은
평생 다른 사람의 기대에 부응하기 위해 노력했는데, 자신이 우울하고
불안했던 이유도 바로 이 때문이라고 잘못 인식하고 있었다고 말했다.

"나 자신을 되찾는 시간을 가져야만, 진실한 상태가 되고 다른 이
들에게 긍정적 영향을 줄 수 있으며 회복력을 발휘할 수 있습니다. 이
것은 수동적인 것이 아니라 능동적인 추구입니다. 자신이 통제할 수
있는 것, 즉 마음 챙김, 식단, 운동, 태도 그리고 누구와 시간을 보낼지
선택하는 것 등을 다른 무엇보다 우선해야 합니다. 그렇게 자신의 야
망이나 목표를 추구할 때 명확함이 흐려지지 않도록 강인한 정신력으
로 무장해야 합니다."

이 말을 들었을 때 내 마음을 들킨 듯했다. 비행기 이륙 전 승무원
이 제공하는 안전 지침에는 "다른 사람을 돕기 전에 먼저 자신의 산소

마스크부터 착용하십시오"라고 명시되어 있다. 호스피탈리티 업계에서는 이 지침이 모순처럼 느껴질 수 있다. 우리는 자신을 먼저 생각하고 돌보는 대신 다른 사람을 먼저 생각하고 챙겨야 하는 것 아닌가?

답은 '아니요'이다. **자신에게 필요한 것이 무엇인지 돌보지 않는다면 결코 주변 사람들을 도울 수 없다.**

자부심과 야망은 우리를 계속 밀어붙였다. 매일 자신과 주변 사람들에게 끊임없이 노력하고 개선하도록 요구했다. 하지만 자신의 에너지나 자원을 끝없이 소비할 뿐 충전하지 않으면 지속해서 사용할 수 없다.

그래서 대니얼과 나는 약간의 고민과 아쉬움을 품고 속도를 늦추기로 했다. 메뉴를 자주 바꾸지 않자 직원들은 더 많은 것을 따라잡을 수 있었다. 기존 직원들이 너무 힘들게 일하지 않도록 인력을 더 고용했고, 서비스에 추가했던 많은 장식을 줄였다. 하나의 예로, 이전에는 소스를 종류별로 다양화하고 곁들임 요리도 여러 가지 추가했었다. 이들을 제공하기 위해 푸드 러너가 두 배나 더 필요했지만 푸드 러너를 늘리지 않았고, 그것은 홀 매니저의 몫이 되었다. 매니저들의 부담을 덜어주기 위해 원래대로 주방에서 소스를 직접 뿌리는 방식으로 바꿨다. 손님에게 보여 줄 수 있는 연출은 줄었지만, 이러한 변화로 인해 매니저는 본래 업무인 홀 직원 관리에 더 집중할 수 있었다.

부가 서비스들이 빠져서 아쉽긴 했다. 이를 단번에 알아차리는 단골손님들도 많았다. 하지만 일이 너무 많아 직원들이 버거워한다면, 유지할 이유가 없다.

새로운 요소를 추가해 다른 일의 완벽함이 떨어진다면, 한 발 뒤로 물러서기로 마음먹었다. 차라리 적게 하되 제대로 하는 게 더 중요했다.

이런 문화적 변화는 식전 회의 주제에서 가장 두드러지게 나타났다. 지난 몇 달 동안은 어떻게 하면 더 탁월해지고 성공할 수 있을지에 집중했다. 하지만 이제는 창의성과 혁신을 직원들이 더 지속 가능한 방식으로 성공할 수 있도록 지원하는 데 활용했다.

사람마다 힐링 방식이 다르므로 자신에게 맞는 방식을 스스로 찾아내야 한다. 나에게 휴식이란 밤에 혼자 소파에 앉아 중국집 배달 음식을 시켜 먹으면서 TV를 몰아보는 것이다. 반면에 아내에게 휴식은 등산이나 장거리 달리기다.

당신의 힐링 방식은 크로스핏, 요가, 장거리 자전거, 요리, 그림 그리기, 라이브 음악 감상, 친구들과 공원에 누워 있는 것일 수도 있다. 운동, 자연, 공동체 활동 및 창의적인 활동은 공통 주제로 보이지만 모두에게 똑같이 적용되는 것은 아니다. 당신에게 맞는 것을 찾아야 한다.

우리는 팀원 각자가 자신에게 맞는 힐링 방식을 찾도록 격려했다. 속도를 늦추는 것은 단순히 현재의 순간을 돌보는 것뿐만 아니라, 미래를 위한 더 단단한 기반을 구축하기 위함이다. 그래서 다시 속도를 내야 할 때 (곧 그렇게 될 것이다) 정신과 마음이 최상의 컨디션을 유지할 수 있도록 했다.

## 멈춤이 주는
## 힘

내 친구 앤드류 테퍼는 수년간 청소년 정신병원에서 일했다. 그가 그곳에서 처음 일을 시작했을 때, 많은 아이들이 정신적 붕괴를 겪거나 겁에 질려 자신과 다른 이들을 해치겠다고 위협하는 것을 보고 무척 놀랐다. 그만큼 많은 진정제가 처방되고 있다는 사실에 당혹스러웠다.

그는 아이들이 불안해할 때 사용할 수 있는 호흡법을 가르치기 시작했다. 이 호흡법은 효과적이었지만 아이들이 꾸준히 실천하도록 만드는 건 쉽지 않았다. (좋은 아이디어를 생각하는 것과 그것을 정착시키는 것은 별개의 문제다.) 그러던 중, 부모님 댁의 지하실에서 고등학교 때부터 간직하고 있던 실크 스크린 장비를 우연히 발견했다. 그는 실크 스크린을 사용해서 'DBC^Deep Breathing Club(심호흡 클럽)'라는 글자가 새겨진 멋진 티셔츠를 만들었다. 만약 아이가 소리를 지르거나 폭력을 행사하는 대신 심호흡을 통해 그 상황을 세 번 극복하면 이 셔츠를 선물로 주었다. 이는 좋은 행동을 강화하는 동시에 심호흡법을 유행시켰다. 5개월이 지나자, 입원한 아이 중 절반이 DBC 셔츠를 입고 있었다. 폭력적이거나 극단적인 행동도 줄고, 처방된 진정제의 양도 크게 줄었다.

EMP는 집단적 심리 붕괴를 겪고 있었다. 큰 그림에서는 각자 힐링 방법을 찾는 게 중요하지만, 지금 당장 적용할 수 있는 해결책이 절실했다. 막다른 골목에 다다랐을 때 너무 힘들어서 더는 어찌할 바를 모를 때가 있다. 이런 위기의 순간들은 레스토랑 같은 고압적인 환경에서 자주 발생한다. 이때 "진정해" 또는 "괜찮아"라고 말하는 것은 이미 걷잡을 수 없이 번져가는 불길에 기름을 붓는 격이다.

나는 식전 회의에 앤드류를 초대해 DBC에 관해 이야기해 달라고 부탁했다. 몇 번의 심호흡만으로도 불가능해 보이는 상황을 극복할 수 있다는 내용이었는데, 이후 이 개념은 우리 회사에서 오래 지속되는 문화 중 하나가 되었다. 위기의 순간, 패닉에 빠진 동료에게 다가가 "DBC"라고 말한다. 그러면 그들은 그대로 멈춰 심호흡한다. 실제로 이 말 한마디를 통해 전달되는 것은 **"당신의 힘듦을 알고 있어요. 우리는 이 상황을 함께 겪고 있고, 함께 극복할 거예요. 자, 이제 제가 무엇을 도와주면 될까요?"**이다.


## 균형과 회복의 기술

매니저 회의의 주제가 점차 바뀌었다. 손님의 경험을 개선하는 것에서 레스토랑을 모두에게 더 지속 가능한 곳으로 만드는 방법에 대한 것으로 변화했고, 식전 회의 역시 균형을 되찾는 방법에 관한 대화가 주를 이뤘다.

EMP에서는 협업 문화가 자리를 잡은 상황이었기에, 팀을 참여시키는 것은 시간문제였다. 부수적인 일부터 일정 조율까지 미세한 조정이 이루어졌다.

손님의 물 취향을 전달하기 위해 야구에서 사용하는 수화를 적용했을 때 정말 효과적이었듯이 직원들의 삶의 질을 높이고 손님에게 더 나은 경험을 제공하기 위해 계속해서 새로운 신호를 찾아 나섰다. 오랫동안 우리와 함께한 캡틴 케빈 브라운은 미미해 보이지만 아주 중요한 아이디어를 제안했다. 바로 동료와 눈을 마주치고 자신의 옷깃을 만지면 '도움이 필요해요'라는 신호가 되는 것이다.

분주하게 돌아가는 서비스 과정에서 도움을 요청하기란 쉽지 않다. 도움을 구하기 위해 서버는 이리저리 매니저를 찾아다녀야 했고, 손님 테이블 앞에 멈춘 매니저를 겨우 따라잡아도 그의 일이 끝날 때까지 기다려야 했다. 그러면 서버의 일은 계속 쌓이게 된다. 도움을 받으려다가 지쳐버리는 상황이 되고 만다. 많은 경우, 도움받기를 포기하고 도움을 얻으려고 시도하기 전보다 더 나쁜 상황에 놓인 채 제자리로 돌아간다.

케빈의 아이디어를 도입한 후, 서버가 매니저나 동료와 눈을 맞춘 후 옷깃을 만지면 다른 사람이 바로 달려와 도와주었다. 이것은 작은 제스처에 불과했지만, 레스토랑에 엄청난 영향을 미쳤다. DBC 덕분에 쉽게 도움을 제공할 수 있었고, 케빈의 아이디어 덕분에 쉽게 도움을 요청할 수 있었다.

수많은 신호 중 이것이 가장 중요하고 오래 지속되고 있다. 실제로 여러 레스토랑에서 이 방법을 도입한 것을 보면 더 실감이 난다.

솔직히 도움을 요청하는 건 어려운 일이다. 특히 당시 EMP에서 일하던 사람들처럼 최고에 익숙해진 이들에게 자신의 부족한 모습을 드러내는 것은 힘든 일이다. 실제로 서비스에 문제가 생겼을 때 가장 곤

경에 처하는 사람은 우수한 직원들이었다. 그들은 도움을 요청하는 것을 무척 힘들어했다.

**도움을 요청할 수 있는 능력은 강인함과 자신감의 표현이다.** 이것은 자기 능력을 이해하고 주변 상황을 인식하고 있음을 보여 준다. **도움을 요청하지 않고 혼자서 모든 걸 처리할 수 있다고 믿는 사람은 자신을 속이고 주변 사람들에게 해를 끼친다.** 대니 마이어가 말했듯 호스피탈리티 산업은 팀 스포츠이다. 자존심 때문에 필요한 것을 요구하지 못하면 팀 전체에 손해를 끼칠 수 있고, 서비스의 품질이 저하될 수도 있다. 하지만 이런 신호들은 더 쉽고 효율적으로 도움을 요청할 수 있게 해주었고, 그것을 체계화함으로써 도움을 요청하는 것에 대한 부정적인 인식이나 편견마저 없애 주었다.

서서히 속도를 줄이고, 호흡하는 법을 배우고, 도움을 주고받는 방법을 찾으면서 균형을 지키려고 노력했다. 솔직히 2008년에 우리가 이런 개선을 하지 않았더라면 그 이후의 성공은 없었을 것이다.

그리고 마치 우리의 노력에 대한 보상처럼 하늘이 (실은 프랭크 브루니가) 우리에게 작은 선물을 주었다.

2008년 12월, 프랭크 브루니는 『뉴욕 타임스』에서 '코르통Corton'에 별 3개를 줬다. 코르통은 드루 니포렌트가 폴 리브란트 셰프와 함께 트라이베카에 오픈한 레스토랑이다. 리뷰에서 그는 "코르통은 모든 면에서 훌륭하며, 뉴욕 파인 다이닝의 정점을 향해 끊임없이 발전하는 EMP와 같은 선상에 올랐다"라고 언급했다.

정말 황홀했다. 우리와 관련 없는 다른 레스토랑의 리뷰에 숨은 메시지가 있었다. 마치 "마지막으로 방문한 후 당신들의 행보를 지켜보

왔고, 계속해서 나아지고 있다는 것을 알고 있어요. 잘하고 있으니 포
기하지 말아요!"라고 말하는 것 같았다.

## CHAPTER 015

# 태도가
## 모든
## 것을
## 바꾼다.

,

## 전력 질주를 위한 움츠림

미슐랭 가이드는 20세기 초에 기발한 마케팅 전략으로 탄생했다. 이를 창시한 타이어 판매 형제는 운전자들에게 프랑스 곳곳의 방문할 만한 레스토랑들을 추천함으로써 타이어 판매가 증가할 것이라 예상했고, 그렇게 프랑스 레스토랑을 추천하는 무료 가이드를 만들기 시작했다.

별점 시스템은 레스토랑이 여행할 가치가 있는지를 반영한다. 별 1개는 해당 범주에서 한 번쯤 들러볼 만한 곳을 의미한다. 별 2개는 꼭 들러야 하는 맛집, 별 3개는 특별한 가치가 있는 탁월한 요리를 상징한다.

익명의 전문 평가원을 보유한 미슐랭은 다음 세기 동안 유럽에서 가장 존경받고 공신력이 있는 레스토랑 순위 가이드로 자리매김하게 되었다.

프랑스에서는 별 하나가 레스토랑의 운명을 좌지우지하기도 한다. 별 하나를 획득하면 부자가 될 수도 있고, 별 하나를 잃으면 쫄딱 망할 수도 있다. 극단적인 예로, 베르나르 루아조 셰프는 자신의 레스토랑인 '라 코트 도르'가 별 하나를 잃었다는 소문을 듣고 스스로 목숨을 끊었다. (이 이야기의 비극은 사실 레스토랑은 별을 잃지 않았다는 것이다.) 과장된 이야기처럼 들릴지 모르지만, 프랑스에서 미슐랭 스타는 생사가 달린 문제가 되기도 한다.

미슐랭 가이드는 2005년부터 뉴욕에 있는 레스토랑을 평가하기 시작했다. 그해, 그다음 해에도 EMP는 목록에 오르지 못했다. 이는 당연한 결과였다. 2007년에도 목록에 오르지 못하자 블로그에서 약간의 불평이 있었지만, 대니얼과 나는 개의치 않았다. 원래 미슐랭은 신중한 만큼 시간이 걸리는 것으로 유명했고, 우리는 아직 자리를 잡아가는 중이었다.

하지만 2008년에는 얘기가 달랐다. 『뉴욕 타임스』에서 별 3개를 받았고 를레 & 샤토에도 등극했다. 이것은 우리가 미슐랭의 주목을 받는 데 큰 역할을 해주리라 기대했던 유럽 최고의 영예였다. 우리 팀은 모든 테이블에 110퍼센트를 쏟아부었다. 그래서 뉴욕 목록이 공개되었을 때, 애타는 마음으로 결과를 살펴보았다. 르 베르나르댕, 장 조지, '마사'는 별 3개를 받았다. 심지어 셀럽들이 많이 가는 게스트로펍 '스포티드 피그'도 별을 받았다.

하지만 우리는 목록에도 오르지 못했다. 한 해에 한 개의 별만 올릴 수 있기에 결과에 따른 타격은 너무 컸다. 목록에 오르기 위해서는 또 한 해를 기다려야 했고, 그토록 바라는 세 번째 별까지 받으려면 3년이나 더 기다려야 했다.

모욕적인 결과에 팀원들은 충격과 혼란에 빠졌고, 나는 이런 참담한 순간이 벌어질 때마다 리더의 역할이 얼마나 힘들고 어려운 것인지 실감했다.

매일 하는 식전 회의가 편치 않았다. 나는 낙담한 이들 사이에 둘러싸여 있었다. 그들은 설명과 위안을 기다리고 있었지만, 나에게는 고통을 없애 줄 마법 지팡이 같은 것은 없었다. 다만 슬픔과 혼란을 공유함으로써 모두가 함께 앞으로 나아갈 수 있기를 바랄 뿐이었다. 리더의 역할은 동기를 부여하고 사기를 북돋우는 것뿐만 아니라 때로는 팀원들에게 인간적인 모습을 보여 주면서 신뢰를 얻는 것이다.

"우리는 항상 약자일 때 최고로 잘했어요. 그리고 지금 다시 그런 상황에 놓여 있고요. 이 상황을 불을 지피기 위한 연료라고 생각합시다."

이제 공격할 차례였지만, 불행히도 경제는 다른 계획을 세우고 있었다.

## 빗방울이 모이면
## 바다가 된다

2008년 11월, 전 세계가 세계적인 경기 침체에 휩싸였다. 국제통화기금IMF은 이를 "대공황 이후 가장 심각한 경제 금융 붕괴"라고 불렀다. 쉽게 말해 비싼 음식을 팔기에 좋은 시기가 아니었다.

연휴는 무사히 넘겼지만, 새해가 되자마자 사업이 급격히 악화되었다. 뉴스는 암울했고 예약 취소가 줄을 이었다. 우리는 특별한 날을 위해 비싼 돈을 투자할 가치가 있는 식사로 좋은 평판을 얻어왔다. 하지만 이제 사람들은 저녁 한 끼에 그렇게 많은 돈을 들이는 것을 부정적으로 인식했다. 차라리 그 돈을 최악의 상황에 대비하는 비상 자금으로 넣어두는 편이 더 낫다고 판단했다.

EMP에서 약혼하고 매년 이곳에서 기념일을 축하하던 커플들은 좀 더 검소한 방법을 찾았다. 한 커플은 샴페인 병을 들고 매디슨 스퀘어 파크에 가서 쉐이크쉑의 치즈 프라이를 먹으면서 길 건너편에 있는 우리의 커다란 창문을 향해 건배했다.

프라이빗 파티 사업도 전면 중단되었다. 결혼식 파티는 하객 명단을 줄이거나 규모가 축소되었다. 파인 다이닝 레스토랑의 주 수입원이었던 기업들의 호화로운 행사도 줄었다. 큰 지출 자체를 줄이는 절약 상태가 지속되었다.

저녁 식사를 예약하는 손님이 현저히 줄어, 업타운(아래층에 있는 테이블과 몇 계단 떨어져 있는 공간)이라고 부르는 레스토랑의 한 구역을 닫아 썰렁해 보이지 않도록 했다. 조금 나아 보이긴 했지만, 여전히 절반만 차 있었다.

손님들을 위해 태연한 표정을 지었지만, 나는 밤마다 장부에 파묻혀서 지냈다. 레스토랑의 재정 상황은 절망적이었고, 매일 더 악화되었다. 별 4개짜리 레스토랑을 운영하는 데 필요한 비용을 부담하고 있었지만, 별 4개짜리 가격을 청구할 수는 없었다. 현금이 급속도로 소진되었다. 그나마 우리가 사업을 계속할 수 있었던 유일한 이유는 당시 EMP가 소유한 쉐이크쉑 덕분이었다.

2004년에 정식 오픈한 쉐이크쉑은, 원래는 매디슨 스퀘어 파크 복구 기금 마련을 위한 이벤트로 핫도그 가판점을 운영하면서 시작되었다. (내가 처음 EMP에 왔을 때, 쉑버거는 우리의 프라이빗 다이닝룸에서 준비했었다. 점심시간이 되면 셰프들은 익히지 않은 버거가 가득 담긴 거대한 쟁반을 들고 레스토랑 밖으로 나가곤 했다.) 모두가 핫도그 가판점을 좋아했고, 이듬해 여름과 그다음 여름에도 열렸다. 결국 이것이 쉐이크쉑이 되었다. 대니 마이어가 유년 시절을 보낸 전형적인 중서부 길가의 가판점에서 영감을 받아 버거와 냉동 커스터드를 제공하는 키오스크 매장이 만들어졌다.

경기 침체가 일어나자, 쉐이크쉑은 수익 이상의 성과를 거두며 그 자체로 특별한 곳이 되었다. 공원 주변으로 길게 늘어선 줄은 뉴욕의 상징이 되었고, 대니는 집이나 사무실에서 대기 시간을 미리 확인해보고 갈 수 있도록 쉑캠Shack Cam이라는 웹캠을 장만하기까지 했다.

경기 침체는 쉐이크쉑 사업에 활력을 불어넣었다. 어려운 시기에 항상 그렇듯이 사람들은 특별하지만 저렴한 것을 찾아 몰려들었다. EMP는 더 이상 이 귀여운 예술 프로젝트를 후원하지 않았고, 반대로 쉐이크쉑의 이익이 우리를 후원하기 시작했다.

대니는 인내심을 가지고 우리를 믿어줬다. 하지만 한 식당의 수익을 다른 식당의 손실을 메우는 데 오래 사용할 수는 없다. 그것은 옳지 않다. 나는 매달 손익 회의에 참석해서 손실을 설명하고 희망을 제시하려고 노력했지만, 방향을 바꾸지 못하면 EMP의 위대한 도전도 끝이 날 것임을 알았다.

그때 나는 아버지에게 많이 의지했고 힘든 대화도 많이 나누었다.

그는 냉철한 생존주의자였고, 레스토랑, 특히 고급 레스토랑의 특징들을 별로 특별하게 여기지 않았다. 하지만 언제나 그렇듯 아버지는 숲에 파묻힌 나를 꺼내어 나무를 볼 수 있게 해주었다. 역경을 낭비해서는 안 된다고 말씀하셨다.

세계적인 경기 침체(또는 세계적인 팬데믹)가 발생하면 사업가들은 패닉 상태에 빠진다. 그 어떤 계획이나 예측도 하루아침에 물거품이 될 수 있기 때문이다. 불확실성은 무서운 것이다. **어려움에 직면하면 당황하기 쉽지만, 이럴 때일수록 창의력을 더 발휘해야 한다. 다행히 조직 문화를 공고히 쌓아온 그간의 노력 덕분에 우리는 창의력을 발휘할 수 있었다.**

우선 비용을 절감하는 것부터 시작했다. 다만 그로 인해 손님들이 불편함을 느껴서는 안 되기 때문에 조심스러웠다. 주방 비용부터 시작했지만, 음식에는 손을 대지 않았다. 신선한 재료를 사용해야 하는 상황에서, 손님이 가득 찼을 때보다 반만 차 있는 경우 재고 관리가 더 어렵다. 바쁠 때는 재료들이 얼마나 빠르게 소진되는지, 어떤 재료들이 더 필요한지 등에 대한 감각이 명확하다. 하지만 우리의 재정 상황과 관계없이 전체 메뉴를 갖추고 있어야 했다. 우리의 대표 메뉴인 오리 요리를 먹으러 온 손님이 있다면 바로 만들어내야 했다.

대니얼과 그의 팀이 비용 절감을 위해 최선을 다했지만, 매일 밤 대량의 음식을 버려야 했다. 음식물 쓰레기가 나오는 것은 불가피했기에 빠르게 다른 절감 방안을 찾아야 했다.

당시 손익 회의 때마다 대니의 파트너인 폴 볼스-비븐은 우리에게 "빗방울이 모이면 바다를 이룬다"라는 말을 자주 했다. 나는 그 말을 염두에 두고 단 한 푼도 허투루 쓰지 않기 위해 노력했다.

요리사들은 준비한 음식을 놓는 조리대를 덮기 위해 습관적으로 두 개의 리넨 천을 사용했다. 영업시간 중간쯤 위에 있는 천을 벗겨 내고, 깨끗한 천으로 영업을 마무리할 수 있도록 두 개를 사용했다. 이 것은 쉽게 줄일 수 있는 사치였다.

식기세척기의 설정을 확인하고 필요 이상으로 비누를 사용하지 않도록 조정함으로써 청소용 화학제품 비용을 수천 달러 절약했다. 또한 요리를 내보내기 전에 접시의 가장자리에 묻은 물방울이나 지문을 닦는 종이 수건도 반으로 잘라 사용했다.

요리사들은 셰프의 상징인 토크*를 썼는데, 이는 보기에도 좋고 고풍스러우며 대니얼의 유럽 유산을 상징하기도 했다. 일회용이어서 땀에 젖거나 얼룩지면 바로 버렸는데, 계산해 보니 주방에 하루 2교대 근무를 하는 요리사가 30명이고, 한 사람당 토크를 두세 개씩 사용한다면 연간 수천 달러를 토크에 지출하는 셈이었다. 반면 대부분의 레스토랑에서 쓰는 두터운 면 스컬캡은 한 상자에 몇백 달러였고, 세탁할 수 있어 최소한 일 년은 사용할 수 있었다. 이 결정은 쉽지 않았다. 요리사들은 토크를 쓰는 행위를 통해 자기 직업에 대한 자부심과 의미를 느끼길 원했다. 하지만 이런 위기 상황에서 리더로서, 자부심을 줄 수 있는 건 토크만이 아니라는 것을 그들에게 알려 주어야 했다.

●
흰색 셰프 모자

치즈를 20가지에서 10가지로 줄였고, 그것만으로도 충분히 아름다운 치즈 플레이트를 만들어냈다. 선택의 폭이 줄어들면서 낭비도 줄었다. 나는 치즈 카트를 맹수의 눈으로 살폈고, 가끔은 직접 자르면서 치즈를 남김없이 사용했다.

무엇보다도 가장 큰 변화는, 비용을 허투루 쓰지 않고 지출을 꼼꼼히 관찰하면서 이전보다 훨씬 더 규율적으로 일하게 되었다는 것이다. 폴의 말이 맞았다. 절약할수록, 빗방울이 모일수록 그것들을 통해 우리는 또 하루를 이겨낼 수 있었다.

내가 일을 처음 시작했을 때 아버지는 일기 쓰기를 권하셨다. 그 당시 일기의 목표는 관점을 유지하기 위함이었다. 서버일 때는 그때의 관점이 유일하고 그것이 영원하리라 생각하지만, 매니저로 승진하는 순간 새로운 가치들이 생기면서 우선순위가 바뀐다. 아버지 말씀처럼 아무리 붙잡으려 애써도 관점에는 유통기한이 있다.

안타깝게도 자신이 책임지고 있는 사람들의 시점을 잃게 되면, 그들에 대한 공감 능력도 함께 사라지게 된다. **우리가 이끄는 것이 무엇인지 되돌아보는 것만으로도 더 나은 리더가 될 수 있지만, 그런 여유를 되찾기란 쉽지 않다. 이럴 때 일기는 경험을 되살리는 데 도움이 된다.**

우리가 이런저런 작은 절약을 실천하고 있을 때, 아버지는 내게 다시 일기 쓰기를 권하셨다. 아무리 작은 것이라도 절약한 모든 비용을 기록하라고 하셨다. 어려움을 극복한 후, 그동안 절약했던 방법들을 순식간에 잊어버릴까 걱정하셨던 것이다. 절약 방법들을 기록해 두면 그중 효율적인 방법은 유지할 수 있고, 궁극적으로 이 역경의 시기는 우리에게 더 큰 이익을 가져다줄 것이라고 말씀하셨다.

아낀 것만큼이나 아끼지 않은 것들도 많았다. 우리는 여전히 큰 목표를 가지고 공격적인 전략을 펼치고 있었다. 때문에 손님 경험에 부정적인 영향을 끼치는 것은 그 어떤 것도 손대지 않았다. 브랜드의 가치를 유지하면서 필요한 부분만 절약했다.

아무리 좋은 식기 선반과 식기 카트가 있어도 값비싼 리델 잔은 깨지기 마련이고, 깨진 세라믹 접시는 교체해야 했다. 고급 레스토랑에서의 식사를 마친 후, 손님에게 싸구려 볼펜으로 서명해 달라고 요청할 수 없어서 고급 볼펜을 제공했다. 하지만 어쩌다 손님의 가방이나 주머니에 들어간 값비싼 볼펜들은 모두 손익 계산서에 반영되었다.

목표를 달성하기 위해서는 비용을 줄이는 것만으로는 충분하지 않았다. 수익을 늘려야 했다.

## 위기를
## 기회로 만드는 능력

우리는 돈을 절약하는 방법뿐만 아니라 돈을 버는 방법에 있어서도 창의적이었다. (사실 이 과정이 훨씬 더 즐거웠다.) 어떻게 보면 비용 관리는 방어적인 행동이었고, 위기를 극복하기 위해서는 공격적으로 나아가야 했다.

경제 불황으로 회사 대부분이 점심 식대를 지원하지 않자, 점심

시간에 손님이 거의 없었다. 하지만 우리는 점심시간에 텅 비어 있는 레스토랑에서 기회를 엿보았다. 당시 EMP의 점심 메뉴 평균 가격은 약 35달러였다. 그래서 29달러에 두 코스 점심을 제공하기 시작했다. EMP에서 그렇게 낮은 평균 금액은 한 번도 없었고, 브라세리였을 때조차 그렇지 않았다. 하지만 값을 내리는 것이 좌석을 채우고 레스토랑에 활력을 되돌려 줄 수 있다면 그만한 가치가 있었다.

저렴해진 점심값 덕분에 새로운 소비층을 확보할 수 있었고, 예상치 못한 이익까지 얻었다. 우리의 목표는 다음 세대를 위한 4스타 레스토랑을 만드는 것이었고, 오늘의 직원이 내일의 최고 경영자가 될 수도 있었다. 이러한 조치는 다양한 사람들과 관계를 형성하고 유지하는 기회를 마련해 주었다. 손님이 낸 29달러 그 이상의 가치를 주고 싶었다(선물을 주려면 확실하게 주자). 그 후 몇 년 동안, 합리적인 점심 식사를 통해 레스토랑을 처음 접한 많은 이들을 만났고, 그중 일부는 우리의 열렬한 팬이 되었다.

경제 침체는 평균 수익에 실질적인 타격을 입혔다. 사람들은 음식을 덜 주문했고, 덜 비싼 것 위주로 시켰다. 가격을 인상할 수 없었기에 수익 감소를 만회할 방법을 창의적으로 고민했다. 여기서부터 일이 정말로 재미있어졌다.

내가 트라이베카 그릴에서 웨이터로 일할 당시, 디저트를 제공하는 규칙은 '낮고 느리게'였다. 디저트를 테이블로 가져갈 때 평소보다 더 천천히 걸어야 한다는 뜻이다. 그리고 사과 소스 케이크를 손님 눈높이에 맞춰 들어서, 디저트 메뉴를 가져다줄 때까지 사과 소스 케이크를 생각하도록 하는 전략이었다. (슈퍼에 가보면, 아이들의 눈높이에 맞춰 시리

얼이 아래쪽 선반에 진열된 이유이기도 하다.)

EMP에는 파이, 케이크, 그리고 타르트로 채워진 디저트 카트가 있었다. 점심때 디저트 메뉴를 제공하면 대부분의 손님은 이상한 외계인이라도 본 듯한 표정을 짓는다. 열량 걱정 때문이기도 하지만, 대부분은 디저트를 주문하고, 그것을 접시에 담고, 가져다주고, 먹고, 치우고 하는 이 모든 과정을 기다릴 만큼 한가롭지 못하기 때문이다. 디저트는 못 해도 식사에 30분을 추가해야 하는데, 뉴욕에서의 점심은 빨리 먹고 빨리 일터로 돌아가야 하는 분위기다.

하지만 디저트 카트를 테이블로 가져가는 순간, 그들은 호기심 가득한 어린아이로 변한다. 특히 자신이 손가락으로 가리키면 바로 먹을 수 있기에 카트에서 눈을 떼지 못한다. 카트는 아름답고 체험적이었으며 인기가 좋았다. 디저트 매출이 300퍼센트 증가했다.

29달러의 점심은 레스토랑에 활력을 불어넣었다. 이익률 면에서는 예전만 못했지만, 꽉 찬 레스토랑은 팀에게 모든 게 잘될 거라는 느낌을 주었다. 비록 나조차 확신할 수 없는 상황임에도 말이다.

더 중요한 것은 추가적인 사업으로 인해 팀원들에게 더 많은 근무 시간을 제공할 수 있었다. 지난 몇 년간 훌륭한 인재들을 고용해 왔고, 계속해서 성공하기 위해서는 이들과 함께 나아가야 했다. 모두 레스토랑과 우리의 비전을 사랑했지만, 생계도 중요했다. 그 시기에 단 한 명의 직원도 해고하지 않았다는 것이 정말 자랑스럽다.

## 기꺼이 위험을
## 무릅쓰다

　　　　비용 절감 조치와 수익 창출을 위한 아이디어들이 효과를 나타내고 있었지만, 긴축 시기에 일한다는 건 여전히 힘든 일이었다. 우리는 창의력을 최대한 발휘해야 했고, 재미도 필요했다. 95:5 전략이 필요한 때가 왔음을 직감하고 바로 '켄터키 더비'에 참여했다.

　　전년도에 친구의 밴드가 켄터키 더비 파티에서 연주한다며 나를 초대했다. 가든파티보다는 동네 술집 분위기에 더 어울리는 파티로, 어쨌든 정말 즐거웠다.

　　아이디어도 마음에 들었다. 경마장이라니! 과연 어떤 행사에서 화려한 옷을 입고 시그니처 칵테일을 즐기며 이런 분위기를 만들어낼 수 있을까? 필수적으로 화려한 모자를 써야 하는, 이런 독특한 행사가 또 있을까? 이런 파티라면 우리도 끝내주게 해낼 수 있었다. 그래서 이듬해 봄, 우리는 EMP에서 가장 화려한 켄터키 더비 파티를 개최하기 위해 전력을 다했다.

　　우승한 말처럼 장미 화환을 두른 말 모양의 조형물로 공간을 장식했다. 뷔페는 전통적인 남부 음식들로 준비했다. 베네딕틴 티 샌드위치, 치킨과 와플, 켄터키 버구라고 불리는 고기 요리, 거기에 해산물까지. 라이브 밴드도 준비했는데, 크루너스<sup>Crooners</sup> 밴드의 후원 덕분에 미국 전통 블루그래스 음악도 즐길 수 있었다.

　　사람들은 차려입을 필요가 없을 때도 차려입는 것을 좋아한다. 그리고 우리 손님들은 우리를 실망시키지 않았다. (우리는 비공식 베스트 드레서 대회를 개최했고, 노래방 기계 박수 소리로 축하해 주었다. 적어도 내 귀에는 그렇게 들렸다.)

우리는 위험을 무릅쓰고 파티를 열었다. 불황에 누가 이렇게 화려한 파티를 열겠는가! 그래도 손해는 보지 않았고 본전은 했다. 파티는 팀에 활력을 불어넣었다. 메이커스 마크, 냇 셔먼 시가, 에스콰이어 잡지와 파트너십을 맺었는데, 이들은 각자의 커뮤니티에 이 행사를 언급했다. 이를 통해 우리 커뮤니티도 확장되었다. 향수를 느끼던 남부 사람들, 말 애호가, 모자 애호가, 그리고 시가 애호가들까지 EMP에 푹 빠지는 계기가 되었다.

직원들도 손님들만큼이나 즐거운 시간을 보냈다. 만약 레스토랑이 살아남는다면 이런 분위기는 꼭 지켜가고 싶다고 스스로 다짐했다.

우리는 정말 잘 해내고 있었다. 하지만 최고의 파티조차도 세계적인 경기 침체를 상쇄할 수는 없었다. 대니는 우리를 응원했지만, 현실은 암울했고 시간은 줄어들고 있었다.

## 정상을 향한 대담한 도약

그러던 어느 날 점심시간, 프랭크 브루니가 레스토랑을 찾아왔다. 그의 등장으로 공포와 흥분이 일었다. 브루니가 우리를 재평가하러 왔다는 것은 우리에게 별 4개를 준다는 의미였다. 누구도 입 밖으로 꺼내진 않았지만, 그 사실을 무시할 수 없었다.

그가 등장했을 때 잠깐의 혼돈이 일었다. 눈물을 흘리거나 뛰쳐나가는 사람은 없었지만, 다 들리도록 속삭이거나, 순간적으로 얼어붙을 수밖에 없었다. 하지만 금세 긴장감을 이겨냈다.

그리고 그가 떠난 후, 우리는 하이 파이브를 외치며 그가 만족한 식사를 했을 거라고 확신했다. 하지만 아무 일도 일어나지 않았다.

평론가가 방문한 후 몇 주 동안은 긴장의 끈을 놓지 못한다. 최고조의 긴장 속에 모든 생활이 멈춰버린다. 언제 다시 평론가가 들이닥칠지 모르기에 셰프와 총지배인, 와인 디렉터는 휴가조차 가지 못한다.

피 말리는 일이지만 기간이 제한되어 있어서 그나마 견딜 수 있었다. 평론가들은 대개 몇 주에 걸쳐 세 번 정도 찾아온다. 그런 다음 신문사에서 사진을 찍자는 전화가 오고, 그것으로 끝이다. 그러나 우리의 리뷰 과정은 몇 달이 걸렸다.

우리는 브루니에게 완벽한 모습을 선보이기 위해 최선을 다했다. 심지어 그가 없을 때도 말이다. 그가 레스토랑에 오지 않는 날에도 임의로 한 테이블을 '밤의 평론가'로 지정해 실제처럼 연습했다.

이 테이블에서 식사하는 가상의 평론가들은 최고의 대접을 받았다. 최고의 팀이 서빙을 했고, 와인 디렉터가 와인 선택을 도왔다. 다음 코스를 위해 테이블을 다시 세팅할 때, 서랍에서 포크를 꺼내지 않았다. 대신 매니저가 직접 확인하고 손수 닦은 별도의 식기 세트가 준비되어 있었다. 정성 들여 닦은 유리잔은 별도의 쟁반에 놓여 있었고, 접시는 깨진 부분이나 얼룩이 있는지 세심하게 살폈다. 요리는 두 개씩 만들어 그중 조금이라도 더 완벽하게 조리된 요리를 내보냈다. 또한 매번 올 때마다 같은 사람이 서빙하면 미리 담당자를 배정한 걸로 의심할 수 있기에 최고의 푸드 러너 두 명을 배치했다. 이 모든 게 가상의 시나리오였지만, 작은 부분 하나까지 놓치지 않았다.

그렇다면 다른 손님들은 가상의 평론가보다 못한 대접을 받았을까? 그렇지 않다. 해당 테이블과 바로 옆 테이블 사이의 차이는 눈치채지 못할 정도로 미묘했다. 평론가 테이블에 최선을 다할수록 다른 테이블의 서비스 품질도 향상되었다. '밤의 평론가'는 결국 우리를 위한 것이었다. 가상의 상황으로 모든 역할과 행동을 반복적으로 연습하고 다듬었다. 그래서 브루니가 실제로 방문했을 때, 그가 어느 테이블에 앉든, 어떤 팀이 그를 서빙하든 당황하지 않을 만큼 만반의 준비가 되어 있었다. 호스트가 손님에게 환영 인사를 건네는 순간, 본격적인 시작을 의미한다. '그가 왔다. 이제부터 쇼타임!'

**모든 연습이 빛을 발했다. 직원들은 흠잡을 데 없었고, 심지어 일부는 즐기는 것처럼 보였다. 우리가 훈련해 온 것이 바로 이것이다. 이제 우리가 무엇을 할 수 있는지 보여 줄 차례다.**

나는 15분마다 그의 테이블이 잘 보이는 바리스타 쪽 구석으로 몰래 들어갔다. 혼자 북 치고 장구 치면서 모든 일에 의미를 부여했다. 평론가도 평범한 인간이라는 걸 머릿속으로는 알면서도 마음은 따라 주지 않았다. 그가 웃으면 음식을 비웃는 것이 아니라고 자신을 달랬고, 접시에 남겨진 푸아그라 한 조각은 맛이 없다는 뜻이 아니라 그가 그 주에만 이미 여러 차례 같은 음식을 먹었기 때문일 거라고 스스로를 다독였다. 그게 아니라면 정말 맛이 없었던 것일까? 정말 미칠 지경이었다.

브루니는 즐거운 식사를 한 것 같았다. 그래서 우리는 다시 기다리고 연습하고 기대하며 지켜보기로 했다.

그해 남은 기간과 다음 연초를 마음 졸이며 보냈다. 그는 가을과 겨울에 다시 왔다. 여름에도 몇 번이고 또다시 찾아왔다. 그리고 마침내 8월 첫 주에 『뉴욕 타임스』로부터 리뷰에 실릴 사진 촬영 일정을 잡아달라는 전화를 받았다.

『뉴욕 타임스』는 기사가 발행되기 전날 밤, 온라인에 먼저 게시한다. 2009년 8월 11일, 우리는 초조한 마음으로 소식을 기다렸다. 일부 직원은 사무실에서 기사 페이지를 계속 새로고침하고 있었지만, 나는 너무 떨려서 그곳에 같이 있지 못하고 홀로 내려와 있었다. 아티초크를 곁들인 리코타 뇨끼 애피타이저에 올리브 오일을 뿌리고 있을 때, 단골손님 중 한 명이 핸드폰을 꺼내 리뷰를 확인했다. 의자에서 벌떡 일어난 그는 팔을 번쩍 들며 "별 4개!"라고 외쳤다. 레스토랑 전체가 환호했다.

서둘러 사무실로 가보니, 대니얼과 팀원들이 모두 모여 행복한 얼굴로 리뷰를 읽고 있었다. 기사 제목은 「정상을 향한 대담한 도약」이었다. 브루니는 우리가 별 2개에서 별 3개로, 그리고 별 4개로 올라가는 과정을 기록하면서 "점진적으로 사랑에 빠졌다. 이미 완벽한 레스토랑이 필요 이상의 진보를 이루었다"라고 말했다. 손님 경험의 발전뿐만 아니라 회사 문화의 진화에 대해 정확하게 짚어서 소름이 돋았다.

그 리뷰는 그가 『뉴욕 타임스』의 평론가로서 쓴 마지막에서 두 번째 리뷰가 되었다. 그는 작별 기사에서 마지막으로 우리를 언급했다. 그는 우리와 함께했던 '최고의 식사'에 대해 이야기하면서, "EMP의 음식과 그 웅장하고 아름다운 공간은 다른 별 3개 레스토랑보다 훨씬 더 황홀한 매력을 가지고 있다"라고 했다.

**'황홀한 매력!' 우리가 드디어 해냈다. 별 4개를 얻었다. 탁월함에 집중한 결과이기도 하지만, 환대에 초점을 맞추고 변함없이 우리다운 모습을 보여 준 결과이다.**

그 순간 대니가 뿌듯한 표정으로 나타났다. 나는 달려가 그를 꽉 안았다. 그는 아버지에게 전화를 걸어 이 기쁜 순간을 함께 나누었고, 아버지의 역할이 컸음에 감사했다. 나의 두 멘토가 서로를 축하하고 행복해하던 그 장면을 잊을 수가 없다.

어려운 시기였지만 공격적인 경영을 통해 불황을 이겨냈고, 우리는 이전보다 훨씬 더 강해졌다.

환대는 손님이 떠난 후에도
그들이 느낀 감정을 남기는 일이다.

마야 안젤루Maya Angelou

## CHAPTER 016

탁월함
그 이후,
**새로운
도전**。

,

## 격식을 뛰어넘는 편안함의 힘

별 4개는 레스토랑을 송두리째 바꿔놓았다. 매일 밤 만석이었고 모두 행복에 젖어 있었다. 나는 여전히 비용에 주의를 기울였지만, 주방에서는 더 이상 종이 수건을 반으로 잘라 사용하지 않았고, 요리사들은 다시 종이 토크를 쓰기 시작했다.

사업이 늘어난 만큼 새로운 도전들이 생겨났다. 약 25명의 주방 및 홀 직원을 새로 고용하고 교육해야 했다. 또한 늘어난 통화량을 처리하기 위해 전화 시스템도 바꿔야 했다. 무엇보다 가장 큰 도전은 기대치의 변화였다. 별 3개짜리 레스토랑과 따끈따끈한 별 4개를 받은 레스토랑에 대한 기대치는 엄연히 달랐다.

일부 팀원은 이러한 변화 속에서도 초심을 잃지 않으려 노력했다. 마치 비싼 정장을 처음 샀을 때, 정장에 맞춰 자신을 꾸미기보단 정장은 자신을 빛나게 해줄 하나의 도구임을 잊지 않는 것처럼 말이다. 무엇보다 손님과의 의미 있는 관계를 형성하는 데 집중함으로써 그 자리에 오를 수 있었고, 그 영예가 우리의 초심을 잃지 않도록 붙잡아 주었다. 우리 세대에 맞는 첫 번째 4스타 레스토랑이 되겠다는 생각을 버리지 않았다. 우리는 여전히 고급 레스토랑에 편안하고 격식 없는 분위기와 재미를 선사하고 싶었다. 브루니도 이를 지지했는데, 『다이너스 저널Diner's Journal』에 다음과 같이 썼다.

"당시 나는 다른 별 4개짜리 레스토랑보다 EMP를 더 많이 추천했다. 그곳은 기대 이상의 서비스를 제공하지만, 비싼 가격이나 엄격한 행동 규칙, 위협적인 분위기를 갖고 있지 않다. 이러한 점에서 굉장히 매력적인 타협점을 찾았다."

고급 레스토랑에 좀 더 편안한 접근 방식을 적용하고자 한 우리의 의도를 브루니는 정확히 인지하고 있었다. 격식에 얽매이지 않으면서도 완벽을 유지하고 불필요한 것들을 줄여 나간 노력을 통해 별 4개를 얻을 수 있었다.

그러나 여전히 몇 달 전 예약은 필수였으며, 많은 이들에게 우리 식사는 그들 인생에서 큰 비용을 들여야 하는 것 중 하나였다. 우리에게 별 4개를 가져다준 중요한 특성인 '편안함'과 '격식 없는 분위기'가 갑자기 부적절하게 느껴지면서 딜레마에 빠졌다.

우리 나이 때문이기도 했다. 당시 EMP에서 일하는 직원의 평균 연령은 스물여섯이었다. 별 4개를 받았을 때 대니얼은 서른두 살이었고, 나는 스물아홉이었다. 사람들은 EMP 같은 레스토랑을 젊은 친구들이 운영하고 있다는 걸 상상조차 하지 못했다. 지나치게 격식을 차리는 환경은 우리가 추구하는 손님과의 진정성 형성에 방해가 될 수 있었다. 우리는 우리의 모습을 바꾸고 싶지 않았다.

이 문제를 극복하기 위해 '편안함은 노력해서 얻는 것'이라는 개념을 사용했다. 아내와 만남을 시작했을 때 나는 그녀의 아버지를 '토시씨'라고 불렀다. 이후 그가 나에게 '지노'라고 부르라고 했을 때, 드디어 그가 나를 신뢰한다는 걸 느낄 수 있었다. 편안함은 노력해서 얻는 것이다.

마찬가지로, 우리의 어린 나이에 놀란 손님들의 경계심을 풀어주기 위해 식사가 시작될 때는 나름 격식을 차렸다. 하지만 식사가 진행될수록 손님들은 우리를 신뢰하게 되었다. 우리의 서비스 방식은 손님을 강제로 끌어들이는 것이 아닌 그들을 초대하는 것이었다.

## 강력한 도구,
## 몰입

코넬대학교에 입학한 첫해 여름, 트라이베카 그릴에서 일했다. 경영 인턴으로 고용되었지만, 몇몇 웨이터가 그만두면서 처음으로 테이블 서빙을 맡게 되었다. 가장 붐비는 뉴욕 레스토랑 중 한 곳에서 일하게 되었지만, 그때의 나는 무엇을 해야 할지 알지 못했다. 하지만 내 상황만큼은 잘 인식하고 있었다.

이런 상황에서 내 전략은 가장 우수한 성과를 내는 사람들이 누구인지 파악한 후 그들의 접근 방식을 연구하고, 그것을 모방하는 것이었다. 가장 먼저 매트릭스를 조종하는 키아누 리브스처럼 모든 걸 꿰뚫어 보고 항상 한발 앞서가는 서버 그룹에 관심을 가졌다. 이들은 어떤 손님이 다음 와인을 요청할지, 계산서를 요청할지 정확히 꿰뚫고 있었으며, 그렇게 효율적으로 테이블을 돌아다녔다.

하지만 뭔가 이상했다. 매일 밤 팁 시트를 보면 테이블을 훨씬 적게 도는 다른 그룹의 서버들이 더 높은 수익을 내고 팁도 더 많이 받았다. 서빙은 적게 하면서 돈은 더 많이 벌고 있었던 것이다. 이것은 손님의 만족도를 측정할 수 있는 좋은 지표이기에, 이 두 번째 그룹을 더 연구했다.

결국 이들이 진정한 에이스라는 걸 깨달았다. 사실 이 서버들은 숙련된 동료들에 비해 부족한 점이 많았다. 그들이 맡은 테이블은 주문할 때도, 디저트 메뉴나 계산서를 가져올 때도 시간이 오래 걸렸다. 하지만 이 효율성이 떨어지는 서버 그룹은 손님과 마음을 다해 소통했고, 결과적으로 손님과 훨씬 더 강한 유대감을 형성했다. 서비스가 조금 못 미치더라도 손님은 훨씬 더 만족해했다.

첫 번째 그룹은 세심했지만, 두 번째 그룹은 온전히 집중했다. **'현재에 집중하는 것'은 지금 자신이 하는 일에 완전히 몰입하고 다음 해야 할 일에 대해서는 생각하지 않는 것이다.** 두 번째 서버 그룹이 딱 이랬다.

그들은 손님과 대화할 때 '그 순간'에 집중했고, 우수성이 아닌 환대에 대한 보답을 받고 있었다.

EMP가 별 4개를 받은 후, 나의 모든 초점은 환대에 집중되었다. 우수성은 확보했으니, 이제는 관계에 중점을 둘 때였다. 그래서 그다음 일 년 동안은 '현재에 집중하는 것'을 주요 목표로 삼았다. 손님과 마음을 다해 함께했다. **수년간 레스토랑에 걸맞은 서비스를 제공하기**

위해 노력했다면, 이제는 사람들에게 기대 이상의 따뜻함과 유대감을 제공하는 것에 초점을 맞췄다. 특별한 레스토랑을 운영하는 것이 아닌, 관계 중심 사업으로 변모하고자 했다.

이런 변화를 세상이 알아차리고 있었다. 2010년 초 어느 아침, 오전 근무 팀과 인사를 나눈 후 이메일을 열어보았는데, 한 이메일이 눈에 띄었다. EMP가 2010년 '세계 최고 레스토랑 50' 중 하나로 선정되었다는 내용이었다.

## 최고를 향한
## 도전

2010년 '세계 최고 레스토랑 50'에서 EMP가 50위, 즉 꼴등으로 발표되었을 때의 수치심과 실망감을 잊을 수 없다. 그날의 기억은 오늘날에도 생생하다.

꼴등이라는 결과를 안고 돌아오는 비행기 안, 속상해 할 직원들에게 어떤 말을 해야 할지 적절한 말이 떠오르지 않았다. 결국 아버지가 가장 좋아하는 명언으로 전직원회의를 열었다.

"만약 당신이 실패하지 않을 것을 알고 있다면, 어떤 위대한 일을 시도할 것인가요?"

리더는 좌절을 겪은 후 실망한 직원들에게 새로운 동기부여를 제공하고, 앞으로의 방향을 제시함으로써 향후 도전에 대비할 수 있도록 해야 한다.

별 4개를 받은 후 레스토랑은 늘 손님들로 가득했지만, 대니얼과 나는 구겨진 칵테일 냅킨과 새로운 목표를 가지고 돌아왔다. 우리는 세계 최고의 레스토랑이 되고 싶었다.

"우리 이름이 가장 낮은 순위로 불릴 때 너무나 참혹했습니다. 이 굴욕을 발판 삼아 앞으로 나아갑시다. 상위 10위 안에 든 레스토랑들도 너무나 훌륭하지만, 우리도 그에 못지않은 레스토랑이 될 수 있습니다. 아니, 그 이상이 될 수 있습니다. 우리의 목표는 일등입니다."

**꿈을 공개적으로 밝히는 것은 엄청나게 위험한 일이다. 목표를 달성하지 못하면 팀의 사기가 떨어질 위험이 있다.** 특히 이번에는 한 자리라도 떨어지면 목록에서 완전히 밀려나기 때문에 이는 대담한 발언이 아닐 수 없었다. 그 대담성 뒤에 숨겨진 동기부여의 원동력은 래퍼 제이 지의 명언에서 비롯되었다.

"나는 당신이 말을 통해 존재를 창조할 수 있다고 믿어요."

목 표 를 소 리 내 어 말 할 용 기 가 없 다 면, 그 목 표 는 절 대 달 성 할 수 없 다 고 확 신 했 다.

직원들에게 목표를 향해 함께 도전할지 결정하라고 했다. 능력 있는 사람들과 함께 있을 때 집단적인 결정보다 더 강력한 것은 없다. 한 팀이 되어 공동의 목표를 위해 나아간다면, 그것이 아무리 허무맹랑하고 불가능한 일일지라도 반드시 성공하리라 믿었다.

당연히, 팀원들은 함께하기로 했다. 더 이상 결정을 위해 시간을 낭비할 필요가 없었다. 이제 목표 달성을 위해 실천할 일만 남았다.

# 017

평범함을
**뛰어넘는
방법.**

## 합리적이지 않은 수준의 추구

내가 냅킨에 '놀라운 환대'라는 단어를 적었을 때 어디서부터 어떻게 시작해야 할지 도통 감이 잡히지 않았다. 하지만 아이디어의 정확한 의미를 알 필요는 없다. 때로는 목표에 대한 감각만으로도 충분하다. 일단 시작하는 것이다. 다양한 방법들을 시도하다 보면, 아이디어는 스스로 자리를 잡게 된다.

행동과학 전문가 로리 서덜랜드는 좋은 아이디어의 반대도 좋은 아이디어가 될 수 있다고 말했다. 이것이 '놀라운 환대'가 매력적인 이유다. **'놀라운 환대'의 반대는 '사람을 함부로 대하는 것'이 아니라 '평범하고 합리적인 환대'라 할 수 있다. 이는 사업을 하는 데 있어 괜찮은 방법이긴 하지만, 평범하고 합리적인 방법만으로는 세계 최고가 될 수 없다.**

내가 끄적인 '놀라운 환대'는 그 후에 이어질 모든 일의 중심이 되었고, 환대에 대한 접근 방식 역시 근본적으로 바꾸기 시작했다. 일반적인 것과는 전혀 다른 느낌의 환대 서비스를 제공하고자 했다.

이미 손님들의 경험은 높은 수준에 이르렀고 세부 사항(부드러운 리넨, 와인 목록의 두툼한 가죽 커버, 은 제품의 무게감 등) 역시 완벽했지만, 좀 더 주의를 기울여 손님이 진정으로 편안함을 느낄 수 있는 다른 유형의 4스타 레스토랑을 만들고 싶었다. 우리를 뛰어나게 만들어준 세부 사항들, 즉 세련미, 우수한 기술, 완성도는 너무나 중요한 것들이다. 하지만 **환대를 정의하는 세부 사항들이 '평범한 수준을 뛰어넘는, 합리적이지 않을 만큼 높은 수준'이 되길 바랐다.**

'세계 최고 레스토랑 50' 시상식이 있던 날, 대니얼과 나를 포함해 그 자리에 모인 사람들 모두 높은 수준의 완벽을 추구한다는 걸 알 수 있었다. 하지만 대부분 완벽 추구의 목표는 접시 위에 놓인 음식에 한정되어 있었다. 이는 예전에도 마찬가지였다. 모든 마법은 주방에서 일어나고, 홀은 그 마법을 서비스하는 곳에 불과했다.

가자미 필레는 당시 우리 레스토랑 대표 요리 중 하나였다. 얇게 썬 호박 조각을 겹쳐 올려 생선 비늘처럼 보이도록 가자미 필레를 덮는다. 가자미 필레에 올리브유와 허브를 넣고 진공 포장 후 정확히 섭씨 54.2도에서 18분간 수비드 방식으로 조리한다. 그런 다음 사프란 국물 위에 가자미 필레를 얹고 속을 꽉 채운 호박 튀김을 곁들인다.

우리가 제공하는 요리의 모든 과정은 몇 주에 걸친 노력의 결과다. 요리의 각 요소를 준비하고 완성하는 데만 몇 시간이 걸린다. 그리고 이 모든 건 손님 인생에서 단 몇 분, 어쩌면 한 입 거리를 위한 것이다. 합리적이지 않지만 멋진 일이다. EMP에서 친절함이 얼마나 중요한지 보았기 때문에 만약 음식에 투자하는 이 엄청난 시간과 노력을 환대에 적용하면 어떤 일이 벌어질지 너무나 궁금했다.

# 환대는
# 거래가 아니다

우리는 종종 '버블'에 대해 이야기했다. 적절한 조명 아래 음악이 흐르고, 음식이 제때 제공되고, 완벽한 서비스가 이루어지며, 손님이 원할 때마다 서버가 바로 나타나고 원하지 않을 때는 사라지는 그런 특별한 순간, 테이블 주위에 버블이 생겨난다. 손님은 어떤 방해도 받지 않은 채 온전히 식사를 즐길 수 있으며, 그 순간 시간이 멈춘 듯한 느낌을 받을 것이다. 하지만 음식이 나오는 데 너무 오래 걸리거나, 누군가 쟁반을 떨어뜨리거나, 테이블 근처에서 자료를 인쇄하는 소리가 들린다면 버블은 터지고 마법은 깨질 것이다.

우리는 언제나 완벽한 서비스를 제공하기 위해 최선을 다했다. 적절한 속도로 음식을 제공하고, 접시를 떨어뜨리는 일이 없도록 주의했다. 하지만 프린터가 홀 안에 있는 한, 손님은 레스토랑이 아닌 사업장에 앉아 있는 듯한 느낌을 받게 될 것이고, 버블은 터질 수밖에 없다.

나는 감사를 통해 상업적으로 느껴지는 것들을 줄여 나갔다. 가장 먼저, 주문을 입력하고 영수증을 출력할 때 사용하는 단말기를 없앴다. 그건 그렇게 어렵지 않았다. 주방 옆에 방을 만들어 식기, 유리잔 및 서비스에 필요한 모든 기타 용품을 보관했다.

또한 손님을 맞이하는 레스토랑 입구에서 놀라운 환대를 시험했다. 보통 레스토랑에 들어가면 단상 뒤에 서 있는 총지배인이 전자기기 화면 빛에 반사된 얼굴로 손님을 맞이한다. 손님은 인사를 하고 예약자명을 말한다. 그러면 총지배인은 다시 화면을 내려다보고 손가락으로 스크린을 몇 번 터치한 후 서버에게 "23번 테이블로 안내해 주세요"라고 말한다. 레스토랑 안에서 화물처럼 옮겨 다니는 것뿐만 아니라 아이패드 화면, 테이블 번호 등이 모두 상업적으로 느껴졌다. 어쩌면 내가 과하게 예민한 것일지도 모른다. 이 모든 걸 따뜻하고 친절하게 서비스하는 곳도 많다. 하지만 총지배인이 단상 뒤에 서 있고, 손님과의 사이에 물리적인 장벽이 있는 한, 손님에게 진심 어린 환대를 제공하긴 힘들다고 생각했다. 친구 집에 저녁 식사 초대를 받았다고 가정해 보자. 친구는 활짝 문을 열고 눈을 마주치고 당신의 이름을 부르며 반갑게 맞이할 것이다.

나는 이것을 또 하나의 기회로 삼았다. 고객관리 팀에게 단상을 없애자고 말했을 때, 약간 회의적인 반응이 있었다. 하지만 **'무엇'을 '왜' 해야 하는지 설명할 수 있다면, 불가능해 보이던 많은 아이디어를 실현할 수 있다.**

얼마 뒤, 손님들은 기계 화면이 아닌 자신의 이름을 다정히 부르며 환영하는 총지배인을 마주하게 되었다.

"안녕하세요, 선 씨. EMP에 오신 것을 환영합니다!"

나는 이 방식을 처음 접한 손님들의 반응을 보는 게 즐거웠다.

지배인은 매일 밤 예약 명단에 적힌 손님 이름을 검색한 후, 자리마다 사진이 첨부된 메모장을 만들었다. 손님 사진이 인터넷에 한 번이라도 올라온 적이 있다면 그것을 바로 찾아냈다. 그리고 그 사진 속 인물과 조금이라도 닮아 보이면, 바로 인사를 건넸다. 7시 반 예약이 모두 차면 지배인은 8시 예약자들의 메모장을 꺼내 숙지했다.

단상은 손님들 눈에 띄지 않는 곳에 두었는데, 단상 뒤에는 '앵커'

라고 불리는 직원이 있었다. 그는 홀 팀과 소통하며 테이블의 준비 상황을 전했다. 앵커는 수화로 지배인과 소통했는데, 지배인은 신호를 기다리는 동안 손님들과 자연스레 대화를 이어 나갔다. 앵커가 테이블이 준비되었다는 신호를 보내면 호스트가 와서 손님을 좌석으로 안내했다. 만약 아직 준비되지 않았다면 앵커는 다른 신호를 보냈고, 지배인은 손님을 바 테이블로 안내해 음료를 마시며 기다리게 했다.

복잡하진 않지만 이를 실현하기 위해서는 어떤 일이든 할 수 있다는 의지가 필요했다. 무엇보다 대단한 건 손님을 맞이한 지배인이 바로 이틀 전에 예약받은 사람이라는 사실이었다. 대부분 레스토랑에서는 예약 담당자가 예약만 받고 손님이 도착할 때는 이미 퇴근하고 없다. 하지만 우리는 지배인이 직접 예약을 받고, 손님이 레스토랑을 찾기 전부터 관계를 형성한다. 이를 통해 지배인은 손님에게 이렇게 당당히 말할 수 있었다.

"안녕하세요. 며칠 전에 통화했던 저스틴입니다. 오늘 밤 선 씨를 모시게 되어 정말 기쁩니다!"

손님 중에는 EMP 같은 고급 레스토랑에 들어설 때 긴장하는 경우가 있다. 하지만 며칠 전에 통화했던 사람이 직접 자신을 맞이한다면 마음이 한결 편안해질 것이다. 또한 예약 전화의 진정한 목적은 손님이 도착하기 전 손님에 대해 더 알아보고, 혹 특별한 날을 기념하는 것인지 미리 점검하는 데 있었다.

"생일 축하합니다. 특별한 날을 저희와 함께 해주셔서 감사합니다!"

물론 단상을 없애면서 서비스 단계를 추가해야 했다. 그리고 검색과 비언어적 소통이 필요했으며, 예약을 잡은 지배인이 손님이 방문하는 날에 근무하도록 일정을 관리하는 전략가의 역할도 필요했다. 많은 회사에서는 이런 수고를 감수하려고 하지 않는다. 하지만 나는 오래된 광고에서 가져온 에이비스^Avis 렌터카의 슬로건이 머릿속에 맴돌았다.

"우리 좀 더 노력합니다."

아이디어를 실현하기 위해서라면, 어떤 노력도 마다하지 않고 비합리적인 길을 가려고 하는 것. 이것이 기준을 충족한 만족을 넘어 기대 이상의 탁월함을 구분 짓는 기준이 아닐까.

손님 경험을 개선하기 위해 식사 시작 전부터 상업적인 느낌을 없앴고, 이것은 큰 변화를 가져왔다. 여기서 한발 더 나아가 식사 후에도 상업적인 느낌을 없애고 싶었다. 환영 인사처럼 마지막 인사도 따뜻하길 바랐다.

"티켓 없는 외투 보관 서비스를 진행합시다"라고 당시 입구 서비스팀 담당자 JP 풀로스에게 말했다.

"좋아요. 어떻게요?"

"저도 모르죠! 그렇지만 JP 님이 기발한 생각을 해내실 거잖아요!"

리더가 직원에 대한 믿음을 갖고 있다면, 계획의 세부 사항까지 모두 알 필요는 없다.

JP가 찾아낸 해결책은 역시나 기발했다. 기존의 외투 보관실을 재구성해서 테이블 번호별로 외투를 분류하고, 문 옆에 '대기 중'인 외투 보관함을 따로 만들었다.

서비스 중에는 호스트가 주기적으로 홀을 돌며 손님들의 식사 진행 상황을 확인하면서 다음 예약 그룹을 효율적으로 배치했다. 새로운 시스템에서는 호스트가 계산하려는 테이블을 발견하면 즉시 직원을 보내 외투를 '대기 중'인 보관함으로 옮기게 했다. 손님이 계산을 마치고 나올 때쯤 직원이 외투를 들고 문 앞에 서 있었다.

당시에는 이런 서비스를 제공하는 곳이 없었고, 지금도 많지 않다. 손님은 문 앞으로 걸어오면서 주머니나 가방 안에서 외투 보관표를 찾는다. "어디 있지?"라며 고개를 든 순간, 눈앞에 있는 자신의 코트를 보게 된다. 마지막 순간까지 놀라운 연출로 손님의 마음을 한 번 더 사로잡을 수 있다는 것은 정말 짜릿한 일이었고, 그 반응은 매번 봐도 질리지 않았다.


## 환대는
## 독백이 아닌 대화

1896년에 개업한 라오스$^{Rao's}$는 할렘에 있는 가정식 이탈리안-아메리칸 레스토랑으로 뉴욕의 명소 중 하나다. 이곳은 예약을 아예 받지 않는다. 소수의 사람만이 테이블을 '소유'할 수 있고, 테이블을 소유한 사람의 초대를 받지 않는 한 이곳에서 식사할 수 없었다.

몇 년간 수소문한 끝에 초대장을 얻을 수 있었다. 식사는 훌륭했다(내 평생 먹어본 미트볼 중 최고였다). 우리가 제공하려던 식사 경험과는 다소 거리가 있었지만 나름 인상 깊었다.

그곳에는 메뉴판이 없었는데, 대신 '조끼 입은 니키'라는 사람이 바 의자를 테이블로 가져와서 선택할 수 있는 요리를 알려 주었다. 그는 우리가 애피타이저를 고르면 파스타를 추천했고, 파스타를 고르면 고기를 추천했다. 그렇게 대화가 오갔고, 이는 실제 대화처럼 느껴졌다. 최종적으로 그가 추천한 요리를 먹었다.

마치 할머니 댁에서 저녁을 먹는 느낌이었는데, 이런 부분이 마음에 들었다. 우리도 메뉴판을 없애야 하나라는 생각이 들었지만, 아직은 그렇게 급진적인 변화를 할 준비가 되어 있지 않았다. 메뉴를 주문하면서 레스토랑과 손님 사이에 대화가 오가는 것은 꽤 매력적이다. '환대는 독백이 아닌 대화'라고 한 대니 마이어의 말을 실제로 구현하고 싶었다.

수년간 우리는 코스 요리와 셰프 추천 요리를 모두 제공했는데, 코스 요리는 손님에게 선택권을 주었고, 셰프 추천 요리는 메뉴를 알 수 없기에 예측할 수 없는 놀라움을 주었다. 일반적인 코스 요리에는 모든 선택지가 나열되어 있다. 예를 들어, 소고기는 감자 퓌레와 꾀꼬리 버섯을 곁들여 제공한다거나 하는 식이다. 각자 원하는 것을 고르면 주문한 대로 나온다.

반면 하나의 서사처럼 이어지는 셰프 추천 요리는 매력적이긴 하지만 "오늘 메뉴는 이것입니다"라는 주방의 독백처럼 느껴지기도 한다. 이미 짐작했겠지만, 나는 내가 통제하는 것을 좋아한다. 특히 저녁 식사에 있어서는 더욱 그렇다. 입맛이 까다로운 편이어서 비린내가 나는 생선이나 내장류를 좋아하지 않는다. 그리고 음식을 사랑하는 사람으로서 먹고 싶지 않은 것뿐만 아니라 먹고 싶은 것도 내가 정하는 걸 좋아한다.

전자의 장점은 통제이고, 후자의 장점은 놀라움이다. 나는 좀 더 유연한 선택지를 원했고, 이 두 가지 장점을 결합한 새로운 요리를 고안했다. 우선 요리를 주요 재료만으로 나열했다. 예를 들어 소고기, 오리, 랍스터, 콜리플라워 중에서 주메뉴를 선택할 수 있도록 했다. 손님은 원하는 메뉴를 선택하지만, 그 요리가 어떻게 조리되어 나올지 알수 없기에 놀라움과 새로움을 동시에 즐길 수 있었다.

대니얼은 새로운 메뉴 형식이 유연하다는 점에서 좋아했다. 한정 기간에만 나오는 잎채소나 여름 콩이 들어오면, 새로운 메뉴를 다시 인쇄할 필요 없이 그 재료들을 요리에 포함했다. 이런 방식은 대화를 불러일으키기 때문에 나도 만족했다. 올리버 스트랜드는 『뉴욕 타임스』에 「EMP, 기존에 문제없던 것을 고치다」라는 아주 적절한 제목의 기사를 실었다. 기사에서 그는 "메뉴는 추상적이다. 화려한 설명으로 당신을 유혹하는 대신, 당신이 먹고 싶은 것을 서버와 대화하면 된다"라고 언급했다.

신메뉴를 출시하고 몇 달 후 모모푸쿠 쌈 바에서 식사를 했다. 메뉴판 오른쪽 하단 작은 상자에 이렇게 적혀 있었다.

"변경 사항이나 특별 요청은 받지 않습니다. 채식주의자를 위한 메뉴는 제공하지 않습니다."

이걸 보면서 대화와 선택에 대한 아이디어를 더욱 발전시켜야겠다고 생각했다.

근데 잠깐만, 뭐라고? 나는 셰프들을 한없이 존중하며, 일부 대체 음식이 요리의 완성도를 떨어뜨릴 수 있다는 걸 잘 알고 있다. 하지만 환대의 관점에서 볼 때 '그 어떤 조율도 불가능하다'라는 말은 다소 충격적이었고, 내가 그간 믿어온 모든 것에 반하는 것이었다. (참고로 모모 푸쿠의 소유주인 데이비드 장은 그 후 몇 년간 더욱 유연해졌고, 내가 아는 가장 환대적인 셰프 중 한 명이 되었다.)

하지만 그날 밤, 나는 그 말에서 눈을 뗄 수 없었다. 어떻게 레스토랑에서 고기를 원하지 않는 사람에게 고기 외에는 줄 수 있는 게 없다고 말할 수 있을까? 우리는 새로운 형식을 통해 손님이 원하는 요리를 제공하고 있었지만, 손님이 원하지 않는 것에 대해서도 충분히 귀를 기울이고 있을까?

당시 우리는 다른 레스토랑처럼 식사 전에 손님에게 알레르기 여부를 물었다. 하지만 이것은 손님을 위해 당연히 해야 하는 일이었고, 그 외에 우리가 더 신경 쓸 부분이 있을지 고민했다. 싫어하는 재료가 있는지, 오늘 특별히 먹고 싶지 않은 것이 있는지 물어보면 어떨까? 이런 것이야말로 진정한 대화가 아닐까?

대니얼과 주방 직원들을 설득하는 데 약간의 시간이 필요했다. 이미 완벽하게 완성된 요리에 끝없는 변형을 생각해야 했기 때문이다. 닭고기에 아스파라거스와 모렐 버섯이 함께 제공되는데 손님이 버섯을 싫어한다면, 닭고기를 대체하거나 그만큼 맛있는 요리를 준비해야 한다. 무리한 도전이었지만 실현할 수만 있다면 혁신적인 일이라는 걸 대니얼도 잘 알고 있었다. (이번엔 내가 "이 일은 나에게 중요해"라는 카드를 꺼냈다.) 도전하기로 결정했지만, 과정은 쉽지 않았다. 몇 주가 지났음에도 손님들은 자신이 싫어하는 재료에 대해 말해 주지 않았다.

아이디어가 제대로 작동하지 않는 이유나 효과적인 운영 방법을 찾기 위해 리더가 할 수 있는 가장 좋은 방법은 직접 그 역할을 체험하는 것이다. 만약 당신이 호텔 체인의 최고 경영자라면, 일 년에 몇 번은 호텔 프런트 데스크에서 일해 보아라. 만약 항공사를 운영한다면 티켓 데스크에서 직접 티켓 발권을 해보거나 이코노미석에서 음료와 프레즐을 직접 제공해 보아라. 형식적으로 말고 제대로 해보면 반드시 배울 것이 있다. 나도 매번 그랬다.

나의 서빙 기술은 서툴렀지만, 문제를 알아내기 위해서는 단 몇 테이블이면 충분했다.

음식에 관심이 많은 사람이라면 알겠지만(우리 손님들 대부분이 그랬듯이), 편견 없이 폭넓게 음식을 즐기는 것이 최근 경향이다. 따라서 가지나 캐비어의 질감이 불쾌하다거나, 엄마가 통조림 캔에서 미끈한 비트를 준 기억이 있어서 비트를 싫어한다고 말하는 것은 쿨하지 못한 것이었다. 친한 사람에게조차 고백하지 않을 텐데 최고급 레스토랑의 캡틴에게 그런 것을 털어놓을 리 없었다.

그래서 나부터 솔직하게 털어놓았다. 성게에 대한 내 생각을 손님들에게 이야기했다. 성게는 구하기 어려운 식재료이자 미식가들이 좋아하는 별미로, 부드러운 식감과 고급스러운 맛 덕분에 셰프들에게 사랑받는다. 하지만 나는 그걸 생각만 해도 구토가 날 것 같다.

내가 솔직하게 털어놓자 2번 자리에 앉은 남자 손님이 "사실 저는 굴을 좋아하지 않아요"라고 말했고, 그의 아내는 "저는 셀러리를 정말 싫어해요"라고 말했다.

나의 취약함을 먼저 고백한 후에야 손님들은 하나둘씩 마음을 드러내기 시작했다. 자신을 솔직하게 드러낼수록 다른 이의 마음도 열릴 가능성이 커진다.

일방적인 대화를 진정한 소통으로 바꾼 순간, 새로운 메뉴 형식이 진정한 성공을 이루었다.

### 모두를 VIP처럼
### 환대하라

유명 트레이너와 함께하는 개인 PT. 스웨덴 해안 등대에서의 3박 숙박. 뉴욕 파크 애비뉴 피부과 전문의가 제공하는 2만 5천 달러 상당의 서비스. 고급 페이스 크림 평생 제공. 티파니의 크리스털이 박힌 고양이 목걸이. 아우디 일 년간 무료 대여. 일본 열흘 도보 여행. 이것은 오스카 후보자들이 받는 호화로운 선물 목록이다.

우리가 놀라운 환대에 처음 접근한 것은 아니지만, 이런 종류의 과잉 서비스는 주로 유명인, 정치인, 부유층 또는 엘리트처럼 소수의 특정 인물에게만 국한되었다.

하지만 우리에게 놀라운 환대란 모든 손님에게 세심하고 고급스러운 서비스를 제공하는 것이다.

첫 시도는 주방 투어를 재구상하는 것이었다. 많은 고급 레스토랑에 셰프 테이블이 있지만, 매일 한 테이블만 경험할 수 있다는 게 거슬렸다. 심지어 EMP에서도 주방 투어는 최고급 VIP들에게만 제공되었다. 하지만 **놀라운 환대에 대한 신념을 가지고 있다면, 이런 특별한 경험들은 모든 사람에게 열려 있어야 한다.**

우리는 주방 안에 탁 트인 전망 공간을 만들었다. 30명의 훈련받은 셰프들이 넓고 쾌적한 주방에서 집중해서 작업하는 모습을 손님들이 볼 수 있도록 했다. 한쪽에 셰프 테이블을 놓았는데, 의자가 없어서 손님들은 한 코스를 서서 먹어야 했다.

단 한 코스에만 주방 투어를 할 수 있었기에, 많은 사람에게 이 특별한 경험을 제공할 수 있었다. 심지어 투어를 진행할 전담 직원까지 고용했다. 모두가 주방을 보고 싶어 하는 것은 아니었다. 어떤 사람들은 거래 협상을 위해, 또는 서로의 눈을 열정적으로 바라보기 위해, 또는 오롯이 식사하기 위해 레스토랑을 찾았다. 직원들은 그런 손님들을 방해하지 않았다. 하지만 그 외의 손님들, 그게 제이지와 비욘세든, 아니면 난생처음 최고급 레스토랑을 경험하기 위해 돈을 모아온 커플이든, 모두에게 동일한 경험을 제공했다.

## 현명한
## 환대 해결법

환대 시점에서 볼 때 식후 마지막 순간은 항상 조심스럽다. 결제가 즐거운 사람은 없다. 계산서에 적힌 숫자들은 그간 즐거웠던 식사 분위기에 찬물을 끼얹을 수 있다.

일부 손님은 식사를 마친 후 빨리 나가고 싶어 한다. 계산서를 받고, 돈을 내고, 문을 나서는 과정이 오래 걸리면 마음이 조급해진다(나도 조급해진다!). 그렇다고 해서 손님이 요청하기 전에 계산서를 먼저 건네면 빨리 나가라고 재촉하는 것처럼 느껴질 수 있기에 너무 빨리 건네줘서도 안 된다. 그래서 계산하는 타이밍을 맞추는 건 여간 어려운 일이 아니다.

EMP에서는 환대를 활용해서 이 두 가지 문제를 해결했다. 손님이 계산서를 요청할 때까지 기다리는 대신 식사가 끝날 때쯤 계산서와 함께 코냑 한 병을 테이블에 올려놓았다. 코냑을 한 잔씩 따라주고 남은 병은 그대로 놔두었다.

"저희가 드리는 작은 선물입니다. 원하시는 만큼 드세요. 준비되시면 계산서는 이쪽에 있습니다."

꽤 반응이 좋았다. 세 시간 동안 느긋하게 식사한 후에 마시는 코냑 한잔은 왠지 더 고급스럽고 특별한 느낌을 선사했다. 저녁 파티가 끝날 무렵 한 사람이 와인 병을 집어 들어 모두에게 마지막 잔을 따라주는 순간을 재현하고 싶었다. 무료로 주는 술 한 병을 받고 재촉받는다고 느낄 리 없다. 동시에 손님들이 준비되었을 때 계산서가 바로 앞에 있었다. 우리는 더 이상 계산서를 '두고 갈' 필요가 없었고, 손님도 계산서를 따로 요청할 필요가 없었다.

각 테이블에 값비싼 술을 제공하는 것이 사치스러워 보일 수도 있지만, 사실상 비용 대비 효율적이었다. 대부분은 코스 식사 이후(와인을 충분히 마신 후), 코냑을 한 모금 이상 마시지는 않는다. 그래도 손님에게 풍족한 느낌은 줄 수 있었다.

서비스를 은밀히 줄이는 것이 아니라, 반대로 확장함으로써 문제를 해결하는 것. 더 적게 주는 것이 아니라 더 많이 주는 것. 이것이 바로 환대 해결책이다.

**보통 심각한 문제에 직면하면 더 열심히 노력하고, 더 효율적으로 일하고, 더 꼼꼼하게 비용을 절감하는 등 이미 검증된 방법으로 대처하려는 경우가 많다. 이러한 대안에 의존하는 대신 자신에게 이런 질문을 던져보면 어떨까? 환대의 관점에서 어떤 해결책이 있을까? 만약 관대함과 특별한 서비스에 대한 헌신을 바탕으로 창의적인 해결책을 찾는다면?**

**이런 해결책을 실행하는 것은 말처럼 쉽지 않다. 이것을 생각하기 위해서는 분명 창의성이 필요하다. 하지만 결과는 언제나 성공적이다. 식사 마지막에 벌어진 작은 실수가 이곳에서의 전체 인상을 망칠 수도 있지만, 아름답고 우아한 마지막 행위가 정반대의 효과를 가져올 수도 있다.** (이것은 모든 서비스 산업에서 마찬가지다.)

서비스의 진정한 핵심은 사람들로 하여금
그들의 가치를 느끼게 하는 데 있다.

론 카우프만Ron Kaufman

# 018

전설을
만든
**작은
배려들.**

## 즉흥적인 환대의 기쁨

　　　　　　　　레스토랑에 여행 가방을 들고 들어오는 손님을 보면 기분이 참 좋다. 뉴욕에서의 처음 또는 마지막 식사를 위해 우리 레스토랑을 선택했고, 그것은 이 도시에서의 처음 또는 마지막 기억을 이곳에서 만들고 싶다는 뜻이기 때문이다. 이것은 엄청난 칭찬이며, 나는 그 책임을 가볍게 여기지 않았다.

어느 날 오후, 네 명의 유럽인 여행객이 레스토랑을 찾았다. 식사가 끝날 무렵 테이블을 치우다 그들의 뉴욕 미식 모험담을 듣게 되었다.

"웬만한 곳은 다 가본 것 같아! 퍼 세, 모모푸쿠 그리고 지금 EMP 까지. 그런데 길거리 핫도그를 못 먹어봤네."

그 순간 만화의 한 장면처럼 내 머리 위로 전구가 반짝였다. 설거짓 거리를 주방에 팽개치고 레스토랑 근처 핫도그 카트로 달려갔다. 뜨끈한 핫도그를 주방으로 가져가 대니얼에게 접시에 담아달라고 부탁했다. 미쳤다는 듯 그가 나를 쳐다봤다. 항상 한계를 뛰어넘으려고 노력해 온 나지만, 뉴요커들이 '싸구려 핫도그'라고 부르는 음식을 최고급 레스토랑에서 제공한다? 대니얼에게 나를 믿어보라고, 내게는 아주 중요한 일이라고 말했다. 결국 그는 핫도그를 정확히 네 등분해서 각 접시에 머스타드와 케첩 한 줌 그리고 사우어크라우트와 렐리시 소스를 더했다.

"뉴욕에서의 마지막 식사로 저희 식당을 선택해 주셔서 정말 감사합니다. 그리고 여러분이 음식에 대한 어떤 후회도 갖지 않고 돌아가셨으면 좋겠어요."

서빙 직원이 예술적으로 세팅된 핫도그를 손님들 앞에 내놓았다. 그들은 너무 놀란 나머지 말을 잇지 못했다.

**그간 수천 개의 요리와 수만 달러 상당의 음식을 제공했지만, 이렇게 격한 반응은 처음이었다. 손님들은 떠나기 전, 그 핫도그가 단순히 한 끼 식사를 빛내준 것을 넘어 뉴욕 여행의 하이라이트였다고 말했다. 그들은 그날의 일을 평생 추억할 것이다.**

운동선수들은 결과가 좋지 않은 경기를 치르면 영상을 돌려보며 개선할 부분을 찾는다. 반면에 경기 결과가 좋을 때는 영상을 잘 보지 않는다. 사실은, 경기 결과가 좋을 때 영상을 돌려보는 것이야말로 성공을 기념하고 잘한 점을 지켜 나가는 방법이다. 그래서 나는 식전 회의에서 직원들에게 핫도그 에피소드를 들려주며 이런 질문을 던졌다.

"그 선물이 왜 그렇게 좋았던 걸까요? 그리고 그중에서 어떤 점을 체계화할 수 있을까요?"

## 특별한 순간을 위한
## 맞춤형 환대

　스파고의 단골 중 일주일에 다섯 번은 이곳에서 점심을 먹는 사람이 있었다. 그는 체격이 거대한 편이어서 일반적인 레스토랑 의자는 맞지 않았다. 스파고가 베벌리 힐스에 새로 오픈했을 때, 당시 볼프강 퍽의 아내이자 회사에서 엄청난 창의력을 발휘하던 바바라 라자로프는 단골손님의 아내에게 남편이 가장 좋아하는 의자의 치수를 재고 사진을 몰래 찍어 보내달라고 부탁했다. 그런 다음 그 의자를 본뜬 새로운 의자를 제작했다.

　이 일은 나에게 깊은 인상을 남겼다. 아침마다 식당 뒤편에서 이 거대한 맞춤 의자를 손님 테이블로 옮기는 게 내 역할이었기 때문만은 아니다. 당시에는 환대라는 말을 사용하지 않았지만, 지금 생각해 보면 그것은 비합리적일 만큼 파격적인 것이어서 마음이 움직였던 것 같다. 손님이 의자를 처음 봤을 때의 표정을 지금도 잊을 수가 없다.

　**단골손님을 위한 가구 맞춤 제작은 평범한 서비스를 넘어 세심한 배려이자 포용, 관대함의 표현이다. 그러나 이보다 더 중요한 것은 핫도그가 성공한 원인처럼 특별한 순간을 위한 맞춤형 환대였다는 점이다.**

　자신이 좋아하는 밴드가 연주하는 걸 보는 것만으로도 행복하겠지만, 일부 관객만을 위해 즉흥 연주를 해준다면 더욱 놀라운 경험이 될 것이다. 그 순간 그 특별한 버전을 들을 수 있는 건 그날 그 장소에 있는 사람들뿐이기에 더 큰 의미가 있다.

나는 각 손님에게 맞춤형 경험을 제공하고 싶었다. 특정한 날에 우리 레스토랑에 있는 사람들은 독특한 경험을 공유하고 있지만, 모두에게 맞춤형 경험을 제공한다면 어떨까? 우리는 새로운 메뉴로 손님에게 선택의 기회를 주었다. 최대한 많은 손님에게 기쁨의 선물, 즉 진정으로 마음이 통할 때 느낄 수 있는 놀라운 감동을 주고 싶었다.

바바라에게 수천 달러가 들었을 스파고의 의자는 내게 영감을 주었지만, 그것을 그대로 확장할 수는 없었다. 이런 비싼 서비스를 모든 손님에게, 또는 몇몇 손님에게만 제공할 수는 없었다.

하지만 핫도그는 우리가 가구 제작자를 부르지 않고도 손님의 마음을 사로잡을 수 있음을 보여 주었다. 이제 우리가 할 일은 세심하게 주의를 기울이는 것뿐이었다.

이후 한 달 동안 이러한 마법 같은 순간들을 만들기 위해 이런저런 방법을 시도했다. 한 테이블에서 손님들이 자신들이 좋아하는 영화에 관해 이야기를 나누면, 계산서와 함께 그 영화의 DVD를 가져다 놓았다. 결혼기념일을 맞이한 한 커플이 근처 호텔에 묵고 있다고 하면, 호텔 방 안에 샴페인 한 병을 놓아두었다. 또한 이렇게 중요한 날을 함께하게 되어 감사하다는 손 편지도 함께 준비했다.

# 전설적인 순간을
# 창조하는 법

　다양한 시도로 손님과의 상호작용은 더욱 강화되었고, 직원들은 나날이 더 멋진 아이디어를 생각해 내며 열정적으로 일했다. 중요한 것들을 끊임없이 발견하고 실천하고 싶었지만, 인력이 부족했다. 바쁘게 돌아가는 레스토랑에서 뒤에 선 채 심부름을 기다리는 사람이 있을 리 없었고, 그렇다고 필요한 인력을 현장에서 데려오는 것은 서비스 품질을 저해할 위험이 있었다. 제대로 하려면 새로운 직책을 만들어야 했다.

　크리스틴 맥그라스는 호스트이자 예약 담당자이며 숙련된 캘리그라퍼였다. 초창기에는 손으로 편지를 쓰는 게 중요한 업무였기에, 그녀의 근무 시간 상당 부분을 차지하고 있었다. 그녀는 이 역할을 맡을 적임자였기에 새로운 호스트를 고용해서 그녀의 다른 업무를 덜어주었고, 그렇게 해서 EMP의 첫 번째 공식 드림위버가 탄생했다.

　크리스틴을 임명하면서 이러한 순간들을 더 자주, 더 일관되게 만들 수 있었다. 그럼에도 나는 어떻게 하면 더 많은 것을 할 수 있을지 고민하고 있었다. 그러던 어느 날, 대니 마이어의 피자집 마르타에서 식사를 하게 되었다. 서버는 에밀리 파킨슨이라는 여성이었는데, 그녀는 EMP에서 혼자 식사한 경험이 있다면서 우리 테이블을 향한 열렬한 팬심을 드러냈다.

　에밀리는 그날의 식사를 그림으로 그렸다고 말했다. 처음에는 잘못 들은 줄 알았다. 대부분은 음식을 사진으로 남기지만, 그녀는 그림으로 기록했다. 실제로 그녀는 식사하는 동안 각 코스를 연필로 스케치한 뒤 나중에 수채화로 완성했다. 그녀에게 그림을 사진으로 찍어 보내달라고 부탁했다. 다음 날 아침, 메일함에 그림이 도착해 있었다. (『그럽 스트리트*Grub Street*』에서 에밀리에 관한 기사를 실었다. 거기에 EMP에서 그린 작품이 소개되었다.) 나는 메일을 제대로 훑어보기도 전에 마르타의 총지배인인 테리 코플린에게 전화를 걸었다.

"지금 재밌는 일을 하나 진행하고 있는데 에밀리가 필요해요."

에밀리의 예술적 재능은 프로그램에 활력을 불어넣었다. 그녀는 어떤 엉뚱한 아이디어든 바로 추진했다. 뉴욕을 떠나 가정을 꾸리려는 부부를 위해 새로 이사할 시골집을 수채화로 그리는 것? 가능하다. 와인 애호가이자 스타워즈의 팬인 손님을 위한 3피트 높이의 AT-AT 와인 디캔터? 가능하다. 그녀의 완벽한 아이디어 실행은 팀을 더욱 야심 차게 만들었다.

얼마 지나지 않아 여러 명의 드림위버를 고용했고, 그들은 모든 게 갖추어진 스튜디오에서 일했다. 산타의 작업실 같은 그곳은 가죽 가공과 금속 작업 도구, 재봉틀 등 갖가지 미술용품이 갖춰져 있었다.

에밀리와 그의 팀은 소와 오리가 있는 목가적인 풍경을 그렸는데, 단백질을 직접 사냥하는 것으로 유명한 셰프가 방문하면 너프 건으로 쏘면서 주요리를 선택할 수 있도록 했다.

외지에서 온 단골손님이 딸에게 인형을 사주겠다고 약속했는데 지키지 못해 마음이 아프다는 말에 키친타월로 만든 작은 곰 인형을 선물했다.

휴가 비행기 표가 취소되어 비싼 저녁 식사로 위안을 받으러 온 커플을 위해 별도의 식사 공간을 마련하여 해변으로 변신시켰다. 해변 의자, 바닥에 깔린 모래, 그리고 발을 담글 수 있는 유아용 풀장까지 마련했다. 그들은 작은 우산으로 장식된 상큼한 칵테일을 마시며 기분 전환을 했다.

EMP에서 결혼한 한 커플이 결혼기념일을 축하하러 왔을 때는 두 사람이 결혼식을 올렸던 바로 그곳에서 디저트를 즐길 수 있도록 했다. 방에는 꽃과 양초, 샴페인 등을 완벽하게 준비해 놓았다. 디저트가 끝나갈 때쯤 조명을 낮추고, 우리가 갖고 있던 기록에서 찾은 그들의 결혼식 노래인 빌 위더스의 'Lovely Day'를 틀었다. 그런 다음 조명을 조금 더 낮추고 문을 닫고 나왔다.

손님이 방문하기 전, 그들의 이름을 검색해 중요한 정보를 수집했다. 베이컨을 너무 좋아해 베이컨 관련 인스타그램까지 운영 중인 손님을 위해 제과 셰프에게 원래의 코코넛 피스타치오 그래놀라 대신 베이컨 그래놀라를 특별히 만들어달라고 부탁했다. 또한 아이스크림콘에 대한 애정으로 관련 인스타그램을 운영하는 손님을 위해 다양한 선디 토핑으로 구성된 아이스크림 코스를 선사하기도 했다. (매우 숙련된 요리사만이 실현할 수 있는 것들이다.) 그들은 어느 곳에서도, 심지어 다른 테이블에서도 경험하지 못한 오직 한 사람만을 위한 특별한 순간을 누리고 있었다. 마치 록 밴드 그레이트풀 데드가 한 팬을 위해 개인 공연을 펼치는 것처럼 말이다. EMP에서는 하룻밤의 경험을 담기 위해 40개의 해적판 카세트가 필요할 정도로 다양한 개인 맞춤형 경험을 제공했다.

어느 날 밤, 새로운 회사에 자금을 조달하기 위해 고군분투하던 한

은행원이 그의 상사에게 불만을 털어놓았다.

"식후 술 한 잔도 좋지만, 정말 필요한 것은 백만 달러인걸요!"

안타깝게도 그건 예산 초과라 어찌할 도리가 없었지만, 100 그랜드 초콜릿바 10개를 그의 의자 밑에 넣어두었다.

그가 발견하곤 한참 웃었고, 아주 '전설적인 밤'이었다고 말했다.

나는 식전 회의에서 이 이야기를 전했고, '전설'이라는 용어는 이런 특별한 순간을 나타내는 말로 사용되었다. 예를 들어, "어젯밤 한 테이블에 전설을 만들었어!"처럼 말이다.

이런 전설이 얼마나 특별한 것인지 깨닫게 되면서 그 말은 더 큰 의미를 갖게 되었다. 손님들에게 특별한 경험을 제공함으로써 평생 이야기할 만한 추억을 만들어주었다.

사람들이 프러포즈에 왜 그토록 많은 시간과 노력을 기울일까? 평생에 걸쳐 계속해서 할 이야기인 것을 알기 때문이다. **전설적인 이야기는 두 가지 역할을 한다. 우선, 특별했던 순간을 회상하고 끝나는 것이 아니라 시간 여행하듯 그 순간으로 되돌려준다. 또한 그 순간에 자신이 중요한 존재였음을 상기시킨다.**

요즘 사람들, 특히 젊은 사람들은 물건을 갖는 것보다 경험을 쌓는 것에 더 관심이 많다. 하지만 레스토랑에서의 식사 경험은 일시적이다. 메뉴판의 복사본을 집에 가져가거나 음식 사진을 찍을 수는 있지만, 푸아그라 한 입을 다시 즐길 순 없다.

하지만 손님들이 특별한 순간을 되새기면서 돌아간다면, 상황은 완전히 달라진다. 이것이 우리가 '전설'을 중요하게 생각하는 이유다. 새로운 경험을 얻기 위해 우리를 찾아온 손님에게는 그 경험이 단순한 서비스가 아닌, 우리에게 맡겨진 책임과도 같았다. 손님에게 좋은 추억을 선물하고 우리와의 경험을 다시 떠올릴 수 있도록 만들고 싶었다.

진정한 선물은 길거리 핫도그나 초콜릿바가 아니라, 전설을 전설로 만들어주는 이야기다.


## 놀라운 환대를 불러일으키는 최적의 방법

쌓여 가는 '전설들'이 주는 힘은 놀라웠다.

홀 팀은 자신들의 일에 능수능란하고 열정적이었다. 하지만 아무리 일을 좋아해도 매일 반복되는 일상은 지루할 수밖에 없다. 레스토랑에서 창의력을 발휘할 수 있는 사람은 보통 주방에 있는 사람들이다. 셰프와 협업해 새로운 요리를 만들거나 동료들에게 음식을 제공하는 식으로 말이다. 하지만 '전설'의 경우, 홀 직원도 얼마든지 창의력을 발휘할 수 있다. 단순히 다른 사람이 만든 창의적인 요리를 제공하는 데 그치지 않고 자신만의 창의력을 통해 손님에게 특별한 경험을 제공할 수 있다.

전설은 다른 사람이 하든, 본인이 직접 하든 그 자체로 즐겁다. 그것들을 기록하기 위해 나는 비공식 인스타그램 계정까지 만들었다. 그 덕에 휴무에 놓친 것이 있어도 격려와 영감을 받고, 식전 회의에서 전설을 함께 축하할 수 있었다.

만약 당신이 전설을 만든 주인공이라면 곧바로 다음 전설을 만들고 싶을 것이다. 손님이 당신이 제공한 전설에 환하게 웃는 모습을 한 번이라도 경험한다면, 다시 그 느낌을 찾아 나서게 될 것이다.

전설은 손님에게만 국한되지 않는다. 우리 직원이 식사하러 와도 우리는 똑같이 최선을 다했다. 당시 몇몇 유명한 고급 레스토랑에서는 직원들이 자신이 일하는 레스토랑에서 식사하는 것을 금지했다. 일부 손님은 이전에 자신을 접대한 사람과 같은 테이블에 앉아서 식사하는 걸 탐탁지 않게 여길 수 있다는 이유 때문이었다. 아무도 도우미 옆에 앉고 싶어 하지 않을 테니까. 정말 그럴까? 사람들에게 서비스를 제공하기 위해 열심히 일하는 직원들을 그저 '도우미'에 불과하다고 말하는 것에 화가 치밀었다.

우리는 완전히 반대 방향으로 나아갔다. 마리아치 음악을 좋아하는 엘리아자르 세르반테스가 레스토랑 투어를 할 때 연주자들이 직접 세레나데를 연주해 주었다. '노매드<sup>NoMad</sup>'의 총지배인인 제프 타스카렐라가 그의 아버지는 쇠고기와 감자, 버드와이저를 좋아한다고 미리 귀뜸을 해줬을 때, 샴페인 카트를 버드와이저 카트로 변신시켰다.

시니어 홀 캡틴 중 한 명인 너태샤 매클빈은(훗날 우리의 예술 감독이 되었다) 크리스마스를 끔찍이 좋아했다. 크리스마스 연휴에 고향에 못 가게 된 그녀를 위해 그녀 몰래 부모님을 뉴욕으로 모셔 왔고, 황금빛 순록, 솔가랜드, 아름답게 포장된 선물 더미를 둘러싸고 빙글빙글 도는 기차를 준비했다. 이것은 캐비어 코스로 베이글은 기차 위에 놓여 있었고, 포장지와 리본으로 꾸민 선물 속에 캐비어 통과 다양한 장식들이 숨겨져 있었다.

　너무 과한가? 맞다. 우리는 직원들이 단순히 식사만 하는 것이 아니라 그 누구보다 좋은 것들을 직접 경험하길 바랐다. 이는 우리 팀이 보여 준 창의성, 유머, 노력에 대한 감사의 표현이자, 그들이 매일 보여 주는 친절함을 되돌려주고 싶은 나의 마음이었다.

놀 라 운 환 대 에 대 한 열 정 을 불 러 일 으 키 는 가 장 좋 은 방 법 은 그 환 대 를 직 접 받 아 보 는 것 이 다.

　왜 더 많은 기업이 이런 방식으로 직원에게 투자하지 않는지 의문이다. 은행에는 개인 자산 관리자가 있다. 이들은 고객에게 높은 수준의 서비스를 제공한다. 은행 직원들에게 비슷한 수준의 개인 재무 관리 서비스를 제공하려면 비용이 얼마나 들까? 직원 유지 관점에서 보면 더 합리적이지 않을까? 더 나아가서, 직원이 은행에서 제일 좋은 서비스를 경험하게 된다면, 고객에게 얼마나 더 멋지고 훌륭한 서비스를 제공할지 상상이 되는가?

　우리에게는 이것이 이상적인 투자였다. 드림위버는 내 아이디어에서 비롯되었지만, 이것을 실현한 것은 팀원들이었다. 개인적으로 가장 좋았던 부분은 드림위버의 비공식 인스타그램 계정을 보면서 내가 전혀 관여하지 않은 아이디어들이 계속 나오는 것을 지켜보는 것이었다. 나는 그 아이디어를 고안하지 않았고, 승인하지도 않았다. 팀원들이 독립적으로 생각해 냈고, 너무도 훌륭히 해냈기에 나조차도 그들을 보면서 많은 영감을 얻곤 했다.

　그것은 주도적인 행동과 즉흥적인 환대라는 두 가지 요소의 완벽한 결합이었다.

　"고급 레스토랑에서나 그런 비법들이 통하는 거죠."

이런 말을 들을 때마다 이런 생각이 든다.

'그런 비법들을 하나도 안 쓸 자신은 있고요?'

이런 선물에는 노동 비용이 든다. 하지만 내가 누구 아들인가! 나는 아버지의 아들답게 매달 손익 계산서에서 드림위버 항목을 매의 눈으로 검토했다. 이런 선물들이 만들어낸 입소문 마케팅 효과와 팀 분위기를 고려하면, 그만한 값어치가 있었다.

어쨌든 리더는 스프레드시트에만 의존해서는 안 되며, 이러한 선물을 주고받을 때 전해지는 직감을 믿어야 한다. 이 프로그램으로 인한 예상 수익이 얼마나 될까? 일반적으로 마케팅에 지출하는 비용보다 이곳에 투자한 게 더 효과적이며, 그 이상의 가치를 창출할 수 있다고 확신한다.

**여러 면에서 이것은 95:5 법칙을 실천에 옮긴 완벽한 사례라 할 수 있다. 우리는 평소에 비용 관리를 철저히 해왔기에 '전설'에 기분 좋게 투자할 수 있었다.**

누군가의 마음을 사로잡기 위해 큰 비용을 들이지 않아도 된다. 초콜릿바 단 10개로 '전설적'이라고 불리지 않았던가!

# 철저히 준비된
# 즉흥적인 환대

고등학교 때 루스 크리스 스테이크 하우스의 웨스트체스터 메리어트 지점에서 테이블 치우는 일과 호스트로 일하면서 아주 중요한 것을 배웠다. 루스 크리스는 프랜차이즈여서 본사의 지침을 엄격히 따라야 했다(동일한 간판, 유니폼, 도자기, 유리, 은제품, 메뉴). 하지만 내가 일하던 지점에는 비밀이 하나 있었다. 그곳에는 다른 어떤 지점에도 없는 칼라마리 튀김이 있었다. 그동안 먹었던 칼라마리 튀김은 반지 모양으로 잘려져 있었는데, 그곳의 칼라마리는 줄 모양으로 잘려져 있었다. 어떤 빵가루를 입혔는지 알 수 없었지만 진짜 맛있었다. 이 칼라마리 튀김은 주문할 수 없었고, 레스토랑 일원이거나 특별히 대접하고 싶은 손님에게만 제공되었다.

보통은 단골이 오면 (또는 레스토랑의 주문 실수로 손님의 기분을 풀어줘야 할 때) 안주나 디저트, 샴페인을 제공한다. 문제는 그 디저트 가격이 얼마인지 손님들이 정확히 알고 있다는 것이다. "아, 이곳은 나를 14달러만큼만 생각하는구나"라고 은연중에 생각하게 된다. 반면 칼라마리 튀김에 드는 비용은 적었지만, 그 영향력은 이루 말할 수 없었다. 2달러짜리 길거리 핫도그만큼이나 값졌는데, 누군가를 기쁘게 해주기 위해 준비된 것이었다. 이것을 제공하는 데 계획이나 전략 따위는 필요하지 않았다. 단지 충동적으로 생각하고 실천하면 된다.

이것은 모든 비즈니스에 필요한 중요한 전략이다. **즉흥적인 환대는 본질적으로 반응이다.** 미리 알게 된 정보든(손님이 아내의 40번째 생일을 기념하기 위해 온다는 내용을 들었거나), 우연히 들은 정보든 항상 즉각적으로 대응하는 것이다.

모순적으로 들릴 수 있지만, **즉흥적인 환대도 미리 준비할 수 있다. 방법은 간단하다. 업무에서 반복되는 순간을 식별하고, 팀이 편하게 사용할 수 있는 도구를 만들면 된다.** 필요한 것을 미리 생각해 보고, 직원들이 쉽게 이용할 수 있도록 현장에 정리해 놓고, 언제든지 활용할 수 있도록 권한을 부여하라. 이렇게 하면 즉흥적인 환대를 체계화할 수 있다.

EMP에서는 '플러스 원 카드Plus One card'를 만들어 활용했다. (오랫동안 해와서 우리가 처음 시작한 것인지, 아니면 내가 입사하기 전부터 시작되었던 것인지 헷갈린다.) 플러스 원 카드는 우리가 자주 받는 질문들에 대한 답변이다. 예를 들어 "꽃꽂이는 누가 하나요?" "이 치즈를 만든 농장에 대해 더 이야기해 주실 수 있나요?" 같은 질문들에 대한 답변 카드를 미리 만들어 카드 카탈로그 상자에 보관했다. 만약 접시를 뒤집어 제조자를 확인하려는 손님이 있다면, 서버는 조노 판돌피가 누구인지와 그의 작품을 볼 수 있는 곳이 기록된 카드를 가져왔다. 플러스 원 카드는 인쇄된 상태로 깔끔하게 정리되어 있어서 언제든 편하게 꺼내 볼 수 있었다.

필요하지는 않지만 있으면 좋은 이런 추가적인 요소들을 '플러스 원'이라고 불렀다. 당시 손님들의 기대치가 높았던 만큼 기대 이상의 서비스를 제공하는 데 유용했다.

사람은 크게 두 유형으로 나뉜다. 선물 받는 것을 좋아하는 사람과 주는 것을 좋아하는 사람. 두 유형 모두 이기적이라 할 수 있다. 왜냐하면 선물 주는 걸 좋아하는 사람 역시 상대의 감격한 표정을 보고 보상을 얻기 때문이다.

드림위버 프로그램이 한창 탄력을 받을 무렵, 직원들은 손님들에게 선물을 주는 것에 진심이었고 멋진 전설들을 만들어냈다. 영감을 얻는 순간뿐만 아니라 언제 어디서든 그런 기회를 가질 수 있도록 도구를 만들어 공유했다.

타지에서 온 방문객들로부터 뉴욕의 명소를 추천해 달라는 말을 자주 들었다. 그래서 우리만의 비밀 장소들을 표시한 작은 지도를 만들었다. 피자 맛집, 베이글 맛집, 일요일 브런치 맛집 그리고 루빈 박물관처럼 덜 알려진 숨은 명소까지 모두 표시했다. 또한 엠파이어 스테이트 빌딩 전망대 입장권을 선물하기도 했다.

놀라운 환대에 대한 열정이 커질수록 머릿속에는 언제나 플러스 원을 추가할 방법을 찾았다. 반복되는 상황을 주시함으로써 사람들이 기대하는 것보다 조금 더 많은 것을 선물하고 싶었다.

내가 가장 좋아한 플러스 원은 약혼 커플이 레스토랑을 찾을 때였다. 다른 레스토랑처럼 우리도 무료 샴페인을 제공했는데, 여기에 특별한 샴페인 잔을 추가했다. 바로 티파니와 협업해 만든 유일무이한 티파니 크리스털 잔을 선물했다. 식사가 끝나면 약혼 축배에 사용했던 잔을 티파니의 고유 색상인 티파니 블루 상자에 넣어 전달했다. 이 협업은 우리뿐만 아니라 티파니에도 이득이었다. 이를 경험한 커플 대부분이 결혼 선물 목록에 와인 잔 세트를 넣었을 거라고 확신하기 때문이다.

드림위버 활동이 활발해지면서, 맞춤형 선물이나 전설화된 많은 것들이 도구로 만들어졌다. 어느 날 오후, 한 테이블의 손님들이 술을 너무 많이 마셨다며 사무실 대신 집에 가서 낮잠이나 자고 싶다고 말하는 걸 들었다. 이 얘기를 들은 한 드림위버가 그들에게 윙크를 날리고는, 곧이어 가짜 의사 소견서와 두통약 한 팩을 전해 주었다. "아이고, 오늘 밤 너무 달렸더니 내일 못 일어날 것 같아요!"라고 말하는 손님을 위해 드림위버는 진한 블랙커피 한 봉지, 소화제 몇 알, 그리고 머핀으로 구성된 아침 구조 세트를 만들어 손님에게 건네주었다.

드림위버는 상시 대기하고 있었기에, 캡틴은 아무 부담 없이 이런 제안도 할 수 있었다.

"시애틀행 야간 비행기를 타는 여성 고객을 위해 즉흥적으로 만들어 드린 간식 세트, 정말 좋았어요. 이런 걸 자주 제공하면 좋을 것 같은데, 대량으로 만들 수 있나요?"

그럼 점심을 먹고 곧장 공항으로 떠날 손님들을 위한 간식 세트가 바로 준비되었다.

"비행기에서 출출하실 때 드세요. 브레첼보다 맛있을 거예요."

신선한 재료는 매일 준비하고 채워야 하지만, 전략적 사고 과정, 즉 아이디어 개발과 계획, 기본적 실행은 단 한 번이면 된다. 반복되는 상황을 미리 대비하면, 매일 새롭게 시작할 필요 없이 바로 실행하기만 하면 된다.

혹 이런 의문이 들지도 모르겠다. 서비스를 체계화한 후에도 여전히 환대적일 수 있을까? 비행기 간식 세트를 첫 번째 손님에게 줄 때와 서른 번째 손님에게 줄 때, 과연 똑같은 따뜻함과 관대함이 느껴질까? 맞춤형 환대를 주장하면서, 개인 맞춤형 선물이 아니라면 무언가 잘못된 것이 아닐까?

그렇지 않다. 왜냐하면 선물의 가치는 선물을 주는 사람이 아니라 받는 사람이 느끼는 감정에 달려 있기 때문이다. 우리 입장에서는 여행객에게 서른 번째 간식 세트를 건넨 것일지라도, 받는 사람에게는 처음 있는 일이다. 그들에게만 한정적으로 제공되는 게 아니라고 해서 기쁨이 줄어드는 것은 아니다.

우리는 독창적이면서도 효과적인 서비스를 확장하는 동시에, 일회성이고 즉흥적인 환대를 통해 균형을 유지하려고 노력했다. 또한 우리가 도입한 시스템이 형식적으로 변하거나 효율성을 잃지 않도록 지속적으로 점검하고 평가하는 것이 중요했다. 일반적으로, 이러한 방식을 시스템화하면 더 많은 사람들을 행복하게 만들 수 있고, 팀은 그 외의 시간을 더 독창적이고 특별한 '전설'을 만드는 데 집중할 수 있다.

### 환대 기회는 모든 비즈니스에 존재한다

뉴욕에서 대형 부동산 회사를 운영하는 친구가 있었다. 그녀는 내게 자기 직원들에게 환대에 관해 이야기해 달라고 부탁했다. 내가 부동산 중개인들에게 처음 한 질문은 "새 집주인에게 어떤 걸 선물하나요?"였다. 대부분 "스파클링 와인 한 병이요"라고 대답했다. 스파클링 와인이 나쁜 건 아니지만 개인적인 감동이나 기억에 남을 만한 것은 아니다. (있어야 하는데 없다!)

중개인은 누군가에게 집을 판매하거나 팔아주는 사람이다. 그것은 아주 개인적인 거래라고 할 수 있다. 중개인이 고객과 함께 보내는 시간, 고객의 미래 희망과 꿈에 대해 듣는 시간(내가 한 테이블과 보내는 시간보다 훨씬 길다), 그리고 평균 수수료의 규모 등을 고려할 때 부동산 전문가라면 고객 한 사람 한 사람에게 맞춤형 선물을 줄 수 있어야 한다.

다시 말하지만, **선물이 값비쌀 필요는 없지만 개인 맞춤화되어 있어야 한다. 비록 그 핫도그는 2달러에 불과했지만, 레스토랑 역사상 유일무이했다.** 사람들은 종종 환대와 호사를 혼동한다. 핫도그 대신 고급 빈티지 와인이나 캐비어를 줄 수도 있었지만, 그만한 영향은 주지 못했을 것이다.

호사는 더 많이 주는 걸 의미하지만, 환대는 더 사려 깊은 것을 뜻한다.

따라서 당신의 고객이 음악을 좋아한다면, 그 사람이 좋아하는 앨범 레코드판을 선물하고, 수수료 액수에 따라 턴테이블까지 선물한다면 더 나무랄 데가 없을 것이다. 만약 고객이 새집 안 햇빛이 잘 들어오는 공간에서 요가하는 로망을 말한 적이 있다면, 고객이 집에 들어왔을 때 한눈에 볼 수 있도록 요가 매트를 펼쳐 놓아라. 요가 매트는 프로세코 와인 한 병보다 더 많은 시간이나 에너지, 자원이 필요하지 않다. 단지 조금 더 신경을 쓰면 된다.

한 부동산 중개인은 자신이 '전설'이라는 용어를 알기 훨씬 이전에 실천한 '전설적인 일'에 대해 이야기해 주었다. 그녀는 새 집주인이 전면 리모델링을 계획하고 있다는 사실을 알고, 자신의 또 다른 고객인 판매자가 매년 아이들의 키를 표시했던 문틀을 가져갈 수 있도록 허락을 받았다. 다른 사람에게는 그저 쓸모없는 나무 조각일지 몰라도, 그 고객에게는 눈물이 날 만큼 소중한 것이었다.

고객과 보내는 시간과 거래의 규모를 고려할 때, 부동산 중개인에게는 이런 맞춤형 선물 또는 서비스가 무척 중요하다고 생각한다. 하지만 모든 고객에게 즉흥적이고 개별적인 맞춤형 선물을 한다는 것은 논리적으로 불가능한 면이 있다. 때문에 더 많은 사람이 이런 특별한 감동을 경험할 수 있도록 앞서 말한 도구를 활용하면 좋다.

임신 중인 부부에게 아파트를 판매한다면, 보호용 플라스틱 콘센트 커버와 함께 '앞으로 시작될 모험에 큰 도움이 될 거예요'라는 쪽지를 서랍에 넣어두어라. 많은 사람이 임신 사실을 알게 되었을 때 이사를 결정하기 때문에, 사무실에 이런 콘센트 커버를 여러 개 준비해 두는 것도 좋은 방법이다. 새로운 지역에 이사 온 사람에게는 좋은 산책로나 등산로, 사과 사이다 도넛 맛집 등 지역 추천 장소를 모아둔 안내서를 만들어 선물하라. 한 번에 열두 권 정도 미리 인쇄해 두면 좋다.

한 중개인에 따르면, 그녀는 한 해 동안 교외에 사는 고령자들에게 여덟 채의 소형 주택을 팔았다고 한다. 고령자들은 주류 판매점에서 손쉽게 구할 수 있는 스파클링 와인을 받고 싶어 할까? 아니면 메트로폴리탄 미술관의 미술 복원 시설 투어를 선호할까? 아니면 빌리지 뱅가드 재즈바 티켓이나 브루클린의 아트하우스 영화관 멤버십을 더 좋아할까?

상황이 허락지 않거나 너무 과하다 싶으면 최소한의 시간을 내 조금 더 세심하게 선물을 구상하라. 미처 짐을 다 풀지 못한 채 새집에서 첫날 아침을 맞이할 고객에게 커피포트와 필터 그리고 커피 원두를 전해 봐라. 그들은 그것을 사용할 때마다 분명 당신과 당신의 세심함을 떠올릴 것이다.

"레스토랑과 부동산은 그럴 기회가 많지만 내 분야는 아니야"라는 독자의 소리가 들리는 것 같다. 모든 비즈니스에는 변곡점이 있고, 패턴이 존재한다. 자세히 살펴보면 찾을 수 있다. 그리고 찾았을 때 그냥 지나치지 말고 무언가를 해야 한다.

또 다른 예로, 사람들은 대개 인생에서 특정한 시점에 차를 구매한다. 새로운 가정을 꾸려 큰 차량이 필요할 수도 있고, 자녀가 운전 면허를 취득해서 자녀에게 첫 차를 선물해야 할 수도 있다. 또는 아이들이 대학에 진학하게 되면서 이전에 발레와 축구 연습실을 오갈 때 사용하던 낡은 가족용 차보다 조금 더 화려한 차를 사야 할 수도 있다.

십 대 자녀를 위해 차를 사러 온 고객이 있다면, 그들과 관계를 강화할 수 있는 환대를 준비해 보는 건 어떨까? 만약 당신이 그 고객이라면, 자동차 영업 사원이 당신을 한쪽으로 데려가 "갓 면허를 딴 십 대 자녀를 도로에 내보내는 심정, 저도 잘 알아요. 그래서 자녀분에게 트리플 A* 멤버십을 일 년간 선물하고 싶어요. 그러면 길을 잃거나 하는 일은 없을 거예요"라고 말한다면 당신은 어떨 것 같은가? 이 글을 쓰는 시점에 트리플 A 멤버십 비용은 119달러다. 119달러 투자로 평생 충성 고객을 얻을 수 있을 거라고 확신한다.

---

미국 자동차 협회(American Automobile Association). 차량 구매자들이 차에 관한 서비스 및 긴급 상황에 대비할 수 있는 회원 혜택을 제공하는 회원 단체를 말한다.

또 다른 예로, 카시트를 설치하느라 애쓰는 고객에게 집에 가는 동안 아이가 먹을 간식 한 봉지를 준다면? 더 나아가서 과자 부스러기를 없앨 작은 청소기까지 선물한다면? 그 고객은 어떤 반응을 보일까? 판매원이 거래에 세심함을 더할 수 있는 자원과 자율성을 갖추면, 마치 제품 디자이너처럼 고객에게 더 맞춤화된 서비스를 제공할 수 있다. 비록 그 차에 청소기가 포함되어 있지 않았더라도, 판매원이 특정 고객에게는 청소기가 더 적합하다고 판단할 수 있다. 이 과정에서 판매원은 자신의 역할에 자부심을 느낄 수 있다.

우리는 쉬지 않고 전설을 찾아야 한다. 예를 들어 몇 년마다 새 차를 구매하기 위해 대리점을 찾는 고객이 있다고 가정해 보자. 자녀들이 대학에 진학하자 그는 밴을 둘러보기 시작했다. 그에게 시간적 여유가 더 생기면, 청소년 시절에 좋아하던 서핑을 다시 하고 싶어질 것이다. 그렇다면 그가 새 차를 가지러 왔을 때 루프랙에 서핑보드를 준비해 두면 어떨까? 과한 선물이긴 하지만, 충성스러운 고객을 평생의 관계로 만들 절호의 기회이기도 하다. 서핑보드가 예산을 초과한다면, 대시보드 위에 서핑보드 왁스 캔에 리본을 달아 메모와 함께 선물하는 것도 좋은 대안이 될 수 있다.

나에게 선물은 깊은 의미가 있다. 따라서 일반 기업에서 싸구려 토트백에 USB를 넣어주면 화가 난다. 좀 더 힘내세요! 더 잘 해보세요! 선물은 상대에게 당신이 그들을 보고, 듣고, 알아봤다는 것을 전하는 방법이다. 즉 당신이 상대방의 말을 흘려듣지 않고 기억하고 있다가 행동으로 옮겼다는 걸 보여 주는 것이다. 선물은 거래적인 상호작용을 관계적인 상호작용으로 바꿔준다. 누군가를 단순한 고객이나 스프레드시트의 항목 그 이상으로 존중하는 데 선물만큼 효과적인 것은 없다. 그리고 적절한 선물은 누군가의 삶에 긍정적인 영향을 미칠 수 있다.

## CHAPTER 019

우리가
**꿈꾸는**
**공간**。

,

## 멈추지 않는 도전

과거에는 세계 최고의 레스토랑이 호텔에 있었다. 세자르 리츠는 1870년대 파리의 스플랑디드 호텔을 운영하면서 미국의 악덕 자본가들에게 유럽의 호화로움을 소개했다. 그는 몬테카를로에서 프랑스 요리사인 오귀스트 에스코피에를 만났고, 이 두 사람의 협업으로 19세기와 20세기 동안 세계 최고의 호텔들은 그들의 레스토랑으로 유명해졌다.

안타깝게도 시간이 흐르면서 호화로운 호텔 레스토랑의 개념은 인기를 잃었다. 호텔 레스토랑은 여행이나 회의에 지쳐 건물을 벗어나기 싫을 때 가는 최후의 선택지로 전락했다. 새 호텔이 훌륭한 레스토랑을 유치하더라도, 경영진은 호텔과 레스토랑을 명확히 구분하기 위해 별도의 출입구와 브랜딩을 사용했다.

2010년 초, 대니얼과 나는 앤드류 조블러에게 제안을 하나 받았다. 그는 뉴욕의 29번가와 브로드웨이에 위치한 에이스 호텔을 개발하고 오픈한 호텔 그룹의 파트너 중 한 명이었다. 에이스 체인은 저렴한 객실, 산업적이면서 친환경적인 미학, 그리고 업무 공간으로도 활용되는 현장감 넘치는 로비 등으로 선풍적인 인기를 끌었다. 앤드류는 '그랜드 호텔의 재탄생'을 목표로, '노매드'라는 새롭고 고급스러운 개념의 호텔에서 식음 서비스를 제공하는 것에 관해 얘기하고 싶어 했다.

앤드류는 레스토랑을 다시 호텔의 중요한 부분으로 만들어 에스코피에와 리츠의 시절을 되살리겠다는 기발한 아이디어를 가지고 있었다. 대니얼과 나는 이 아이디어에 반해 버렸다. 우리가 보기에 앤드류는 이 일을 함께할 적임자였다. 다른 프로젝트에서 선보인 식음료 프로그램과 예술, 디자인, 판매를 결합하는 방식도 마음에 들었다. 사랑이 필요한 뉴욕 지역에 활기를 불어넣을 기회라고 생각했다.

EMP에서 불과 몇 블록 떨어진 곳에 새 부지가 있었다. 해당 동네에 직접 가보니, 대낮에 마약 거래가 활발하게 이뤄지던 70년대의 음침한 시절로 거슬러 올라간 듯했다. 브로드웨이에는 값싼 장신구를 판매하는 도매상점들이 즐비했고, 지하철 통풍구는 모서리에 손잡이가 달린 방수포로 덮여 있어서 경찰이 지나갈 때 상인들이 짝퉁 가방을 숨길 수 있었다.

시간당 요금을 받지 않는 호텔은 이 지역을 혁신하는 데 주요한 역할을 할 것이고, 이는 우리에게 강력한 동기부여가 되었다. 그들이 제안한 경영 계약도 마찬가지였다. 우리는 돈을 투자할 필요가 없다는 점에서 좋았다. 어차피 투자할 자금도 없었다. 그런데 그다음이 문제였다. 대니 마이어에게 말하는 것.

# 성장은
## 안전지대 밖에서 일어난다

우리는 대니에게 솔직하게 말했다.

"저희는 EMP에 대한 열정이 넘치고 목표 달성도 가까워졌습니다. 하지만 영원히 직원으로만 남고 싶지 않아요. EMP에서 계속 일하면서 노매드에서 저희 것을 해보고 싶어요."

대니는 잠시 생각해 보겠다고 했지만 끝내 거절했다.

"한 레스토랑에서는 파트너로, 몇 블록 떨어진 다른 레스토랑에서는 경쟁자로 있을 수는 없어요."

이런저런 얘기가 오가다가 그가 대안을 제시했다.

"두 사람이 EMP를 사면 어때요?"

전혀 예상하지 못한 제안이었지만 그러겠다고 대답했다.

솔직히 우리가 해낼 수 있을지 전혀 감이 잡히지 않았다. 돌이켜 보면, 내가 무엇을 얼마나 모르는지조차 알지 못했다. 하지만 그간 우리가 이루어낸 거대하고, 무섭고, 불가능해 보이던 모든 성취는 해낼 수 있다는 단순한 믿음에서 시작되었다.

나는 누군가가 앞으로 나아가는 것에 대한 두려움을 내비칠 때마다 이렇게 말한다.

**"해보기 전에는 자신이 무엇을 할 수 있는지 알 수 없어요."**

보통 다음 단계로 나아가려고 할 때, 자신이 모르는 것에만 집중하면 무너지기 쉽다. 당신은 그것을 해결할 능력을 갖추고 있다는 믿음을 가져야 한다. 스키 중급 단계인 사람에게 상급 단계는 무서울 수밖에 없다. 하지만 쉬운 길만 찾아다니면 결코 발전할 수 없다. 결국에는 스키 스틱을 눈에 꽂고 나아가야 한다. 성장은 안전지대 밖에서 일어난다. 엉덩이를 짚든 스키를 타든 언젠가 그 언덕을 내려갈 것이고, 그 과정에서 많은 것을 배우게 될 것이다.

대니의 제안에는 주의 사항이 따랐다.

"2월이나 3월까지 자금을 모아서 레스토랑을 살 수 있는지 알아보세요. 비밀을 유지하려고 해도 소문은 금세 퍼지기 마련이고, 레스토랑이 오래 어중간한 상태로 있으면 사기가 떨어질 수 있어요."

그의 말이 맞았지만, 막대한 자금을 석 달 안에 마련해야 한다는 현실이 믿어지지 않았다.

나는 단골손님들과 이야기를 나누기 시작했다. 돈을 달라고 하는 것이 무례하게 들릴 것 같아서 "비공식적으로 말씀드리지만, 저희가 이번에 레스토랑을 인수할 기회가 생겼어요. 혹시 투자할 만한 사람을 아시나요?"라고 물었다. 물론 나는 그들이 직접 투자하길 바랐고, 몇몇은 관심을 보이기도 했다. 하지만 모든 노력은 막바지에서 늘 난관에 부딪혔다. 비싼 레스토랑에서 식사할 여유가 있다고 해서 반드시 레스토랑을 살 수 있는 것은 아니다. 투자 유치는 쉽지 않았다. EMP에 대한 확신은 있었지만, 투자할 만한 가치가 있다고 사람들을 설득하는 게 창피했다.

수많은 미팅 끝에 노암 고테스만이라는 투자자를 만나게 되었다. 스시 야스다에서 점심을 먹으면서 친분을 쌓았고, 그 후 레스토랑에 대한 우리의 야망에 관해 이야기했다. 그는 우리에게서 무언가를 봤던 것 같다. 대니와 약속한 마감일을 2주 남기고 필요한 투자금을 마련했다. 나는 그의 통찰력과 지원에 평생 감사할 것이다.

비슷한 시기, 2012년 3월 오픈 예정으로 노매드 레스토랑 계약을 체결했다. 2011년 11월 11일(11/11/11), 우리가 22번째 레스토랑을 인수했다고 직원들에게 발표했다.

그리고 그 주에 『EMP : 더 쿡북*Eleven Madison Park : The Cookbook*』이 출간되었고, 우리는 역사상 최초로 일 년 만에 미슐랭 별 1개에서 별 3개로 승격된 레스토랑이 되었다.

대니얼이 영어가 서툴렀던 시절에 자주 사용했던 표현인 '메이크 잇 나이스Make It Nice'를 따서 새로운 회사 이름을 지었다. 이 문구는 레스토랑 내에서 테이블이든, 요리든, 아니면 부가 프로젝트든 상관없이 '조금 더 신경 써주세요'라는 의미로 사용되었다. 그때는 기대치가 명확해서 팀원이 동료에게 "메이크 잇 나이스"라고 말하면 더 이상의 설명 없이도 그렇게 행동했다.

단어 자체의 대칭성이 상당히 매력적이었다. 벽을 사이에 두고 양쪽에서 운영하는 레스토랑이라는 점을 강조했다. 주방은 음식을 '만드는Make' 곳이고, 홀은 '친절하게Nice' 대접하는 곳이었다. (우리는 주방과 홀의 벽을 허물기 위해 '하우스 뒤쪽'과 '하우스 앞쪽'이라는 용어조차 사용하지 않았다. 대신에 항상 '주방'과 '홀'이라고 불렀다.) 또한 'Make'와 'Nice'는 글자 수가 같았다.

완벽과 환대를 모두 아우르는 우리 회사에 딱 어울리는 탁월한 이름이었다.

# 창의력도
## 연습이 필요하다

EMP에 대한 초기 리뷰에서 마일스 데이비스에 대한 언급을 통해 만들어낸 단어 목록이 우리의 성장 방식을 형성해 왔다. 그래서 노매드 오픈 계약을 체결했을 때, 또 다른 음악적 영감을 찾고 싶었다.

EMP가 마일스 데이비스라면, 노매드는 롤링 스톤스이다. 롤링 스톤스 하면, 섹스와 마약, 그리고 믹 재거의 무대를 장악하는 에너지가 떠오른다. 하지만 이들에게도 신인 시절이 있었다. 그 시절 이 그룹은 미국 블루스 아티스트들의 앨범을 전부 사서 외우다시피 했다. 그들은 자신들이 좋아하는 음악을 공부하고 완벽하게 이해한 후 자신만의 음악적 색깔을 입혔다. 그들은 자유로운 영혼이었지만, 사실 놀랍도록 철저하고 의도적이었다. 그렇게 이 밴드는 R&B 장르를 재탄생시켰다.

노매드는 업타운과 다운타운이 교차하는 지점에 자리했다. 우리는 두 세계를 아우를 수 있는 도심 속 놀이터를 만들고 싶었다. 호화롭고 고풍스러우면서도, 민주적이고, 멋지고, 편안하고, 소통적이고, 시끄럽고, 활기차고, 자유롭고, 생동감이 넘치는 곳. 우리는 롤링 스톤스가 블루스를 연구할 때처럼 이곳을 극도로 의도적으로 설계할 계획이었다.

이번에도 우리 자신이 가고 싶은 곳을 만들고 싶었다. 뉴욕이라는 화려한 도시에서 좋은 음악과 완벽한 음식, 최고급 와인이 제공되는 고객 주문형 메뉴, 그리고 이 모든 걸 젊고 에너지 넘치는 직원들이 서비스하는 그런 곳을 꿈꿨다. EMP가 특별한 날을 기념하기 위해 (또는 특별한 저녁을 먹고 싶을 때) 선택하는 곳이라면, 노매드는 근사한 밤을 보내고 싶을 때 가고 싶은 곳이었다.

대니얼과 나에게 노매드는 사업가로서도, 그리고 회사로서도 큰 도전이었고, 성장과 확장의 시기에 들어선 기업들이 겪는 어려움도 피할 수 없었다. 몇 가지 실수도 있었지만, 대부분은 잘 해냈다. 성공의 비결은 우리가 EMP에서 만든 환대 문화를 노매드에 잘 적용했기 때문이다.

노매드의 성공이 우리에게 얼마나 중요했는지 어떤 말로도 부족하다. 히트곡이 하나뿐인 가수들은 많다. 두 번째 앨범이 실패하면 그들은 히트곡이 하나뿐인 사람으로 영원히 남게 된다. 우리는 비틀스, 너바나, 롤링 스톤스가 되고 싶지, 〈드림 위버Dream Weaver〉로 유명한 게리 라이트가 되고 싶지 않았다.

그리고 뉴욕에서는 신문이 레스토랑 성공에 막대한 영향을 미치기 때문에 『뉴욕 타임스』에서 노매드의 첫 번째 리뷰가 매우 중요했다. 그만큼 부담도 컸다.

아이디어에 집중하기 위해 프랑스 남부에 사는 쾌락주의자이자 음악 애호가이며 미식가인 53세의 가상 인물을 만들었다. 노매드의 공공 공간을 그의 개인 집처럼 꾸미기 위해 머리를 맞대었다.

새로운 프로젝트가 진행될 때마다 "저는 창의적이지 않아요"라고 말하는 사람들이 있다. 그들에게 나는 "창의성은 그런 식으로 나타나는 게 아니에요"라고 말한다. 마케팅 전문가 세스 고딘의 말을 빌리자면, 창의력은 연습이다. 비틀스의 폴 매카트니 같은 위대한 창조적 두

뇌의 소유자도 아이디어를 다듬고 창의성을 유지하기 위한 시스템을 갖고 있다. 폴 매카트니는 시간적 압박과 규칙적인 일정 그리고 더 좋은 아이디어나 음악적 표현을 찾을 때까지 완벽하지 않은 단어나 음악적 구절을 사용하는 데 있어 유연함을 가지고 있었다. 이러한 방식은 그가 50년이 지난 지금까지도 사랑받는 곡을 만들어내는 데 필수적인 과정이었다. 각자 실천 방식은 다를 수 있다. 우리가 폴 매카트니는 아니지만, 창의성은 즉흥적이어야 하고 천재들에게만 국한된 것이라는 고정관념을 떨쳐 버려야 한다.

## 창의성은 수동적인 과정이 아니라 능동적인 과정이다.

노매드를 설계할 때, 체계적이면서도 협력적이고 탐구적인 회의를 진행했다. 자유롭게 아이디어를 제시하고 꿈을 펼칠 수 있는 환경을 만들었다. 그 결과 다른 쓸데없는 걱정거리들은 문밖에 두고 오로지 과정에만 충실할 수 있었다. 회의실에서는 어리석어 보이는 아이디어조차 멋진 아이디어로 발전시킬 수 있을 것 같았다. 나쁜 아이디어는 없었고(적어도 처음에는), 완성되지 않은 아이디어를 제시해도 부끄러워할 필요가 없었다. 오히려 다른 사람이 자기 아이디어를 완성하거나, 더 나은 것으로 이끌어주길 바라는 마음도 있었다. 비틀스가 서로의 곡에 끊임없이 영향을 주고받았듯이 말이다. 그렇게 집단적인 창의력을 다시 한번 발휘해 보고자 노력했다. 서로 영향을 주고받다 보니, 누군가 "이거 누구 아이디어였죠?"라고 물으면 대답하지 못할 때도 있었다.

마야 안젤루는 "창의력은 쓴다고 없어지지 않는다. 쓰면 쓸수록 더 생겨난다"라는 유명한 말을 남겼다. 꿈꿀 수 있는 공간이 많아질수록, 그리고 서로를 신뢰할수록 더 성장할 수 있다.

이제는 유명해진 '둘이 먹는 치킨'을 어떻게 제공할 것인지에 대해 기나긴 토론을 이어가던 밤, EMP에서의 경험 덕분에 디테일에 대한 나의 집착을 초능력처럼 재구성할 수 있었다. (우리는 닭 한 마리를 구리 접시에 담아 손님에게 보여 준 뒤, 가슴살을 썰어내고 다른 접시에는 다리살 같은 고기를 이용해 만든 프리카세를 담아 여럿이 나누어 먹을 수 있도록 했다.)

노매드에서는 아침 식사를 제공하기로 했기에 나는 완벽한 커피포트를 찾기 위해 엄청난 시간을 보냈다. 마침내 프랑스 구리 조리기구 전문업체인 모비엘이 만든, 삼각형 모양의 터키식 체즈베를 연상시키는 커피포트를 발견했을 때 그것을 찾아 헤맨 시간이 하나도 아깝지 않았다.

처음부터 라이브러리 바가 호텔의 중심이 될 거라는 걸 알고 있었기에, 라이브러리 바의 모든 설계와 실행을 감독했다. 이삿짐 트럭을 불러 대규모 골동품 벼룩시장에 가서 손수 의자를 고른 후 노매드 패브릭으로 개조했다. 흔히들 장식용 라이브러리에는 중고 서적을 진열하지만, 우리는 법학 교재나 잊힌 소설들로 책장을 채우지 않았다. 모든 일이 그렇듯이 이 역시 우리의 철학을 고수했다. 책 큐레이터에게 우리가 설정한 가상 인물의 서재에 어울리는 책을 선별해 달라고 부탁했다. 그렇게 해서 뉴욕의 역사, 음식과 와인, 음악 그리고 초자연에 대한 섹션이 생겼다. 월트 디즈니가 말했듯이, 디테일까지 신경 써서 완벽하게 만들면, 그것이 비록 눈에 잘 띄지 않더라도 사람들은 그 완벽함을 느끼고 감탄하게 된다. 놀라움과 즐거움을 주기 위해, 우리는 속이 빈 책들 사이에 위스키병을 숨겨 놓았다. 이 깜짝 선물을 찾는 손님에게 특별한 즐거움을 주고 싶었다.

# 성공의 요소를 심어
## 새로운 싹을 틔우다

　　노매드의 오프닝 관리팀은 대부분 EMP 출신이었다. 이는 의도된 것이었는데, 애초부터 경력자를 새로운 레스토랑에 데려올 계획이었기에 몇 달 전부터 EMP에서 인력을 충원해 왔다.

　EMP에서 온 직원들이 새로운 장소에서 EMP의 문화를 '발효'시키는 핵심 역할을 해주길 바랐다. 흠잡을 데 없는 완벽한 기술뿐만 아니라 언어와 행동을 통해 조직의 문화와 신념이 전달되길 기대했다. 그동안 EMP에서 온갖 우여곡절을 겪으며 축적한 열정과 지식, 가치가 새로 고용된 이들에게 자연스럽게 전파되리라 예상했다.

　성장 가도를 달릴 때는, 성장의 기반이 된 중요한 요소들을 잃어버려서는 안 된다. 사업을 확장할 때는, 현재의 조직 문화를 잘 이해하고 유지하며 보호할 수 있는 계획을 세워야 한다. 우리에게 그것은 **고객의 기대를 넘어서고, 고객에게 기대 이상의 서비스를 제공하는 '놀라운 환대'였다.** 조직 문화는 매일 그것을 실천하고 유지하는 사람들에 의해 좌우된다. 이를 제대로 관리하면 다른 부분도 자연스럽게 따라온다.

　회사 외부에서 고용한 유일한 주요 인력은 총지배인인 제프 타스카렐라였다. 제프의 경우 예외를 허락한 이유가 있었다. 그는 총지배인으로 일한 경험이 있었고, 이전에 리더 역할도 했었다. 심지어 호텔 레스토랑을 운영해 본 경험도 있었는데, 이는 내게 없는 경험이었다. EMP보다 활기차고 자유로운 분위기로 꾸며질 노매드에는 최고급 레스토랑에서 일했던 경험을 가진 사람이 필요했다. 마지막으로, 노매드가 멋있기를 원했는데, 그는 내가 아는 멋진 사람 중 한 명이었다.

그는 노매드의 성공에 크게 이바지했다. 그런데도 내가 회사에 있는 동안 외부에서 총지배인을 고용한 건 이번이 유일하다는 사실은 내부에서 인재를 발탁해 승진시키는 것이 회사 문화를 유지하고 발전시키는 데 매우 중요하다는 것을 보여 준다.

노매드의 오픈을 앞두고 훈련에 박차를 가했다. 일반적인 관점에서 보면 교육에 매우 큰 예산이 투자되었는데, 우리가 투자한 시간, 에너지, 비용이 좋은 결과를 가져다줄 것이라고 확신했다. 새로운 프로젝트에는 엄청난 자금을 투자하면서 정작 그 프로젝트를 실현하는 사람들을 교육하는 데 인색한 것을 보면 안타깝다. 이것은 소탐대실의 완벽한 예라 할 수 있다.

오픈할 때쯤, 150여 명에 달하는 홀 직원들을 대상으로 몇 주 동안 강의실에서의 훈련과 현장 실습을 번갈아 가며 진행했다. 이들은 와인, 요리, 서비스의 포인트를 모두 꿰뚫고 있었다. 무엇보다 EMP의 고위 임원진으로부터 조직 문화에 대해 제대로 배웠다.

노매드로 오지 않은 EMP 팀원들도 이 훈련에 도움을 주었다. 오픈 전, 지난 3년간 내가 식전 회의에서 했던 이야기가 수록된 노트 수백 페이지를 출력했다. 그리고 그것을 EMP 캡틴과 매니저들에게 나누어 주고, 가장 공감했던 것, 가장 오래 기억에 남았던 것, 그리고 그들과 팀 전체에 가장 오래 인상에 남았던 것이 무엇인지 선별해 달라고 부탁했다. 이 아이디어들을 책으로 엮으면서 우리의 핵심 가치를 좀 더 명확하게 정의할 수 있었다. 이 과정은 매우 긍정적이었다. 규모에 상관없이 모든 기업이 자신의 핵심 가치를 검토하고 이를 문서로 기록해야 한다고 생각한다.

처음에는 현장 매뉴얼이 제본된 복사본의 형태로 만들었고, 몇 년 후에는 디자이너를 고용해 작은 빨간색 책으로 제작했다. 이를 통해 손님을 맞이하듯 따뜻하고 활기차게 신입 직원을 맞이할 수 있었다.

노매드를 개업하고 6개월이 순식간에 지나갔다. EMP에서 우리는 점진적으로 발전했다. 기존의 레스토랑을 새로운 형태로 변화시켰고, 그 과정에서 작은 성과들을 하나씩 쌓으면서 큰 변화를 이루었다. 하지만 노매드는 달랐다. 이곳을 성장시키기 위해 EMP에서 점진적으로 발전시켜 온 문화를 가져와 새로운 곳에 적용했다.

어느 날 저녁, 『뉴욕 타임스』 음식 평론가인 프랭크 브루니의 자리를 이어받은 피트 웰스가 노매드를 찾아왔다. 순간 정신이 번쩍 들었다. 또다시 리뷰 시즌이 돌아온 것이다.

평가 하나하나에 많은 것이 좌우되기 때문에 부담이 컸지만, 우리는 모든 걸 쏟아부었고 그동안 익힌 것들을 적용했다. 다행히도 리뷰 과정은 짧았다. 몇 주 후인 2012년 6월, 노매드는 『뉴욕 타임스』부터 별 3개를 받았다.

리뷰 제목은 「유명 밴드가 히트곡을 재해석하다」였다. 웰스는 우리가 예측할 수 있고 익숙한 길을 선택할 수도 있었는데 그렇게 하지 않았으며, 그래서 "오히려 참신하고 멋지다"라고 말했다. EMP에서 훌륭한 리뷰를 많이 받아봤지만, 그날 밤처럼 눈물을 흘린 적은 없었다. 기쁨과 안도, 자부심이 뒤섞인 행복한 눈물이었다.

# 잘못을 인정하고
# 사과하는 리더

　　조직 문화를 알리고 지키기 위해 노력했지만, 노매드가 개업하고 얼마 지나지 않아 내 경력에서 가장 큰 실수를 저지르고 말았다.

　　노매드를 시작하기로 했을 때, EMP에는 나를 대신할 만한 사람이 마땅치 않았다. 내부 인재 육성에 확고한 신념을 가지고 있었기에 외부 사람을 고용하는 것은 고려하지 않았다. 아무리 봐도 인재를 찾을 수 없어 내가 노매드를 운영하면서 동시에 EMP 총지배인 역할을 지속하기로 했다.

　　어떻게 됐을까? 새로운 사업을 해본 경험이 있다면, 하루 24시간이 부족하다는 것을 잘 알 것이다. 몇 달 동안, 깨어 있는 거의 모든 시간을 노매드에서 보냈다. 호텔이다 보니 깨어 있지 않은 시간에도 그곳에 있었다.

　　노매드에서 불과 몇 블록 떨어진 곳에 EMP가 있었지만, 워낙 오랫동안 우수한 팀이 최고 수준으로 운영해 오고 있어서 상대적으로 소홀해질 수밖에 없었다. 실제로 그해 '세계 최고 레스토랑 50' 목록에서 24위에 올랐다. 이는 레스토랑이 훌륭하게 운영되고 있고, 우리가 주목한 환대 정책이 손님들에게 성공적으로 전달되고 있다는 증거였다. 하지만 완벽하고 협력적인 조직도 리더는 필요하다.

　　토론과 의견 교환도 중요하지만, 현장에서는 결정을 내려줄 사람이 필요하다. 결정해 줄 사람이 없으면 문제는 점점 쌓인다. 그로 인해 업무가 중단되거나, 누군가가 나서서 대신 결정을 내리게 되는데, 이런 경우 종종 동료들의 불만을 사게 된다. 결국 조직은 혼란스러운 상태가 되고, 직원들 사기는 떨어지게 된다.

다행히도 내 주변에는 진실을 말해 줄 고마운 사람들이 있었다. 고위 직원들과 여러 차례의 대화를 통해 상황을 파악할 수 있었다.

"아무도 결정을 내리지 않고, 혹 누군가가 나서 결정을 내리면 권력을 장악하려 한다고 비난을 받고 있어요. 하루빨리 총지배인을 새로 임명해야 해요."

하지만 내 귀에는 이렇게 들렸다.

'더 열심히 하세요. 당신이 있어야 할 자리에 당신이 없잖아요. 단 한 시간이라도 좋으니, 시간을 쥐어짜서라도 새로운 일과 기존의 일을 모두 해내야죠.'

나는 '그래도 손님들은 만족해하는데 뭐'라며 이 상황을 합리화하려고 했다.

조직 문화가 견고한 경우 초기에 발생한 문제나 난관을 어느 정도는 견딜 수 있지만, 시간이 지나면서 이러한 문제들이 누적되면 결국은 그 영향이 드러나기 시작한다는 것을 이전에는 미처 몰랐다. 직원들의 사기가 떨어진다 해도 손님들이 바로 알아차리지는 못할 것이다. 우리 팀은 EMP에 대한 애정이 남달랐고, 훌륭한 서비스를 제공하는 것에 대해 개인적으로나 직업적으로 자부심이 컸다. 여러 어려움이 있었지만, 업무 수행에 영향이 미치지 않도록 잘 관리하고 있었다. 하지만 물방울이 계속 떨어지면 단단한 바위도 깨질 수 있다.

결국, 오랫동안 함께 일해 온 팀 캡틴인 셰릴 히프너가 내게 미팅을 요청했다. 셰릴은 팀의 에이스이자 내가 신뢰하는 사람 중 하나였다. 그녀는 아주 효과적인 방법으로 내가 잘못을 인식할 수 있게 해주었다. 내게 직접적으로 말하는 대신 거울을 보여 주며 나 스스로 잘못을 깨달을 수 있게 해주었다.

"우리 팀에 그 일을 할 사람이 단 한 명도 없다고 생각해요? 서로를 신뢰하는 것보다 더 중요한 것은 없다고 입이 마르도록 말했으면서, 정작 당신은 우리를 못 믿고 있잖아요!"

자녀에게 "우리는 화가 난 게 아니야. 실망한 거야"라는 부모의 말보다 더 절망적인 것은 없다. 셰릴의 말에서 그 말이 들렸다. 그녀의 말이 아프기는 했지만, 솔직하게 얘기해 줘서 고마웠다.

아버지는 늘 눈을 똑바로 뜨고 직시하라고 말씀하셨다. 무심코 흘려보내지 말고 제대로 듣고, 보고, 주의를 기울이고, 배우라는 뜻이다. 특히 중요한 일이 눈앞에 있을 때는 제대로 알아차리고 주의를 기울여야 한다.

셰릴과의 미팅은 회사로서는 매우 중요한 순간이었다. 중대한 전환점에 있는 회사를 내가 망치고 있었다. 수년간 나는 직원들에게 자신의 역할에 갇혀 있지 말고 유연하게 대처하라고 조언해 왔다. 한 자리에 머물면 승진시키기 어렵기 때문이다. 하지만 정작 자신의 역할이 변화해야 할 때라는 걸 파악하지 못한 것은 나 자신이었다.

더 절망적인 건 내가 오랫동안 주장해 온 원칙들을 스스로 지키지 못했다는 것이다. 팀을 신뢰하는 게 얼마나 중요한 일인지 늘 강조했던 내가 정작 스스로는 그렇게 하지 못하고 있었다. 그제야 무엇을 해야 할지 깨달았다. 그것은 노매드의 계약을 체결하는 순간부터 해야 했던 일이다. 몇 년 전부터 맥주 프로그램을 맡아 온 커크 켈리웨이를 불렀다. 그는 주방 서버부터 시작해 매니저까지 승승장구하며 성장했다. 그날, 그를 총지배인으로 승진시켰다.

그와의 개별 미팅 후, 전직원회의를 열어 모두에게 사과했다.

"이번이 제가 회사를 성장시킨 첫 번째 경험이에요. 그리고 이번이 저의 마지막 실수도 아니겠죠. 하지만 이번 일은 제가 정말로 잘못했어요."

나는 수년간 팀원들에게 서로 간의 신뢰를 강조하면서도 스스로 신뢰를 저버렸고, 그 결과 우리가 열심히 일궈 온 조직 문화를 훼손시켰다. 진심으로 사과한 후 커크가 새로운 총지배인이 될 것이라고 발표했다. 자신의 이름이 불리기를 바라던 사람도 있었지만 이미 결정은 내려졌고, 이 결정은 전체에 큰 영향을 미쳤다. 그간 팽팽하던 긴장감이 풍선 터지듯 일순간 사라졌다.

리더가 자신의 실수를 인정하고 사과하는 것에는 엄청난 힘이 있다. 어떠한 실수도 하지 않겠다는 생각과, 실수를 인정하지 않으면 아무도 눈치채지 못할 것이라는 생각은 어리석은 것이다. 자신의 실수를 공개적으로 인정하고 사과하는 일은 쉽지 않지만, 리더와 팀 사이의 유대감을 강화한다. 리더가 자신의 실수를 인정하고 비판할 때, 직원들도 그 비판을 기꺼이 받아들이게 된다. 이는 실수를 솔직하게 인정하고 대처함으로써 얻게 되는 긍정적인 효과이자 리더십의 중요성을 보여 주는 좋은 예라 할 수 있다.

초반에 EMP의 총지배인을 새로 임명하지 않았던 이유는 그 일을 나만큼 잘할 사람이 없다고 생각했기 때문이다. 그리고 객관적으로 말하자면, 커크는 아직 총지배인을 맡을 준비가 되어 있지 않았다. 내가 모마에서 같은 직책을 맡았을 때 준비되지 않았듯이 말이다. (솔직히 나는 새 레스토랑의 주인이 될 준비도 되어 있지 않았다.) 그런데 때로는 **직원이 준비되기 전에 승진시키는 것이 최선일 수 있다. 그들에게 열정이 있다면, 당신이 옳은 결정을 내렸다는 것을 증명하기 위해 그들은 최선을 다할 것이다.**

커크는 맥주 프로그램을 운영하며 성장한 것처럼, 우리와 함께한 다른 직책에서 보여 준 것처럼 새로운 역할에 빠르게 적응해 나갔다. 주방 서버로 시작한 그가 이제는 팀을 이끄는 위치에 있다는 것은 다른 직원들에게도 큰 의미가 있었다.

우리에게 한계란 없다는 말은 진심이었다. 이제 모두가 그 말이 사실임을 알게 되었다.


## 놓치는 손님이 없게 하라

노매드는 오픈과 동시에 큰 성공을 거두었다.

노매드는 모든 것에 대한 해답이었다. 아침 단골, 점심 단골, 저녁 단골, 심야 칵테일 바 단골 등 시간대별로 단골손님이 생겼다. 어떤 날에는 하루에 여러 번 찾아오는 손님도 있었다. 예상대로 사람들은 우리가 만든 여러 공간을 다양하게 활용했다. 그리고 노매드는 우리가 예상하지 못한 또 다른 선물을 안겨 주었다.

EMP가 '세계 최고 레스토랑 50' 목록 상위에 오르면서 메뉴는 점점 더 복잡해지고, 더 많은 시간과 노력이 들고, 프레젠테이션은 더 극적으로 바뀌었다. 이곳에서의 식사는 점점 길고, 다양하며, 화려해지면서 한 편의 공연 같았다. 하지만 이러한 변화들로 인해 단골손님들에게 불편함을 끼치게 되었다. 과연 누가 일주일에 몇 번씩 네 시간의 긴 식사를 할 수 있을까?

하지만 노매드가 바로 근처에 있었기 때문에, EMP의 단골손님들을 떠나보내지 않고도 다음 단계로 나아갈 수 있었다. 노매드는 단골손님들이 더 편하게 자주 갈 수 있는 곳이었다. 노매드 메뉴에는 한때 인기 있던 EMP 메뉴들이 있었고, 낯익은 얼굴들도 많았다. 격식은 덜했지만 그렇다고 해서 서비스 품질이 떨어지지는 않았다. 호텔의 유연성과 비교적 격식 없는 편한 분위기 덕분에 손님들은 이곳에서 아침 회의를 하거나 멋진 밤을 마무리할 수 있었다. 그리고 호화스러운 식사가 필요할 때는 EMP를 찾았다.

조직이 성장하면서 단골손님을 소홀히 대하는 경우가 발생할 수 있다. 이는 발전하는 조직에서는 불가피한 일이다. 하지만 우리는 단골손님을 잃고 싶지 않았으며, 가족의 일원으로 늘 함께하고 싶었다. 팀을 가족처럼 여기며 그들에게 투자하고 함께 성장할 기회를 제공하는 것처럼, 가장 소중한 고객에게도 예의를 갖춰야 한다. 이렇게 노매드는 우리의 브랜드를 약화시키기보다 확장시켰다.

EMP에서는 더 이상 우리를 가로막는 것이 없다고 생각했다.

특별한
시간을
**넘어서**。

’

## 진정한 의미의 특별한 경험

　　　　　‘세계 최고 레스토랑 50’ 목록에서 순위를 올리기
위해 대니얼과 나는 수년간 전 세계 음식·와인 콘퍼런스 및 요리 행사
에 참석했다. 새로운 도시에 갈 때마다, 경쟁자들이 어떻게 하는지 자
세히 살펴보았는데, 특히 목록에 있는 레스토랑으로부터 깊은 영감을
받았다. 일본의 ‘나리사와Narisawa’에서는 전채요리를 즐기는 동안, 옆에
서 뜨거운 돌그릇에 빵 반죽을 구워 내는 고전적이고 원초적인 과정
을 선보였다. 보통은 주방에서 이루어지는 과정이라 보기 드문 광경이
었는데, 맛도 정말 훌륭했다.

　스웨덴의 ‘파비켄Fäviken’에서는 20명의 서버가 20개의 다른 요리를
20개의 다른 테이블에 설명하는 대신, 우리 친구 매그너스가 주방에
서 나와 손뼉을 치며 다음 코스를 발표했다. 그런 다음 레스토랑에 있
는 모든 사람이 마치 그의 집에서 열린 저녁 파티에 초대된 손님처럼
동시에 식사를 즐겼다.

　스페인의 ‘무가리츠Mugaritz’에서는 수프에 넣을 향신료와 씨앗을 우

리가 직접 절구통에 넣고 빻았다. 그때 캡틴이 우리에게 티베트 싱잉볼처럼 가장자리를 따라 절구공이를 돌리라고 했다. 그 순간 식당 전체가 공연장으로 변했다.

시카고의 '알리니아<sup>Alinea</sup>'에서는 페이스트리 셰프들이 디저트 재료를 홀로 가져와, 실리콘 테이블보 위에 초콜릿, 커스터드, 프랄린, 케이크 조각, 신선한 베리 등을 예술적으로 흩뿌렸다. 바실리 칸딘스키가 설탕으로 작품을 만들었다면 이런 느낌이었을 것이다. 대개 사람들은 테이블을 테이블로만 보지만, 그랜트 애커츠 셰프는 테이블을 접시로 보았다.

그곳에는 특별한 식사를 더욱 특별하게 만들어주는 세심하고 아름다운 순간들이 있었다. 지금 돌이켜 봐도 잊지 못할 순간들이다. 그것들을 통해 '세계 최고 레스토랑 50' 목록이 우리 산업에 얼마나 좋은 영향을 미치고 있는지 다시 한번 확인할 수 있었다. 세계 최고의 레스토랑들은 자칫 현실에 안주할 수 있는 상황에서 서로를 격려하고 영감을 주고받으며 더 높은 곳을 향해 나아갔다. 선의의 경쟁과 아이디어 교환은 레스토랑 산업 전체를 한층 더 발전시켰다.

EMP에서의 식사 경험을 특별하게 만드는 요소들은 이미 완벽했기에 더 이상 바랄 게 없었다. 오직 필요한 건 특정 장소에 대한 느낌뿐이었다. 이때는 '노마'가 세계 요리계에 큰 영향을 미치던 시기였다. '세계 최고 레스토랑 50'의 상위권 레스토랑들은 그들만의 특화된 경험을 제공했는데, 이는 다른 곳에서는 경험할 수 없는 것이었다. 점점 더 세계화되고 동질화되면서 비행기를 타고 16시간을 날아가도 방금 떠나온 도시와 비슷한 고급 상점 거리를 걷게 되는 상황에서 이러한 특별한 경험은 더욱 중요했다.

우리는 여기서 진정한 기회를 보았다. 우리 레스토랑이 있는 뉴욕은 예술과 음악, 산업, 그리고 수많은 전통 음식의 탄생지다. 또한 잘 알려지진 않았지만 중요한 농업 지역이기도 하다. 뉴욕의 고급 레스토랑들은 뉴욕을 거점으로 독특한 문화를 형성하고 있었지만, 정작 뉴욕이 아닌 일본, 이탈리아, 프랑스 등의 외국 문화를 중심으로 하고 있었다. 그래서 2012년 EMP가 '세계 최고 레스토랑 50' 목록 10위에 올랐을 때, 우리는 진정한 의미의 뉴욕 레스토랑을 만들기로 결심했다.

## 한계를 두지 않는
## 창의적 생각

뉴욕 레스토랑으로서의 진정한 의미를 찾기 시작하면서 엄청난 영감이 떠올랐다. 새로운 메뉴 형식을 포기하는 대신(그에 따라 손님도 메뉴를 선택할 수 없게 되었다), 뉴욕을 주제로 한 테이스팅 메뉴를 도입했다. 이를 통해 손님들이 뉴욕의 맛과 요리를 다양하게 경험할 수 있기를 바랐다.

식사는 뉴욕의 상징적인 흑백 쿠키로 시작해 초콜릿으로 덮인 프레즐로 마무리했다. 유리돔 안에 든 훈연 철갑상어도 즐길 수 있었다. 또한 감자칩이 뉴욕에서 발명되었다는 사실을 알게 된 후, 우리만의 수제 감자칩을 만들었다. 맞춤형 봉지까지 준비했는데, 비용이 상당히 셌지만 95:5 법칙이 있어서 괜찮았다.

타르타르는 뉴욕에 뿌리를 두고 있다. 그래서 당근 타르타르를 만들기 위해 북부의 농부들이 '검은 진흙'이라고 부르는, 영양이 풍부한 진흙에서 자란 뉴욕 당근을 사용했다. 그리고 식사가 끝날 때 테이블에 코냑 한 병을 놓아두는 대신, 1780년에 설립되어 지역 최초로 허가를 받은 양조장 레어즈Laird's에서 만든 맞춤형 라벨이 부착된 애플잭을 선물했다.

센트럴 파크의 피크닉 분위기를 연상시키는 치즈 코스를 만들기 위해 이타카 맥주 회사에 피크닉 에일 맥주 제작을 의뢰하고, 그 맥주에 어울리는 프레츨을 만들었다. 또한 뉴욕의 상징적인 치즈 가게인 머레이스 치즈Murray's Cheese와 협력해 그 맥주에 어울리는 치즈를 만들었다. 이 코스는 뉴욕 북부에서 만든 피크닉 바구니에 담겨 제공되었고, 버지니아 신이라는 브루클린 예술가가 만든 종이처럼 생긴 도자기 접시에 담겨 나왔다.

관광객이라면 한 번쯤 당해 봤듯이, 나도 어린 시절 아버지를 만나러 웨스트체스터에서 타임스 스퀘어로 가는 길에 카드 게임에 속은 적이 있었다. 레스토랑에 이런 옛것의 거친 감성과 마술 같은 기술을 녹이고 싶어 마술사를 섭외해 디저트의 주재료를 고르는 카드 트릭도 만들었다.

대개는 창의적인 아이디어를 내는 과정에서 그것이 현실적으로 가능한지부터 생각한다.

중요한 것은 현실적이거나 지속 가능한지에 대한 한계를 두지 않고, 달성하고자 하는 목표에 집중하는 것이다. 어차피 현실적이고 효율적인 문제들은 직면할 수밖에 없다. 그것은 나중 일이니 일단 달성하고자 하는 목표에 집중해야 한다.

또한 뉴욕 지하철 노선도에서 영감을 받아 새로운 사명문을 완성했다. 거기에는 우리가 실현하려고 하는 목표, 즉 주방과 홀이 동등하게 운영되는 뉴욕의 레스토랑이라는 정체성, 진정성 있는 태도, 배우고 주도하는 자세, 고전과 현대의 균형 있는 조화, 혁신을 위한 위험 감수 그리고 가족 같은 분위기와 즐거운 문화를 만들기 위한 노력 등이 모두 담겨 있었다. 마지막으로, 우리 로고에 있는 잎의 수와 맞추기 위해 미슐랭 4스타를 목표로 삼았다. 비록 미슐랭에는 4개의 별이 존재하지 않지만!

## 우리가 잃어버린 환대의 본질

새로운 메뉴가 출시되었을 때, 나는 모든 테이블 담당자가 각 요리에 담긴 풍부한 역사와 다채로운 이야기를 이해하길 바랐다. 어떤 부분도 우연에 맡기거나 재량에 맡기고 싶지 않았기에 캡틴들이 말할 내용을 정확히 적어주었고, 그것을 외우고 완벽하게 숙지하도록 했다.

2012년 9월 화요일에 새 메뉴를 선보였다. 그리고 나흘 후, 『뉴욕 타임스』 음식 평론가 피트 웰스가 점심을 먹으러 왔다. 보통 큰 변화가 있을 때는 적응할 시간을 주곤 하는데, 이번에는 너무 빨리 찾아와서 당황스러웠다. 하지만 그가 나타샤 맥어빈의 담당 구역에 앉는 것을 보고 한숨 돌렸다. 나타샤는 최고 캡틴 중 한 명이었다. 그녀는 재능이 뛰어나고 모든 일에 최고를 추구하며, 혼란한 상황에서도 침착함을 잃지 않았다. 그녀라면 우리가 전하려는 이야기를 완벽하게 전달할 것이라고 믿었다.

피트 웰스가 문을 나서면서 내 눈을 바라보며 고개를 끄덕였다. 나는 그것을 우리가 멋지게 해냈다는 신호로 받아들였다. 평론가와 레스토랑 경영자는 서로를 인정하지 않기에, 이는 매우 이례적인 일이었다. 그러나 며칠 후 그가 쓴 기사는 충격 그 자체였다. 「음식 설명만 내내 떠들어대다 : 새롭게 변신한 EMP에서는 설명이 요리를 망친다」라는 제목의 신랄한 기사가 실렸다.

자세한 설명은 생략하겠지만 "어색한", "더부룩한", 가장 인상적이었던 "네 시간의 긴 식사가 끝날 때쯤, 나는 마치 장로교회에서 주최한 유월절 만찬에 참석한 듯한 느낌이었다" 같은 표현이 있었다. 문제는 무엇보다 그가 "연설"이라고 부른 부분이었다. 정말 굴욕적이었다. 내 잘못된 판단으로 인해 우리가 이런 혹독한 평가를 받게 되었음을 고백해야 했다. 이런 순간 리더는 팀원들 앞에서 체면을 구기지 않으려고 실수를 덮으려 할 수도 있다. 그리고 시간이 지나면 모두 잊힐 것이라는 어리석은 기대를 한다. 하지만 나는 식전 회의에서 책임을 지고 사과하는 쪽을 선택했다.

그나마 다행인 건, 이 기사가 사업에 타격을 줄 수도 있는 별점 리뷰가 아니라 경고성 평가에 해당하는 '비평가의 노트'였다는 점이다. 기사는 의도한 대로 정확히 작용했다. 이 기사는 내 방향이 잘못되었음을 깨닫고 바로잡을 수 있도록 해줬다.

성찰의 시간을 가진 뒤, 뉴욕 메뉴를 도입하면서 범한 두 가지 실수를 깨달았다. 첫 번째 실수는 우리가 너무 멀리 간 것이었다. 이건 후회하지 않는다. "우리는 이런 것도 할 수 있다고요!"라고 과시하는 면도 있었지만, **한계를 뛰어넘는 것은 창의적인 과정의 필수 요소이다. 탐험하지 않으면 어디까지가 한계인지 알 수 없다. 좋은 아이디어는 많지만, 그것을 탐색할 자유를 주지 않는다면 그중 어떤 것을 유지할지 알 수 없었을 것이다.**

너무 많은 것을 하려고 했던 첫 번째 실수는 쉽게 바로잡을 수 있었지만, 모든 걸 다 바꾸지는 않았다. 어차피 모든 사람에게 모든 것이 될 수 없다는 것을 잘 알고 있었기 때문이다. 마술 트릭은 반응이 좋아서 유지하기로 했다. 심지어 몇 년이 지난 후에도 여전히 트릭에 관해 이야기할 정도로 손님들에게 깊은 인상을 남겼다. 하지만 '연설'은 많이 줄였다. 감자칩 코스도 없앴는데, 그로 인해 그 비싼 봉지들을 모두 재활용해야 했다.

두 번째 실수는 심각했다. 우리 아이디어가 제대로 전달되기를 바라며 직원들에게 연기 지도까지 시켰었다. 결국 직원들을 연기자로 만들었고, 손님들과의 진정한 대화는 사라져 버렸다. 웰스에게는 그 경험이 부자연스럽게 느껴졌을 것이다. 나는 나타샤가 손님과 자유롭게 소통할 기회를 빼앗아 버린 것이다.

　모든 손님이 저녁 식사 중에 역사 수업을 받기를 원하는 것은 아니다. 이야기에 흥미를 느끼고 소통하길 원하는 손님도 있지만, 일부는 동료와 대화를 나누거나 조용히 식사를 즐기기 위해 온 것이기에 음식만 놓고 자신들을 내버려두길 원한다. 나는 팀원들이 테이블의 분위기를 파악하고, 음식에 대해 적절히 설명하는 등 손님들에게 맞춤화된 서비스를 제공할 권한을 박탈한 것이다. 특정 장소의 특색을 과하게 찾으려던 탓에 사실상 식사 시간을 덜 환대적으로 만들어버렸다.


## 욕망과
## 욕망 사이

　　　　더 큰 문제는 내가 작년에 총지배인 승진을 망설이다가 저지른 실수와 똑같은 실수를 다시 범했다는 점이다. 팀을 신뢰한다고 입이 닳도록 말했지만, 또다시 팀을 신뢰하지 않는 듯한 행동을 했다.

　솔직히, 이젠 이런 내 실수가 놀랍지도 않다. 앞으로 비슷한 실수를 또 할지도 모른다. 디테일에 대한 강박은 내 능력 중 하나이며, 완벽을 추구하는 방법이기도 하다. 그러나 이런 성향은 모든 걸 통제해 탁월함을 유지하고자 하는 욕망과, 팀원들에게 권한을 주고 신뢰할 수 있는 환경을 구축하려는 욕망 사이에서 항상 줄타기를 하고 있다는 것을 의미하기도 한다.

완벽과 환대처럼, 통제와 신뢰라는
두 가지 특성은 친구가 될 수 없다.

이런 실수를 저지를 때마다 깨달음을 얻는다. 내 주변에는 물러나야 할 때를 알려 주는 믿음직스러운 이들이 있다. 이 둘 사이의 긴장감을 관리하고 해결하는 것은 앞으로도 내가 가져가야 할 숙제다. 내가 할 수 있는 것은 나의 능력이 악당 이야기가 되지 않도록 주의하고, 또 실수하면 최대한 자존심 세우지 않고 바로잡는 것뿐이다.

나는 우리 팀원들이 각자의 방식대로 손님에게 메뉴를 소개하고 정보를 전달할 수 있도록 믿고 맡겼다.

한편 '세계 최고 레스토랑 50' 목록에서 우리 순위는 계속 올라갔다. 2013년에는 (장로교 유월절에도 불구하고) 5위, 2014년에는 4위로 올랐다. 그리고 2015년 초, 피트 웰스가 다시 찾아왔다. 이번에는 경고가 아닌 제대로 된 평가를 위해 재방문한 것이었다.

그를 다시 보니 긴장이 되었다. 왜냐하면 그가 싫어하는 몇 가지 요소를 끝내 바꾸지 않았기 때문이다. 하지만 우리는 그의 비평을 현명하게 활용했다. 우리가 바꿔야 할 부분은 바꿨고, 그 변화를 통해 손님에게 제공하는 경험에 자부심을 느꼈다.

그해 3월, 그는 우리에게 별 4개를 부여했지만, 나는 이것을 『뉴욕 타임스』역사상 최악의 별 4개짜리 리뷰라고 농담 삼아 말하곤 한다. 그 리뷰를 읽으면 아직도 웃음이 난다. 그는 정말 짓궂다! 2012년 우리 레스토랑에서 뉴욕 메뉴를 처음 접했을 때를 회상하면서 '가장 어처구니없었던 식사'라고 써야만 했을까? 그런 다음 새로운 경험에 대한 결점을 하나씩 나열하려다가 결국 포기했다고 썼다.

"초반에 레스토랑의 문제점들을 집요하게 찾아내려 했던 탓에, 매디슨 스퀘어 공원 맞은편에 자리한 이 화려한 공간에서 무슨 일이 벌어지고 있는지 놓치고 있었다. 그곳은 행복한 사람들로 가득 차 있었다. 결국 생각이 많고 문제에만 집중하던 나조차도 이 레스토랑에서 전파되는 행복에 자연스레 마음이 열리고 말았다."

우리는 그날 밤 축하 파티를 열었다. 별 4개를 유지하는 것은 별을 처음 받았을 때와는 상당히 다른 느낌이었다. 뭐랄까, 환희보다는 안도감이 더 컸다고 해야 할까?

다음 날 식전 회의에서 팀원들에게 축하 인사를 건네며, 이 평가가 놀라운 환대에 대한 우리의 헌신을 증명하는 것이라고 말했다. 웰스는 여전히 우리가 하는 것에 모두 동의하지 않았고, 심지어 많은 부분을 좋아하지 않았다. 그러나 놀라운 환대의 원칙을 고수함으로써, 우리 레스토랑이 사람들에게 주는 느낌을 그 역시 좋아한다고 인정하게 만들었다.

### 의미 있는
### 후퇴

2015년 '세계 최고 레스토랑 50' 시상식에서는 언제나처럼 많은 소문이 돌았고, 특히 우리가 1위에 오를 거라는 소문이

무성했다. 물론 소문은 무시하는 게 좋지만, 우리도 사람인지라 말처럼 쉽지 않았다. 그만큼 우리의 기대는 컸다.

하지만 예상은 완전히 빗나갔다. 4위에서 1위로 올라가는 대신, 5위로 떨어졌다. 충격적이었다. 물론 세계 5대 레스토랑 중 하나로 선정된 것만으로도 축하할 일이다. 하지만 이름을 올린 이후로 순위가 떨어진 적은 한 번도 없었다. 최선을 다하고 있지만 뭔가 잘못되고 있다는 뜻이었다.

돌이켜 보면 그 후퇴는 우리에게 일어난 최고의 일이었다. 왜냐하면 그 덕에 마지막으로 한 번 더 변화해야겠다는 동기부여를 얻을 수 있었다. 우리는 변화가 필요한 시점에 있었고, 실제로 변화가 필요하다는 소문도 이미 들리고 있었다.

그해 내내, 대니얼과 나는 최고의 레스토랑들을 찾아다녔고, 그 훌륭한 식사 대부분이 가지고 있던 특징('문제'라는 단어가 더 어울리겠다)을 발견했다. 한마디로 너무 과했다.

그 특별한 서비스에 깊은 영감을 받고, 흠잡을 데 없는 음식과 와인을 곁들인 코스 요리에 감탄했지만, 그만큼 벅찼고 지치기까지 했다. 훌륭한 서비스와 일부 코스의 연출은 깊은 인상을 남겼지만, 다음 날이 되면 정확히 무엇을 먹었는지, 무슨 대화를 나누었는지 기억나지 않았다. 사실상 대부분의 식사는 75퍼센트 정도 지나면 이미 배가 터질 것 같고 빨리 나가고 싶은 생각뿐이었다. 2015년 연말, 우리의 신메뉴를 맛보기 위해 앉아 있을 때도 똑같은 생각이 들었다.

대니얼과 나는 시즌 메뉴가 바뀐 다음 날이면 레스토랑에서 함께 저녁을 먹었다. 앞서 여러 번 언급했듯이 리더가 일반 고객 관점에서 자신의 서비스를 직접 경험해 보는 건 매우 중요하다. 아이디어는 구상할 때와 실제로 실행했을 때 다른 경우가 많다. 손님 입장에서 직접 요리를 먹어보고, 예상보다 복잡하게 느껴지지는 않는지, 넉넉하게 대접하려 한 의도가 오히려 부담스럽게 다가오지는 않는지 등을 점검하면서 개선할 부분을 찾아낼 수 있다.

이 식사는 대니얼과 내가 분기별로 점검하는 시간으로, 평소 주고받는 짧은 문자나 주방 복도에서의 바쁜 대화보다 더 깊이 있게 소통할 수 있는 기회였다.

실제로 그날 밤 우리는 단순히 식사를 분석하는 것을 넘어 깊이 있는 대화로 빠져들었다. 아니, 적어도 시도하고 있었다. 서비스가 잘 맞춰져 있음에도 자꾸만 방해받는 느낌이 들었다. 그럴 때마다 점점 더 짜증이 났고, 결국 디저트가 나오기 전 자리를 떠나 근처 아일랜드 술집으로 가서 조용히 대화를 마쳤다.

그날 집에 가서 계산을 해봤다. 각 코스마다 테이블에 새로운 식기를 세팅하고, 새 와인 잔을 놓고, 음식을 제공하고, 설명하고, 와인을 따른다. 손님이 식사를 마치면 그릇을 치우고 테이블을 깨끗이 정리한다. 이런 여섯 가지 과정이 각 코스마다 일어난다. 즉 15코스의 메뉴에서 식사하는 동안 총 90번이나 방해를 받는다는 소리다. 메뉴 소개나 중간 점검을 제외하고도 말이다.

90번이나 방해를 받는 상황에서, 우리의 목표는 손님들이 테이블에서 서로 소통할 수 있는 환경을 만드는 것이었다. 내가 수없이 말했듯, 서비스와 음식, 분위기는 사람들 간의 관계 형성을 위한 하나의 재료에 불과하다. 이는 놀랍긴 하지만 전혀 환대는 아니다.

우리는 항상 우리가 받고 싶은 것을 제공해야 한다고 믿어왔다. 자신이 주고 싶은 것만 제공하면 그것은 과시에 불과하다. 다른 사람들이 원하는 것만 제공하면 그것은 아부하는 것이다. 자신이 진정으로 받고 싶은 것을 제공하면 그 경험에는 진정성이 더해진다.

이것이 우리 레스토랑이 수년에 걸쳐 끝없이 변화한 이유다. '끊임없는 재창조'라는 좌우명 때문이 아니라, 우리가 변했고 우리가 받고 싶은 것이 변했기 때문이다. 내가 EMP를 맡았을 때 고작 26세였고, 40세 때 대니얼과 헤어졌다. 26세와 40세 사이에는 많은 변화가 있었다. 사람이 변하는 만큼 받고 싶은 것도 달라진다.

우리는 우리가 받고 싶은 것을 제공하지 않았던 것이다.

## 기본으로 돌아가기

어떤 조직에서든 사명문의 역할은 타협할 수 없는 사항들을 명확히 설명하는 것이다. 그래서 사명문은 간단명료하고 이해하기 쉬워야 하며, 크고 작은 결정을 내릴 때마다 판단 기준이 되어야 한다. 어떻게 해야 사명문에 명시된 목표를 달성하는 데 도움이 될까? 바로 자신에게 질문을 던지기만 하면 된다. 그럼 결정은 이미 내려진 셈이다.

우리가 뉴욕 메뉴와 함께 도입한 복잡한 사명문에는 우리가 구현하고자 했던 모든 것들이 담겨 있었다. 서로에 대한 헌신, 뉴욕에 대한 사랑, 끝없는 야망, 그리고 손님을 돌보고자 하는 마음까지. 하지만 너무 과했다.

피트 웰스는 우리의 난해하고 복잡한 사명문을 본 적 없지만, 그것을 체감했던 것이다. 그가 레스토랑의 정체성을 이해하지 못한 것은 어쩌면 당연한 일이었다. 우리도 몰랐으니까.

다시 기본으로 돌아가야 했다. 대니얼과 그의 팀이 만든 음식은 눈물 나도록 맛있었다. 우리 홀 팀은 놀라운 환대를 통해 행복을 전파하는 데 있어 세계 최고 수준이었다. 이렇듯 우리의 능력을 재확인함으로써 우리가 가장 중요하게 생각하는 가치를 재발견했고, 그 가치를 직원들이 매일 볼 수 있도록 간단하고 우아한 문구로 만들어 게시했다.

"세상에서 가장 맛있고 품격 있는 레스토랑으로 거듭나자."

뉴욕의 정체성을 포기하거나 동료를 가족처럼 대하는 것을 소홀히 할 생각은 전혀 없다. 미슐랭 4스타를 향한 도전도 멈추지 않을 것이다. 하지만 품격과 맛, 이것이 우리의 핵심이었다.

"원하지 않는 것을 피하지 말고, 원하는 것을 향해 달려가라"는 아버지의 말씀처럼 우리가 그해 변화한 이유는 복잡함, 어려움 또는 야망으로부터 도망치기 위해서가 아니라, 진정한 경험을 향해 달려가기 위해서였다.

우리가 이전에 한 모든 변화는 추가하는 것이었다. 더 강렬한 맛, 더 다양한 코스, 더 복잡한 요리, 더 많은 구성 요소, 더 많은 와인, 더 많은 서비스 단계 등 항상 '더 많은 것'을 추구했다.

**이번에는 다른 방향으로 나아갔다. 우리가 할 수 있는 일에 자부심이 있었지만, 그 모든 게 다 필요한 것은 아니었다. 우리가 제공하는 서비스 중 우리를 특별하게 만들어주는 것에 집중했고, 모든 완벽함은 놀라운 환대를 위한 것임을 인지했다.**

가장 먼저 시도한, 그리고 가장 과감한 변화는 메뉴를 반으로 줄인 것이었다. 15개의 코스를 7개로 줄여 모든 코스가 특별하고 기억에 남을 수 있도록 했다. 비록 코스 수는 줄였지만, 홀 직원은 단 한 명도 줄이지 않았다. 대신 드림위버는 두 명에서 네 명으로 늘렸다.

뉴욕 메뉴를 개발하는 과정에서 우리의 핵심 신념, 즉 변경 가능한 메뉴 형식과 손님의 메뉴 선택 권한이 사라졌다. 이는 우리가 제공하고자 하는 놀라운 환대의 대표적인 예인데, 왜 그걸 없앴을까?

우리는 식사를 대화의 개념으로 되돌리기로 했다. 그리고 마침내 처음부터 꿈꿔온 방식, 즉 라오스에서 경험한 방식을 적용하기로 했다. 메뉴는 없고, 오직 먹고 싶은 것과 먹고 싶지 않은 것에 대해 나누는 대화만이 있을 것이다.

이 대화는 단순한 대화를 넘어 진정한 관계를 맺는 시작점이 되었다. 더 이상 대본은 필요 없었고, 이것이야말로 진정한 관계의 시작을 의미했다.

커크는 새로운 레스토랑을 오픈하기 위해 떠났고, EMP에서 노매드로 옮겼던 빌리 필레가 총지배인으로 돌아왔다. 그는 새로운 레스토랑을 이끌 적임자였다. 빌리는 동료들에게 따뜻한 환경을 만들어주고 손님들에게 놀라운 경험을 선사하는 데 진심으로 기쁨을 느끼는 사람이었다. 그는 내가 함께 일한 그 누구보다도 놀라운 환대를 실천했고, 진정성과 겸손함으로 레스토랑을 이끌었다.

새로운 메뉴를 선보인 다음 날, 대니얼과 함께 저녁 식사를 했다. 세 시간에 걸쳐 근사한 식사를 마친 후, 오랜 시간과 많은 변화를 거쳐 마침내 레스토랑이 본래 의도했던 모습을 되찾았다는 느낌이 들었다. 우리의 비전을 핵심 요소로 단순화하면서, 우리는 본래의 모습을 되찾을 수 있었다. 그 순간 마침내 세계 최고의 레스토랑이 되었다고 확신했다.

몇 달 후, 2016년 '세계 최고 레스토랑 50' 시상식이 뉴욕에서 처음으로 개최되었다. 이 시상식에 투표한 많은 이들이 시상식에 참석하기 위해 뉴욕으로 몰려들었다. 이는 EMP에 많은 손님을 맞이할 기회이기도 했다. 우리가 만든 변화들은 긍정적인 효과를 가져왔고, 레스토랑은 최상의 상태였기에 우리는 긴장하지 않았다. 오히려 우리가 누구인지, 무엇을 위해 존재하는지 보여 줄 생각에 흥분되었다. 우리는 최선을 다했고, 무엇보다 동료들을 따뜻하게 맞이할 수 있어서 정말 행복했다.

그해 시상식에서 우리는 세계 3위에 선정되었다. 이뿐만 아니라 중요한 일이 또 있었는데, 바로 우리가 업계에 미친 영향력을 인정받아 최초로 '아트 오브 호스피탈리티 상Art of Hospitality Award'을 받았다는 것이다.

2002년부터 이 시상식은 셰프들과 그들의 음식에만 초점이 맞춰져 있었다. 환대가 시상식에 도입되었다는 것은 시대가 변화하고 있다는 의미이자, 환상적인 서비스를 제공하기 위해 최선을 다하는 홀 직원들에게 스포트라이트가 향한다는 의미이기도 했다. 우리가 그 상의 첫 번째 주인공이 되어 개인적으로도 큰 의미가 있었다. **놀라운 환대는 더 이상 우리에게만 중요한 가치가 아니라, 우리 업계에서 필수적인 요소로 인정받게 되었다.**


## 인생 최고의
## 순간

      이듬해 우리는 멜버른에서 열린 '세계 최고 레스토랑 50' 시상식에 참석했다.

시상식은 늘 그렇듯 50위부터 역순으로 세기 시작했다. 40위, 30위, 그리고 20위. 숫자가 내려갈수록 우리는 점점 더 흥분되고 긴장되었다. 우리의 이름이 늦게 들릴수록 좋은 것이었으니까.

10위까지 불렀을 때 나는 거의 기절하다시피 했고, 3위 발표가 있고 난 뒤에야 조금 정신을 차릴 수 있었다. 우리의 이름이 아직도 불리지 않았다는 것은 우리가 1위나 2위라는 말이었다. 그때 오스테리아 프란체스카나가 2위로 발표되었고, 우리가 우승했다.

**7년간의 노력, 창의성, 디테일에 대한 섬세함, 그리고 놀라운 환대에 대한 헌신 끝에, EMP는 세계 최고 레스토랑으로 선정되었다.**

내 인생 최고의 순간이었다. 대니얼, 빌리 필레, 드미트리 마기와 함께 무대로 올라갔다. 내가 레스토랑을 대표해 상을 받은 첫 번째 홀 직원이라는 사실에 너무나 감격스러웠으며, 평생 그 순간을 잊지 못할 것이다.

연설에서 나는 서비스의 고귀함과 우리가 하는 일의 중요성에 대해 이야기했다. 그 자리에 모인 사람들 모두 기억에 남는 경험을 제공하기 위해 자신의 커리어를 바쳐온 만큼, 더욱 의미 있게 느껴졌다. 우리는 사람들이 중요한 순간을 기념하고 싶을 때 함께했으며, 탈출구가 필요할 때는 안식처가 되어주었다.

우리는 마법이 조금 더 필요한 세상에서 각자 그 마법을 만들어가고 있었다.

나는 우리 팀에게 감사의 말을 전했다. 당시 함께 일하던 150명의 직원뿐만 아니라 지난 11년 동안 헌신한 동료들에게도 감사를 표했다. 그리고 손님에게 제공하는 음식만큼이나 손님에게 좋은 경험을 선사하는 것이 얼마나 중요한지 이해하고 함께해 준 대니얼에게도 감사의 말을 전했다.

이 상을 통해 우리가 얼마나 멀리 왔는지, 그리고 무엇이 우리를 성공으로 이끌었는지 되돌아볼 수 있었다. 세계 최고의 레스토랑이라고 말하는 게 어쩌면 과장처럼 들릴지도 모른다. 하지만 이 상은 특정 시기에 업계에 가장 큰 영향을 미치며 판도를 바꾸고 새로운 방향을 제시한 레스토랑을 인정하는 중요한 의미를 지닌다.

우리가 성공할 수 있었던 이유는 주방과 홀 팀 모두 한마음으로 사려 깊고, 품위 있으며, 진심 어린 친절을 전하기 위해 노력했기 때문이다. 또한 놀라운 환대라는 공동 목표를 향해 한마음으로 집중했기 때문이다.

**우리는 팽팽히 맞서거나 충돌하는 두 가지 개념, 즉 완벽과 환대**

**라는 이 상반된 개념을 모두 달성하겠다는 목표를 세웠다. 이는 불가 능해 보이는 목표였다.** 세계 각지의 최고 레스토랑들이 이미 주방에 서 보여 주고 있는 것처럼, 홀에서의 환대 경험 역시 창의적이고 즐겁 게 만들었다. 우리는 제공하는 음식만큼이나, 함께 일하는 사람들을 위해 최선을 다했다. 그들이 특별한 존재로서 소속감을 느낄 수 있도 록 해주었고, 다른 사람들과 소통할 수 있는 환경을 만들어주기 위해 노력했다.

완벽 추구는 우리를 '세계 최고 레스토랑 50' 순위권에 오르게 해주었고, 놀라운 환대 추구는 우 리 를 세 계 최 고 로 만 들 었 다 .

**·**
**,**

# 다시
# 시작할 수 있는
# 이유

우리는 승리의 기쁨을 안고 돌아왔
다. 7년간 하나에만 집중한 결과, 칵테일 냅킨에 낙서하듯 썼던 비현실
적인 목표가 드디어 현실로 다가왔다.

이제 새로운 장을 열 때가 되었다. 처음으로 레스토랑을 전면 개조
하기로 했다. 그동안 물리적인 변화는 계속 있었지만, 여전히 대니 마
이어의 색깔이 남아 있었다. 이제는 온전히 우리만의 레스토랑으로
만들어야 할 때였다.

개조 작업으로 몇 개월간 레스토랑 문을 닫아야 했는데, 팀이 없으
면 아무 의미가 없었다. 직원 중 그 누구도 잃고 싶지 않았기에 햄프턴
스에 좀 더 캐주얼한 느낌의 'EMP 썸머 하우스EMP Summer House'를 만들
어 직원들을 전부 그곳으로 이동시켰다. 해당 프로젝트는 창의적이고

재미있었으며 상업적으로도 성공했다. 가을쯤 EMP를 다시 오픈했는데, 새롭게 디자인된 공간에서 모든 게 완벽해 보였다. 하지만 늘 완벽할 수는 없다.

대니얼과 내가 각자의 길을 가기로 한 것에 대해 추측성 이야기가 많았다. 진실은 간단하다. 마음이 떠나서다. 살다 보면 서로 멀어지기도 한다. 어느 순간 파트너와 더 이상 같은 관심사나 우선순위를 공유하지 않고, 세상을 바라보는 시각도 같지 않음을 깨닫게 된다. 우리가 함께했던 순간은 그 누구도 빼앗을 수 없지만, 끝은 있게 마련이다.

각자의 길을 가는 것이 가장 나은 선택이라는 걸 깨달았을 때, 늘 그랬듯이 아버지께 조언을 구했다.

"다가올 해가 네 인생에서 가장 힘든 해가 될 거야. 어려운 결정들을 마주하게 될 텐데, 선택의 갈림길에 설 때면 무엇이 옳은지 자신에게 물어보렴."

아버지는 이 조언이 말처럼 쉽지 않을 거라고도 말씀하셨다. 가끔은 '옳은 일'을 하는 것이 단기적으로 봤을 때 자신에게 최선이 아닐 수도 있기 때문이다.

회사를 나누는 과정은 쉽지 않았다. 그 무렵 뉴욕, 로스앤젤레스, 라스베이거스에 노매드 호텔이 있었고, 뉴욕에는 '메이드 나이스Made Nice'라는 패스트 캐주얼 레스토랑이 있었다. 햄프턴스에는 EMP 썸머 하우스, 아스펜에는 'EMP 윈터 하우스EMP Winter House'가 있었으며, 런던에서 두 개, 뉴욕에서 하나의 프로젝트를 진행하고 있었다. 물론 EMP도 있었다.

우리는 레스토랑을 어떻게 나눠야 할지 몇 달 동안 고민했지만, 별

다른 진전은 없었다. 그러다 문득 지난 14년 동안 함께 성장시킨 회사를 지키려는 우리의 바람이 오히려 회사를 무너뜨리고 있다는 걸 깨달았다. '옳은 것'은 우리가 함께 성장시킨 회사를 유지하는 것이었다. 그리고 그것은 상상하기조차 힘든 일이지만, 우리 중 한 명이 모든 것에서 물러나야 한다는 걸 의미했다.

몇 달 후, 나는 직원들에게 작별 인사를 건넸다.

나는 EMP를 진심으로 사랑했다. 우리가 행한 환대는 단순히 어떤 공간이나 의자, 예술품, 주방, 주소와는 무관했다. 회사의 중심은 팀이었고, 매일 함께 일하면서 서로와 손님을 돌보는 일에 힘썼다. 우리가 세운 전통, 실현한 기발한 아이디어, 그리고 수많은 사람을 만족시킨 경험들을 늘 자랑스럽게 생각해 왔다. 또한 EMP에서 배운 것들과 14년 동안 발전시킨 원칙들을 바탕으로 무엇이든 다시 시작할 수 있다는 자신감이 있었다.

떠나보내는 건 쉽지 않았다. 지금도 어렵긴 마찬가지다! 하지만 이 책을 쓰면서 지난 여정과 그로부터 얻은 교훈들을 되새기며 정서적인 해방감을 느꼈다. 서비스와 리더십 모두에서 내가 얼마나 환대를 사랑하는지 다시금 깨달았다.

EMP를 떠난 지 불과 몇 개월 후 전 세계적인 팬데믹이 닥쳤고, 친구들과 동료들이 사업을 살리기 위해 고군분투하는 모습을 지켜봐야 했다. 그때 나는 소수의 사람과 함께 독립식당협회<sup>Independent Restaurant Coalition</sup>를 창립하고, 미국 전역의 중소 규모 식당들을 위한 연방 정부의 지원을 성공적으로 이끌어냈다. 자칫 방관할 수 있을 시기에, 내가 사랑하는 업계를 위해 대변인 역할을 하며 백악관을 방문하는 초현실적인 경험도 했다.

　세상이 점차 제자리를 찾기 시작하면서 의료, 고급 매장, 부동산 등 다양한 분야의 리더들과 시간을 보내고 있다. 그들 모두 조직원과 고객에게 기대 이상의 서비스를 제공하는 것이 얼마나 강력한 힘을 발휘하는지 인식하고 있으며, 실제로 이를 구현하고 싶어 한다. 모두가 환대 경제에 참여하고 있는 이때, 여러분도 이 기회를 놓치지 말고 함께하기를 바란다.

# 놀라운 환대

## 결국 무엇이든 이루어내는 95:5의 법칙

제1판 1쇄 발행 2024년 12월 5일

글 윌 구이다라   옮김 우혜림
**펴낸이** 김혜원
**기획편집총괄** 이진아콘텐츠컬렉션
**기획** 이예찬, Inno Jinsol
**마케팅기획** 이시은   **디자인** 이윤임

**펴낸곳** 주식회사 더 토브   **출판신고** 2024년 2월 19일 제2004-000011호
**주소** 경기도 과천시 관문로 92, 101동 1509호(중앙동, 힐스테이트과천중앙)
**전화** 02-862-222   **팩스** 02-862-2227   **이메일 주소** thetovbooks@naver.com
**인스타그램** https://www.instagram.com/thetovbooks/

ISBN 979-11-990017-0-1 03320

● 이 책은 저작권법에 의하여 보호를 받는 저작물이므로 무단 전재와 복제를 금합니다.
● 파본은 구입하신 서점에서 교환해드립니다.

주식회사 더 토브의 어린이, 학습 출판 브랜드는
에듀히어로, 키즈히어로, 히어로컨텐츠가 있습니다.
https://cafe.naver.com/eduherocafe
https://www.instagram.com/edu__hero/
https://www.instagram.com/kids__hero/